한국인이 알아야 할

조선의 마지막 왕,

# 고종

한국인이 알아야 할
조선의 마지막 왕, 고종

© 함규진, 2015

초    판 1쇄 발행일  2010년 2월 8일
개정판 1쇄 발행일  2015년 10월 2일
개정판 2쇄 발행일  2016년 12월 1일

지은이    함규진
펴낸이    강병철
편집      고은주, 임채혁

펴낸곳    더이룸출판사
출판등록  1997년 10월 30일 제1997-000129호
주소      (04083) 서울시 마포구 성지길 54
전화      편집부 02) 324-2347  경영지원부 02) 325-6047
팩스      편집부 02) 324-2348  경영지원부 02) 2648-1311
이메일    spacenote@jamobook.com

ISBN  978-89-5707-867-9 (03910)

• 잘못된 책은 구입처에서 교환해드립니다.
• 이 책은 『고종, 죽기로 결심하다』의 개정판입니다.

• 이 도서의 국립중앙도서관 출판예정도서목록(CIP)은 서지정보유통지원시스템 홈페이지
  (http://seoji.nl.go.kr)와 국가자료공동목록시스템(http://www.nl.go.kr/kolisnet)에서
  이용하실 수 있습니다.(CIP제어번호: CIP2015024748)

한국인이 알아야 할

조선의 마지막 왕,

고종

함규진 지음

자음과모음

# 저자의 말 .

"고종에 관해서 책을 하나 써보지 않겠습니까?"

처음 이런 제의를 받았을 때만 해도, 그다지 흥이 나지 않았다. 그때까지 갖고 있던 지식에 따르면, 고종은 그렇게 열심히 연구하고 존중할 만한 인물이 아니었다. 역사의 일대 전환기에 한 국가의 사령탑이 되어, 나라를 근대화한다는 목표도, 국권을 지켜낸다는 목표도 이루지 못했다. 그전에, 조선 말기에 악화된 부정부패와 공직기강 해이, 이런 추세 또한 바로잡지 못하지 않았던가?

하지만 곰곰이 생각해보니, 거꾸로 그것은 고종이라는 사람이 얼마나 힘들고 어려운 처지에 놓여 있었는가를 말해주고 있었다. '역사의 일대 전환기'에는 평범한 사람도 편안히 살기 어렵다. 그런데 그 중심 중의 중심에서 거친 파도와 매서운 돌풍을 온몸으로 받고 서 있어야 할 사람이라면? "나라를 근대화한다", "국권을 지킨다", "부정부패를 뿌리 뽑고 공직기강을 바로잡는다"……, 이 한 가지 목표만 웬만큼 달성했다고 해도 그는 영웅적인 지도자로 길이 칭송받지 않겠는가? 그런데 고종은 이 모든 목표를 혼자서 달성해야만 했다. 공명심에 들떠서가 아니었다. 그 모든 것을 동시에 이루지 못하면 한 가지 목표도 제대로 이룰 수 없는 시대가 그의 시대였던 것이다.

그에 관한 자료를 찾기 시작했다. 예전에는 미처 몰랐던 지식을 알게 되고, 예전에 알고 있던 것들 가운데 미처 생각하지 못했던 측면을 깨달아갔다. 그가 무려 사십육 년이나 재위하며 '한 국가의 사령탑'으로 일했다지만, 실제로 소신껏 일할 수 있었던 때는 별로 없었다. 그는 스무 살이 넘어서까지 양어머니 조 대비와 친아버지 흥선대원군에 가려 자신의 뜻을 펼 수가 없었으며, 마침내 친정을 시작한 뒤에도 권력에 미련을 버리지 못한 아버지는 끈질기게 그의 왕좌를 노렸다. 그리고 역대 어떤 군주도 겪어보지 못한 새로운 물결이 예고도 없이 닥쳐왔다. 그 속에서 그는 상황 파악도 제대로 하기 전에 '근대화'와 '국권 수호'의 힘겨운, 아니 거의 절망적인 싸움에 나서게 되었다. 누가 그의 편에 설 것인가? 그는 세도정권의 주역들처럼 강력한 가문의 도움을 받을 수도 없었다. 위정척사를 내세우며 개화정책을 못마땅히 여기는 선비들도 그를 돕지 않았다. 그런가 하면, 새로 나타나기 시작한 개화파는 고종이 지나치게 보수적이라고 생각했으며, 일본의 힘을 빌려 나라를 단숨에 뒤바꿔놓으려는 꿈을 꾸었다. 제국주의가 전성기에 달해 약육강식이 당연한 상식이 되고 있던 당시, 외국 세력 또한 청나라든, 일본이든, 영국, 미국, 러시아, 독일, 프랑스든, 어느 하나 이 불행한 군주를 진심으로 도와줄 세력이 있을 리 없었다. 동학은 대원군과 손을 잡았고, 독립협회는 일본의 뜻에 따라 움직인다는 의심을 받음으로써 마찬가지로 고종의 힘이 될 수 없었다. 그나마 힘이 되어준 사람은 명성황후 민씨와 그녀의 일가친척들뿐인데, 그 사실조차 보수와 진보, 국내와 국외를 막론하고 '여자에게 휘둘리는 무능한 왕', '처가 식구들에게 온갖 특혜를 주며 나라를 말아먹게 한 자격미달 지도자' 같은 의심을 사게 만들었다. 그리고 결국 그녀의 손마저 가슴이 찢어지는 아픔 속에서 놓아야만 했다.

이 모든 괴로움을 묵묵히 지고 평생을 보내야 했던 인간 고종의 고뇌는 얼마나 대단했을까. 그의 삶이란 어쩌면 그리 가혹하고 비참한 것이었을까. 그 속에서 그는 자신이 해야 한다고 믿는 일을 했다. 위협과 절망 속에서도 결코 자신의 책임을 포기하지 않았다. 물론 그의 믿음이, 그의 선택이 늘 올바른 것은 아니었다. 지금 돌이켜보면 '그가 좀더 나은 선택을 했더라면' 하고 고개를 갸우뚱할 만한 부분이 없지 않다. 하지만 어디까지나 '지금 돌이켜보면'이다. 막상 그가 겪었던 다급한 선택의 순간을 직접 맞닥뜨렸을 때 그보다 현명하게 판단할 수 있는 사람이 과연 얼마나 될까. 불세출의 천재나 영웅이라면 혹시 가능했으리라. 하지만 그런 천재나 영웅은 위대한 일을 해내는 만큼 많은 사람들을 불편하게 만드는 행동 또한 일삼는다. 고종은 위대한 지성이나 판단력의 소유자는 아니었다. 그러나 그는 온갖 오해와 위협과 음모 속에 부대끼면서도 늘 온화했고, 누구에게나 다정했다. 그런 그의 소탈한 인간미에 반해, 처음에는 다른 쪽의 이익을 위해 그를 압박하려 했던 사람들조차 그의 편이 되어버리는 경우가 종종 있었다.

자신의 뜻대로 할 수 있는 일이 많지 않으면서도, 그는 개화와 광복운동에 꾸준히 힘을 보탰다. 물론 그 실제 성과가 무엇인가를 물으며, 그런 긍정적 평가를 일축할 수도 있다. 그러나 '할 만큼 해보았으나 역부족이었다'는 소극적인 변명 말고도, 고종은 최후의 순간까지 자신의 생명을 이용해서 마지막 저항을 시도했다고 생각된다. 그리고 그 시도는 결코 부질없지 않았으며, 한국 현대사에 큰 전환점을 가져왔다. 이 책은 고종의 발걸음을 뒤따르다가 발견한 그런 생각에 관한 보고서이자, 괴롭고 고통스럽고 한스러운 인생을 강요당한, 그래도 끝내 인간미를 잃어버리지 않은 한 사람의 삶에 대한 추도서다. 부디 이로써 그의 혼이 조금이라도 위로받을 수 있기를!

이 책의 내용은 2009년 9월부터 12월까지 알라딘 창작블로그에 연재했던 내용을 얼마간의 수정 보완을 거친 것임을 밝혀둔다. 창작블로그 연재와 이 책의 출간 과정에서 격려와 도움을 아끼지 않았던 출판사 자음과모음에 깊은 감사를 드린다.

함규진

# 프롤로그. 1919년 1월 21일

"으헉!"

손이 벼락이라도 맞은 듯 떨렸다.

잡고 있던 붓이 동댕이쳐지고, 거칠게 튄 먹에 다 써가던 글씨는 물론 비단 잠옷까지 엉망이 되었다.

손뿐만이 아니라 턱이, 어깨가, 온몸이 걷잡을 수 없이 떨리고 있었다.

마치 불에 달군 칼이 뱃속에서 마구 날뛰며 휘젓는 듯.

걷잡을 수 없는 고통에 그만 쿵 하고 바닥에 쓰러졌다가, 다시 이리저리 뒹굴었다.

"으으…… 크으으! 게…… 게 아무도…… 아무도 없느냐?"

다급한 외침이 몇 차례나 한밤의 궁궐에 울리고서야 시종들이 후다닥 뛰어 들어왔다. 몸부림치는 주인을 붙들고, 눕히고, 옷을 갈아입히고, 토한 것을 치우고……. 어�쩔 줄 몰라 식은땀을 흘리며 이리 뛰고 저리 뛰는 그들을 서서히 흐려지는 눈으로 보며 왕은 생각했다.

조선 제26대 왕이자 대한제국 초대 황제 고종(高宗, 1852~1919).
한미사진미술관 소장 사진.


'그래…… 아까 그 식혜가…….'

오래전부터였다. 먹는 음식에 주의를 기울이며 경계를 해온 지는.
눈앞에서 아들이, 황태자가 독이 든 가비(커피)를 마셨다가 눈을 하얗게
치뜨며 넘어가는 모습을 똑똑히 보지 않았던가. 황태자는 다행히 목숨을
건졌지만, 그날 이후 반쯤 시체가 된 듯 형편없어져버렸다. 다행히도, 정
작 표적이었을 나는 늘 마시던 가비 맛과 미묘히 다르다는 걸 알아차리고

한 모금밖에 먹지 않았기에 무사할 수 있었다. 그때부터 오랫동안 수라는 통조림과 달걀만 가져오게 하여 수작을 부리지 못하게 했고, 그 뒤로도 늘 은수저와 은식기를 쓰면서 조심해왔지……. 그런데 언제부터인가, 식사는 주의해도 군음식은 주의하지 않았다. 아무런 조치도 하지 않고 주는 대로 받아 마셨었다……. 그랬지, 그랬어. 아까 식혜를 받들어 올리던 두 시녀들의 눈빛이 이상했어. 몸가짐은 평소처럼 조용하고 단정했지만 눈동자가 흐렸고, 가만가만 떨리고 있었다. 가슴 깊이 소용돌이치는 불안과 공포를 어쩔 수 없이 내비치고 있었다. 그러나 내색하지 않았지. 그래서 아무렇지도 않은 듯 대접을 들어 마셨다……

"으윽, 크으윽."

왕은 시꺼먼 피를 토했다.

언제부터인지 전의(典醫) 김영배와 총독부 의원장 하가 에이지로(芳賀榮次郎)가 이리저리 몸을 건드리고 있었다. 김영배는 얼굴이 새파래져서 자꾸 고개를 돌리기만 하고, 에이지로 놈은 진찰을 입으로 하는지 뭐라고 자꾸 일본말로 중얼거리고만 있다. 이따금 고개를 돌려 조금 뒤쪽에 무릎을 꿇고 있는 사람들과 이야기를 주고받았다. 역시 일본말로……. 누구지? 흐음, 저놈들이군. 이기용과 이완용. 이기용이는 마치 부뚜막에라도 올라앉은 양 눈을 이리저리 굴리고 몸을 비비 꼬며 안절부절못하는 한편, 이완용이는 침착하게 앉아서 냉정한 표정으로 에이지로와 말을 주고받는군. 마치 충분히 예상한 일이라는 듯……. 을사년에 그 수치스러운 조약문에 도장을 찍자고 주장할 때도, 내게 퇴위를 종용할 때도, 나라가 망할 때도 저런 얼굴이었다. 한때는 그렇게 생각했다. 어떤 상황에서든 침착할 수 있는 게 저 이완용이의 좋은 점이라고.

　　방 안이 빙빙 돌았다. 그리고 어두워지고 있다. 고통은 이미 한계를 넘었고, 뼛속까지 얼어붙는 듯한 한기가 온몸에 퍼져간다. ……끝인가. 이렇게 끝나는 건가. 왜놈 말소리를 들어가며, 반역자들에게 둘러싸여서.

　　왕은 가물거리는 의식 속에서 러시아 황제의 최후를 생각했다. 약 일 년 전, 니콜라이 로마노프는 초라한 수용소에서 비참한 강제노동을 하던 끝에 일가족과 함께 총살되었다. 한때 이 조선보다 수천 배나 넓은 나라에 군림하며, 억만의 신민을 턱으로 부리던 황제의 덧없는 마지막이었다.

고종 일가. 왼쪽부터 영친왕, 순종, 고종, 순종비, 덕혜옹주(1915년경).

그에 비하면 나는 나은 셈인가? 아, 아니지. 아니야. 적어도 니콜라이는 가족과 함께 죽을 수 있었으니…….

고종은 가엾은 아들을, 자신조차 감당할 수 없는 가혹한 운명을 잠시 물려주었다가 이내 다시 빼앗기게 했던 척(拓)이를 생각했다.

불쌍한, 불쌍한 녀석……. 그리고 그의 배다른 동생이면서 지금은 일본에 유학이라는 명목으로 잡혀가 있는 왕세자 은(垠)의 앳된 얼굴도 떠올랐다. 마지막으로 본 게 제 어미인 엄비(嚴妃)의 장례 때였지. 그때 열다섯이었으니, 칠 년이 지난 지금은 어엿한 청년이 되었겠군……. 보고 싶다. 이 세상에서 마지막으로 얼굴을 맞대고 말 한마디를 나누고 싶은 사람은…… 바로 그 녀석이거늘…….

'아아, 그녀도 있었지.'

고고하면서 우아했던 여인……. 늘 대담했고 때로는 그 대담함이 두렵기까지 했지만, 유일한 핏줄인 척이 앞에서는 늘 여염의 어미처럼 애달아할 뿐이었던 곤전(坤殿). 나의 반려자……. 마치 학처럼 고고했던 사람인데, 마지막은 집에서 치는 돼지보다도 비참했다. 그렇군. 나는 행복한 거군. 그녀에 비하면……. 과연 그녀를 사랑했던 것인지, 존경했을 뿐인지는 몰라도, 분명한 것은 이제 곧 그녀를 만나게 된다는 것뿐. 그걸 위안 삼아, 마지막 길을 가자. 그리고…… 그리고 이것은…….

최후의 무시무시한 고통의 파도가 덮치려는 순간, 고종의 뇌리에 불꽃처럼 또렷한 의식이 가로질렀다.

'이것은…… 내가 원하던 일이었어.'

그는 주먹을 불끈 쥐었다. 눈도 번쩍 떴다. 파란의 연속이었던 일

평생은 지금 이렇게 주먹을 쥐기 위해서였을 뿐이라는 듯 무서운 힘으로 움켜쥐었다. 나중에 그의 손을 잡고 아무리 안간힘을 써도 주먹을 펼 수 없을 정도로 힘껏. 그리고 의식을 잃어버리고, 단지 파들거리고 꿈틀거릴 뿐인 세포덩어리로 바뀌었다.

1919년 1월 21일 새벽, 몸부림이 멎었다. 이미 변색되고 있던 그의 육체에서 마지막 숨이 새어나왔다.

이렇게 조선의 숨이 끊겼다.

---

"내가 세계 각국을 두루 돌아다니면서…… 한국 황제와 같은 (형편없는) 군주는 보지 못했다."

이 땅에 선교사로 왔다가 서양 의학 지식 덕분에 왕실 의사가 되고, 초대 주한미국 공사를 지내며 세브란스 병원의 전신인 광혜원(廣惠院)을 설립하기도 했던 호레이스 앨런(Horace Allen)[1]이 남긴 말이다.

"가끔, 그가 계속해서 황제 자리에 있었다면 어떻게 되었을까, 생각해보고는 한다. 궁궐에는 이지용이나 이용익 같은 간신배가 들끓었을 것이고…… 관료들의 수탈이 강도보다 더해 백성들의 삶은 참담하기 그지없었을 것이며…… 미국, 일본, 프랑스, 러시아 등등 각국에서 몰려든 모리배들이 이 나라의 광산과 어장, 산림 등을 개발의 명목으로 마음껏 강탈했을 것이다…….”


　　구한말의 대표적 개화파 지식인으로 독립협회 활동에 참여했고 독립운동에도 관여해 옥고를 치렀지만, 나중에는 ‘일제의 지배를 일단 인정하고 내실을 키워 자치를 모색한다’는 입장을 나타내면서 친일파의 오명을 쓰기도 한 윤치호(尹致昊)의 말이다.


　　“마음씨가 올바른 왕이며, 우매하지도 않다. 그러나 (개혁에) 필요한 기력은 없다.”—파울 게오르크 폰 묄렌도르프

　　“지극히 평범한 인물이다……. 풍모는 그럴듯하고, 인자한 인상이며, 친절한 성품은 두루 정평이 있다.”—이자벨라 비숍

　　“좋은 품성을 가진 친절한 신사.”—릴리어스 언더우드

　　“온화하지만 사람을 진정으로 믿지는 않는다. 좋은 군주의 자질이 있지만 왕비를 지나치게 총애하고, 세도가들이 날뛰는 것을 막지 못한다.”—혼마 규스케


　　조선 제26대 왕이자 대한제국 초대 황제였던 고종이 살아 있을 때 (1852~1919) 그를 만나본 사람들의 평가는 대부분 부정적이다. 내외국인을 막론하고, 좋은 평가라고는 ‘사람이 좋다’, ‘친절하다’ 정도고, ‘무능’, ‘부패’, ‘나약’, ‘우유부단’, ‘이기적’, ‘신의 없음’과 같은 악평이 넘친다. 이러다 보니 일제강점기를 거쳐 오늘날에 이르기까지 고종에 대한 부정적인 평가가 상식처럼 되어, ‘고종이 조선의 멸망을 재촉했다’, ‘고종이 아니

라 다른 왕이었다면 일본의 식민지가 되지 않았을지도 모른다' 등의 이야기가 곧잘 나돌곤 한다.

하지만 2000년에 『고종시대의 재조명』을 쓴 서울대학교 국사학과 이태진 교수를 비롯, 한영우, 서영희, 변원림 등 여러 사학자들이 이런 일반적인 평판을 뒤집고, 고종이 '현명하고 의지가 굳었던 개혁군주'였음을 제시하는 글을 최근 잇달아 발표하고 있다. 그들에 의하면, 구한말의 여러 폐단은 고종의 잘못이 아니라 그를 둘러싼 국내외 세력 때문이며, 그 틈바구니에서 고종은 나라와 백성을 구하기 위한 노력을 그치지 않았다. 하지만 혼자 힘으로 대세를 뒤집기는 무리였고, 결국 '비운의 영웅'으로 그치고 말았다는 것이다.

부정적 평가가 일방적이듯, 긍정적 평가도 일방적이다. 망국의 치욕을 최고지도자 한 사람만의 잘못으로 돌리는 일이 무리이듯이, 최고지도자 위치에 있던 사람에게 아무런 잘못이 없다는 말도 곧이듣기 어렵다. 그리고 여러 가지 관점에서 보았을 때, 고종은 적어도 불세출의 영웅이라거나 세상을 놀라게 할 만한 천재는 아니었다.

하지만 어떤 역사 속 인물을 평가하려면 그의 역사적 배경을 냉정하고 철저하게 검토해야 한다. 그리고 역사 속 인물의 본모습에 접근함으로써 그 배경이 되는 역사에의 이해를 넓혀야 한다.

고종은 조선왕조 오백 년 사상 유례없는 시대를 살았다. 임진왜란이나 병자호란에도 비할 수 없었다. 그는 세도정치가 기승을 부린 끝에 일종의 정치적 타협에 따라 어린 나이에 왕이 되었고, 그로 인해 치세의 전반기는 그를 왕으로 만든 장본인들인 풍양 조씨 일파와 대원군의 목소리에 눌려 지냈다. 이후 장성하면서 비로소 홀로서기를 했지만, 이제 뭘 좀 뜻대로 해볼까 했던 때부터 곧바로 서양 세력의 침탈에 맞서야 했다. 그가 친정을 시작하고 여느 왕들처럼 동양적 전통 환경에서 자신만의 정치를 펴나갈 수 있었더라면, 또는 오랫동안 친정을 해오며 권력기반을 튼튼히 한 상황에서 개화기를 맞이할 수 있었더라면, 아마 더 주도적이고 성공적인 치세를 엮어갈 수도 있었을 것이다.

하지만 고종은 유난히 운이 없었다. 유례없는 외세의 전면적 침탈을 맞이해 기존의 사대부 세력은 고종이 서양 오랑캐에게 영혼을 팔아먹고 있다고 분개했고, 동양적 군주제의 맥락을 모르는 서양 인사들은 그가 고루하고 과단성이 없다고 여겼다. 이런 가운데 어떻게든 권력을 되찾으려는 대원군, 답답한 세상을 확 뒤집어놓으려는 동학운동가들과 개화파, 한반도를 자신들의 놀이터로 만들려는 청·러시아·일본 등은 끊임없이 옥좌를 노렸다. 집권 후반기에 고종은 적어도 열 번 이상의 쿠데타 음모에 직면했고, 그중 세 번 이상이 암살 계획을 포함하고 있었다. 힘이 되는 세력은 하나도 없고 적들은 천지를 가득 메운 상황에서, 고종은 일신의 보전을 최우선 과제로 삼는다. 꼭 겁이 많아서 그랬다기보다, 먼저 자신이 버티고 있어야 나라가 무너지지 않는다고 생각했기 때문이다. 그 과정에서 고종은 때때로 과감함이 필요할 때도 정면승부를 꺼리고 비효과적인 수단에 의존했다. 그리하여 망국으로 치닫는 내리막길에서, 얼마 안 남은 희망의 촛불을 스스로 꺼뜨린 경우도 있었다. 하지만 그것은 인간적으로 어쩔 수 없는 일이었고, 정치적으로도 당시의 관점에서는 꼭 잘못되었다고는 볼 수 없었다.

그러나 끝끝내 망해버린 오백 년 종묘사직, 빼앗겨버린 한민족의 들판. 이태왕(李太王)이라는 우스꽝스러운 명칭을 받아 든 고종은, 자신이 어느새 떡 하나 주면 안 잡아먹는다는 말만 믿다가 호랑이 밥이 되고 만 아낙네와 같음을 깨닫게 된다. 그리고 이미 모든 게 늦었다는 자책 속에서 번민하던 끝에, 최후의 반격을 준비한다. 그것은 그토록 소중히 해온 자신의 목숨을 담보로 하는 반격이었다.

이 책은 그 누구도 예측하지 못했고, 그 누구도 도와주지 않는 위기를 수십 년 동안 견디며 온갖 고통 속에서도 끝끝내 자신을 잃지 않았던 사람, 그리고 마지막에는 자기 자신보다 중요한 대의를 위해 최후의 용기를 이끌어냈던 사람의 가슴 아픈 삶을 더듬는 이야기이다.

---

찌르르르릉.

1월 21일 새벽 2시경. 이왕부 사무관 곤도 시로스케(權藤四郎介)의 집 전화벨이 요란하게 울렸다. 한참 단잠에 빠져 있던 곤도는 졸린 눈을 비비며 전화를 받았다.

"크, 큰일입니다. 덕수궁 전하께서 중태입니다…… 어쩌면……."

곤도는 잠이 확 달아나는 것을 느끼며, 자신이 잠결에 말을 잘못 들었나 싶었다고 회고록 『이왕궁비사(李王宮秘史)』에 쓰고 있다. 덕수궁이라고? 그럴 리가. 아까 낮까지만 해도 정정하신 모습으로, 일본으로 떠나는 세자 저하의 혼인 축하사절과 환담하시지 않았던가? 건강만큼은 연세를 전혀 느끼지 않게 하시던 그분이 어떻게 이리 갑자기?

"……틀림없이 덕수궁 전하인가? 혹시 창덕궁이 아닌가?"

곤도는 본래 융희황제(隆熙皇帝)의 이름으로 조선의 마지막 이 년여를 장식하다가, 이제는 창덕궁에 틀어박혀 하릴없이 세월을 보내고 있는 이왕(李王)을 떠올렸다. 그는 이제 사십대 중반의 한창 나이임에도 늘 병약하고 지친 모습으로 보는 사람으로 하여금 절로 측은해하게 만드는 약골이었으므로, 이렇게 아닌 밤중에 홍두깨로 중태에 빠졌다면 아버지보다 아들 쪽이 더 그럴듯하다 싶었다. 하지만 전화 속의 목소리는 덕수궁이 맞다고 거듭 확인해주었다.

정신없이 관복을 입고 달려가 보니, 늘 무덤처럼 조용하다가 가끔 야간 연회를 베풀 때만 반짝 활기가 돌곤 하던 덕수궁은 불이 환히 켜진 가운데 어수선하기 그지없었다. 이미 때는 늦었다고 했다. 얼빠진 표정의 이왕직(李王職) 관료들과 소리 죽여 울고 있는 상궁들. 그 사이에서 초조한 표정으로 뭔가 이야기를 나누며 왔다 갔다 하는 고급 신사복 차림의 사람들. 곤도는 그중에서 이지용, 민영휘, 조중응 등 이 조선 땅에서 아직 목소리깨나 낸다는 인물들의 얼굴을 알아보았다. 이왕의 배다른 동생이자, 지금 바다 건너 도쿄에 있는 왕세자의 배다른 형인 이강(李堈)도 있었다. 왕세자에게는 어젯밤에 전보를 보내 위급함을 알렸다고 했다.

얼마 후, 곤도가 어쩌면 아버지보다 먼저 세상을 떠날 거라고 생각했던 이왕이 나타나 부왕의 시신이 안치된 함녕전(咸寧殿)으로 허겁지겁 들어갔다. 그리고 잠시, 물을 끼얹은 듯한 정적이 지배했다.

"어흐흐, 흐흐, 어으흐."

이윽고 가슴속으로부터 새어나오는 듯한 울음소리가 함녕전의 문 안쪽에서 들려왔다. 가엾은 아들, 가엾은 아버지, 가엾은 민족……. 곤도 는 저도 모르게 고개를 절레절레 흔들고는, 장례 절차에 대해 생각하기 시작했다.

1월 20일에서 21일 사이, 덕수궁 함녕전에서 무슨 일이 있었는지 는 지금 그 누구도 확실히 알 수 없다. 『순종실록부록』에 따르면 20일에 "태왕 전하가 편찮아서 전의 김영배와 총독부 의원장 하가 에이지로가 입 진하였다. (……) 자작 이기용, 이완용에게 별입직(別入直)하도록 명하 였다"는 기사 다음에 바로 "묘시(卯時)에 태왕 전하가 덕수궁 함녕전에서 승하하였다"라고, 21일자로 기록되어 있을 뿐이다. 고종의 임종을 지켰 다는 이기용과 이완용도 당시 상황에 관련해 아무런 기록을 남겨두지 않 았는데, 특히 이기용은 후일 순종이 승하할 때 그 곁을 지키고는 그때의 정황을 세세히 전하는 글을 썼다. 그런데 왜 고종 승하 상황에 대해서는 침묵했을까?

이처럼 공식 기록이나 목격자의 진술이 거의 없으므로, 앞에서 묘 사한 승하 장면이 조금도 틀림없는 당시의 진실이라고는 말하기 어렵다. 부득이 얼마간의 추정과 상상이 섞일 수밖에 없다. 그러나 그것이 진실에 가깝다는 추론은 가능하다.

먼저, 고종의 죽음이 자연사인지 아닌지부터 생각해보자. 총독부 공식발표로는 뇌일혈 발작을 일으켜 숨진 것으로 되어 있다. 하지만 곧이 곧대로 믿기 어려운 점이 한둘이 아니다. 곤도 시로스케가 "덕수궁이라고? 창덕궁이 아니라?" 하고 놀란 것처럼, 고종은 1월 20일 전까지 건강에 특별히 이상이 없었다. 『순종실록부록』을 보면 1910년 한일병합(韓日倂合) 이후 약 구 년 동안 고종이 편찮았다는 기사는 모두 일곱 번 나오는데, 그중 마지막의 '뇌일혈'을 제외하면 감기나 치통 등 대단찮은 병치레였고 모두 하루 이틀 만에 완쾌되었다. 반면 같은 기간 동안 순종은 열세 차례나 발병했으며, 증세의 심각성이나 치료 기간도 더 중대하고 길었다. 곤도가, 돌연 중태에 빠졌다면 고종보다 순종이리라 짐작하는 것은 당연했다. 만약 고종이 완전히 유폐되어 외부와의 접촉이 끊긴 상태였다면 모르겠지만, 그는 덕수궁에서 비교적 자주 외부 손님들과 만났다. 따라서 건강이 좋지 않다는 조짐이 있었다면 알려지지 않을 수 없었고, 그런 만큼 없었던 조짐을 있었다고 나중에 둘러댈 수도 없었다.

물론 육십팔 세라는 고종의 나이를 생각하면 정정하다가 갑자기 건강이 악화되었다는 말도 전혀 터무니없지는 않다. 하지만 아무리 그래도 방금까지 멀쩡하던 사람이 특별한 이유도 없이 갑자기 쓰러져서 단 몇 시간 만에 사망에 이를 수 있을까? 여러 기록에서 고종은 발병한 20일 당시 여느 때보다도 활기가 있었고 기분이 좋아 보였다고 한다. 저녁에 뜰을 산보하는 등 여유가 넘치는 모습이었다. 더구나 공식발표보다도 고종이 발병하여 사망에 이르기까지의 시간이 훨씬 짧았을 가능성도 있다. 곤도는 고종이 위독하다는 전화를 21일 새벽 2시에 받았고, 황급히 덕수궁으로 갔을 때는(한 시간이 채 걸리지 않았을 것이다) 이미 고종이 숨진 뒤였다고 했다. 묘시, 즉 새벽 5시에서 7시 사이에 사망했다는 공식발표와 어긋난다(그나마 처음의 발표에서는 22일 새벽에 숨졌다면서, 이미 숨진 뒤인 21일 낮에는 '태왕 전하 중태'라는 보도만 내보냈다). 물론 곤도가 착각했을지도 모른다. 그러나 만약 실제 고종의 사망 시각이 새벽 3시를 넘기지 않았다면, 고종이 본래 잠자리에 늦게 드는 습관이 있었던(따라서 곤도와 같은 시종들은 대개 자정 전후 퇴궐하는 경우가 많았다) 사실로 미루어, 발병하고 나서 거의 곧바로 죽음에 이르렀을 수도 있다. 순종은 부왕의 위독 소식을 듣고 창덕궁에서 한달음에 달려왔을 텐데, 곤도와 간발의 차이로 도착하여 결국 임종을 하지 못했다. 이 사실도 고종의 병환이 급격하게 진행되지 않았을까 하는 의심이 들게 한다.

공식기록은 아니지만, 고종의 시신이 이상했다는 풍문도 의혹을 증폭시킨다. 염을 하기도 전에 이미 피부가 흑자색으로 변색되었고, 무섭게 부풀어 올라 옷을 수의로 갈아입히기 위해 가위로 잘라내야 했다고 한다. 또 몸에 시커먼 줄무늬가 죽죽 나 있었고, 입안을 들여다보니 이가 빠지고 혀는 문드러져 없어졌으며, 들어 올리니 살이 녹아서 이부자리에 묻어났다고 한다. 윤치호 등이 염습에 참여한 사람들에게서 들었다며 전하고 있는 이 이야기가 사실이라면 적어도 뇌일혈과는 무관한 무언가가 있었던 셈이다. 법의학자와 한의학자들의 소견은, 염습할 때 이미 시체가 심하게 썩어 있었고 당시 겨울철이었음에도 그토록 부패가 빨랐다면 그 것은 급성중독의 증거라는 것이다.[2]

문제의 식혜를 올렸다는 궁녀 두 사람이 고종 서거 직후 의문사하고, 고종이 숨을 거두기 직전 현장에 도착했다는 민영휘의 집에 폭탄이 터지는 사건이 벌어진 점도 고종이 결코 자연사한 게 아니지 않느냐는 의혹을 더해준다.

고종이 독살되었다는 설은 빠르게 번져나갔다. 고종 사후 십여 일만에 작성된 「국민대회격문」은 암살의 계획자는 이완용과 송병준이며, 주동자는 찬시장(贊侍長) 윤덕영과 고종의 식사를 책임지고 있는 어주도감(御廚都監) 한상학으로, 궁녀 두 사람을 시켜서 식혜에 독을 넣어 시해했다고 못 박고 있다. 또 이왕직 장시국장(掌侍局長) 한창수와 한상학 두 사람의 범행이라는 설, 식사보다 의료를 책임지고 있던 쪽에서 음모를 꾸몄다는 설 등이 나돌았다. 일제강점기의 독립운동가이자 사학자였던 박은식은 『한국독립운동지혈사(韓國獨立運動之血史)』에서 한상학이 단독으로 시해했다고 했으며, 고종의 늦둥이 딸인 덕혜옹주는 일본에서 유학생활을 하던 도중 "총독부의 지령으로 어의 안상호가 전하를 독살했다. (……) 나도 언제 독살될지 몰라 마실 것은 늘 직접 만들어 보온병에 넣어 가지고 다니며 마신다"는 발언을 남겼다. 이처럼 독살설 자체는 널리 퍼졌으나 세부사항으로 들어가면 제각각인데 그 궁극적 배후가 누구냐는 점에 대해서도, 이완용 등의 개인적 범행이라고도 하고, 조선총독부가 쓴 각본이라고도 하며, 일본 정부에서 계획한 일이라고도 했다. 말하자면 독살의 정황이 두드러진 가운데, 중대한 역사적 사건이 으레 그렇듯 다양한 추리가 소문과 뒤섞이며 구구한 설을 양산한 셈이다.

그러나 이런 독살설에도 의문의 여지가 없지는 않다. 독살의 주모자가 과연 누구냐를 떠나, 독살이라면 누군가 고종을 시해할 정도로 강력한 동기를 지녔다는 뜻인데, 그 동기가 과연 무엇이냐가 숙제다. 1919년 당시 일제와 친일파는 가질 것을 다 갖고 있었다. 병합이 이루어진 지는 이미 십 년이 가까웠고, 이완용 등은 병합 당시 제정된 조선귀족령에 따라 일제로부터 귀족작위를 받고 순조롭게 재산을 불려가는 중이었다. 고종과 순종은 병합 과정에서 마냥 순종적이지는 않았지만, 아무튼 일제가 준 '이왕(李王)'이라는 지위를 받아들이고는 일본 황실의 포로, 또는 애완동물과 같은 상태로 나날을 보내고 있었다. 그런데 새삼 고종을 제거해야 할 필요가 무엇인가?

다양한 독살설 가운데 몇몇에는 독살의 동기가 딸려 있는데, 우선 당시 총독부가 1919년 1월부터 제1차 세계대전의 마무리를 위해 열린 파리평화회의에 '조선인은 일본의 지배에 만족하고 있으며 독립의 뜻이 없다'는 친서를 보내라고 고종에게 강요했고, 고종이 이를 끝내 거부하자 시해하기로 결정했다는 설이 있다. 당시 파리평화회의에는 지난 세기의 제국주의 세계질서를 청산하는 계기로서 전 세계의 소수민족과 피압박민족의 열띤 관심이 집중되어 있었다. 이런 마당에 고종의 이름으로 그런 내용의 친서가 전해진다면 일본으로서는 분명 큰 득이 되었을 테고, 그런 만큼 고종이 끝내 거부했을 경우 실망감도 컸을 것이다. 하지만 그렇다고 시해까지 추진했을까? 고종이 거부했다고 해서 친서 계획이 좌절되었다는 말도 석연찮다. 애초 을사조약이나 병합조약 등도 명목상으로는 고종의 승인이 있었다지만, 실제로는 끝까지 거부하는 것을 우격다짐에 의해 제멋대로 이루어졌다. 그런데 그때보다도 실권이 없는 고종의 승낙 여부가 그렇게 중요했을까?

또, 고종이 승낙하지 않더라도 순종이 있다. 보다 나약한 기질의 순종을 협박해서 친서를 쓰게 했다면? 대한제국의 마지막 황제였고 현직 이왕인 순종인 만큼 고종의 친서보다 무게가 덜하지는 않았을 것이다. 그리고 그 정도의 저항 때문에 굳이 나이 많은 이태왕의 목숨을 빼앗으려고 음모를 꾸밀 절박한 이유가 주어졌을까.

　　또 한 가지 가설은, 때마침 이루어진 왕세자 이은(영친왕)과 일본 황족인 나시모토미야 마사코(이방자)의 혼약을 이유로 든다. 일본은 이로써 '조선 왕실의 종통을 끊어버리려' 했고, 고종은 '일본인의 피가 섞이는 일을 용납할 수 없어' 혼약을 완강히 반대했다고 한다. 그래서 암살을 촉발했다는 것인데, 이 또한 확실한 설득력은 없다. 조선 왕세자가 일본 황족 출신과 결혼하면 분명 일본의 한국 지배를 더 든든히 하는 상징이 되겠지만, 그것으로 왕실의 혈맥이 끊긴다거나 돌이킬 수 없이 더럽혀진다고는 보기 어렵다. 고종의 핏줄로는 영친왕 외에도 의친왕 이강이 있었고, 그는 무려 십삼남 구녀를 낳아 오늘날까지 조선왕실의 핏줄을 전하고 있다. 그 밖에도 방계로 가면 왕족이 여럿 남아 있었다. 고종 스스로가 전대 임금의 적장자가 아니고 먼 방계에서 왕이 된 만큼, 영친왕의 한 몸에 종사가 온통 의지하고 있다고 보기는 힘들다. 그리고 곤도 시로스케는 고종이 이 혼사를 반대하기는커녕 적극적으로 찬성했으며, '지금 조선의 명문가라고 해야 사돈을 맺을 만한 수준이 되는 가문이 하나도 없는데' 일본 황실과 사돈이 되니 기쁘기 이를 데 없다고 말했다고 전한다. 사실 고종은 명성황후의 친족인 민씨 가문에서 민갑완이라는 처녀를 영친왕의 배필로 찍어두고 있었고, 본래 조선 왕실에서는 오히려 지나치게 귀한 가문의 여식은 왕손의 배필로 꺼렸으므로(외척의 발호를 염려해서다) 이는 곤도의 날조라는 해석이 지배적이다. 하지만 고종은 적어도 곤도를 비롯한 일본인 관료들 앞에서는 혼사를 반기는 척했을지도 모른다. 아무튼 고종이 찬성했건 반대했건 혼사는 이루어져, 고종이 죽던 바로 그날 낮에 성혼을 축하하는 사절이 도쿄로 출발했다. 그렇게 일이 다 끝난 마당에 왜 구태여 고종을 없애려 한단 말인가?

마지막으로 남는 가능성은 고종이 덕수궁을 탈출하여 해외에 망명할 계획을 세우고 있었고, 이것이 그만 탄로 남으로써 독살을 피할 수 없게 되었다는 설에서 찾을 수 있다. 고종 망명계획설은 대략 두 가지가 있는데, 고종의 먼 친척뻘인 이회영과 이시영 형제가 상해에서 고종을 빼내는 공작을 추진했다는 것, 그리고 고종이 우선 대량의 금괴를 열두 개의 항아리에 나누어 내장원경(內藏院卿) 이용익에게 숨겨두게 하고 다시 한상학과 중국으로의 망명을 의논했는데, 한상학이 사돈인 이완용에게 밀고하여 암살까지 치달았다는 것이다.

설에다 또 설을 더하는 것이기는 하지만, 만약 고종이 암살되었다면 이것이 가장 그럴듯한 동기일 수 있다. 윌슨의 '민족자결주의'가 제국주의 체제를 뒤흔들던 당시, 대한제국의 옛 황제가 망명정부를 세우고 한일병합의 무효를 선언한다면 만만찮은 파장이 일 수 있었다. 그리고 몇 개월 동안 계속되던 파리평화회의에 고종이 모습을 드러내 연설이라도 한다면? 고종 퇴위의 원인이 된 헤이그 밀사 사건보다 몇 배로 심각한 사태가 될 것이었다. 이미 노경(老境)의 고종이 그렇게 대담한 계획을 세웠을까 하고 의문을 가질 수도 있다. 하지만 상황이 불리하면 일단 순순히 따르는 듯하다가 갑자기 대담한 수를 써서 뒤통수를 치는 것은 고종의 장기였다. 명성황후 시해 당시에도 일본이나 대원군의 강요를 순순히 받아들이는 듯했으나, 얼마 후 교묘하고도 재빠르게 러시아 공사관으로 피신해버리지 않았던가. 헤이그 밀사 사건도 겉으로는 을사조약을 수용하는 태도를 보여주고 나서 터뜨린 사건이었다. 고종을 아는 사람이라면 한일 병합과 이태왕이라는 이름을 받아들인 지 구 년이 넘었다고 방심할 수 없었다. 고종은 이전에도 과거에 빌려준 돈을 되찾는다는 명목으로 거액의 자금을 은밀히 융통하려다 발각된 적이 있었다. 그는 대한제국 시절 공사의 구분을 흩뜨리면서까지 비자금 조성에 열을 올렸다. 그래서 '나라가 망해가는데 황제는 뒷주머니만 챙긴다'는 비난도 받았으나, 그렇게 모은 돈의 상당액이, 외국으로 밀사를 파견하거나 국내외의 독립운동을 지원하는 데 쓰였음이 속속 드러나고 있다. 물론 일제도 이를 대충은 알고 있었을 것이다. 그것만 해도 골치가 아픈데, 이제는 직접 외국으로 뛰쳐나가 망명정부를 세우겠다? 이제는 도저히 두고 볼 수 없다는 결정을 내렸음직하다.

그런데 정말로 고종이 망명을 준비하고 있었고 이것이 그의 최후를 가져온 원인이었다면, 또다시 한 가지 의문이 생긴다. 바로 식혜(설에 따라서 한약이라고도 하고 홍차라고도 하나, 식혜가 가장 많이 거론된다)에 독을 타서 암살한다는 단순한 방법이 어떻게 그처럼 쉽게 성공했을까 하는 점이다.

어떤 독이든 극소량으로는 사람을 죽일 수 없다. 따라서 상당량을 마시게 해야 하며, 그렇게 마시는 동안 뭔가 이상하다는 점을 들키지 않아야 암살이 성공한다. 특별히 맛이나 냄새가 없으면서 사람을 죽이기에 충분한 독성이 있는 독으로는 조선에서 곧잘 쓰이던 비상이 유력하다. 실제로 독살설 중 일부는 비상이 사용되었다고 밝히고 있다. 그러나 비상이란 은으로 된 물건을 즉시 까맣게 만들기 때문에, 은수저나 은그릇을 사용하는 한 안심할 수 있다. 그런데 왜 고종은 그만큼 간단한 예방책도 세우지 않고 독이 든 식혜를 태연히 마셨을까?

재위 기간 동안 끊임없이 자신을 노리는 음모에 시달려온 고종은 늘 경계심을 늦추지 않았으며, 특히 독살에 민감했다. 1898년에는 독이 든 커피를 거의 다 마시고 죽을 뻔했다가 맛이 이상하다는 느낌에 뱉어버림으로써 생명을 구했고(이때 같이 마시던 아들 순종은 독커피에 중독되었고, 간신히 목숨을 건졌지만 평생 후유증에서 벗어나지 못했다), 을미사변 직후에도 독살을 염려해서 한동안 통조림으로 수라를 들었다. 그런데 그런 사람이, 하물며 일생일대의 모험이라 할 만한 망명계획을 진행하고 있는 시점에서 어떻게 그토록 조심성이 없었다는 말인가?

여기서 또 한 가지의 가설이 떠오른다. 고종이 자연사가 아닌 인위적인 죽음을 맞은 것은 틀림없지만 그것은 자살이었다는 설이다.

고종 자살설은 암살설보다는 많이 퍼지지는 않았지만, 그의 사망에서 장례에 이르기까지 만발했던 쑥덕공론의 한 축을 이루었다. 자살설을 주장한 대표적인 글은, 영국 『데일리메일』의 신문기자로 1904년부터 한국에 머물며 취재해온 매켄지(F. A. McKenzie)의 『한국의 독립운동』(1920)이다. 소위 '파리평화회의에 보낼 친서'를 강요받은 고종이 이를 끝끝내 거부하고는 자살했다는 것이다. 또 변원림은 고종이 러시아의 마지막 황제 니콜라이 2세의 말로를 관심 있게 지켜보았다고도 한다. 똑같은 '멸망한 제국의 쫓겨난 황제'로서의 동병상련, 아니면 한때 일본에 맞서 한국을 지켜주기 바랐던 나라의 대표였기 때문일까. 아무튼 고종은 니콜라이 2세가 볼셰비키에 의해 비참한 생활을 강요당하다 총살되고, 들개처럼 아무 데나 매장되었다는 말을 듣고 충격에 빠졌다고 한다. 그리고 자신도 결국 그처럼 될까 염려한 나머지 자살했을지 모른다는 것이 변원림의 추측이다. 니콜라이가 살해된 1918년 7월 직후인 1918년 10월에 고종이 자신이 묻힐 능묘 자리를 결정했다는 사실도 이를 은근히 뒷받침한다.

하지만 앞에서 말한 대로 친서 이야기는 믿음이 잘 안 간다. 그리고 니콜라이 황제의 최후가 고종에게 어느 정도 자극을 주기는 했겠지만, 그것만으로 강제 퇴위와 망국의 치욕도 견뎌낸 그가 새삼 죽기로 결심했을까 싶다. 고종이 정말 자살했다면 보다 뚜렷하고 중요한 이유가 있었을 것이다.

그리고 동기도 동기지만, 고종이 '자살'한 시점과 구체적인 실행 방법에도 의문이 있다. 말했다시피 고종은 영친왕과 이방자의 혼인이 결정된 후, 축하사절을 보낸 그날 곧바로 숨을 거두었다. 고종이 스스로 죽음을 택했다면 왜 하필 그날일까? 대부분의 학자들이 고종이 왕세자와 일본 여성의 결혼을 완강히 반대했다고 본다. 그렇다면 차라리 자살 일자를 좀더 앞당기는 편이 낫지 않았을까? 혼인이 결정되기 전에 자살했다면 그 충격은 만만치 않았을 것이다. 일단 장례와 상 절차가 끝나기까지 혼인 문제는 미뤄졌을 것이고, 그 뒤에도 속행되기 어려웠을 것이다. 일본 황실로서도 왠지 저주받은 결혼을 시키는 것 같고, '아버지가 죽음으로 반대한 혼인을 기어코 강행한다'는 조선인들의 반감이, 두 사람의 혼인으로 꾀했던 한일병합의 공고화 효과를 희석시켰을 테니까. 따라서 이

왕 세상을 버릴 생각이었다면, 또는 그 결혼이 자살의 주된 동기였다면, 하필 일이 다 끝나고 나서야 결행할 이유가 없다. 곤도 시로스케의 말대로 고종이 그 결혼을 흡족히 여기고 있었다 해도(아마도 그렇지는 않았을 듯하지만) 여전히 석연치 않다. 만약 그랬다면, 그러나 그 결혼과는 별개의 이유로 자살을 결심했다면 되도록 결혼에 찬물을 끼얹지 않으려고 결행일을 미뤘을 것이기 때문이다. 실제로, 이미 결정된 두 사람의 결혼은 고종의 죽음으로 취소되지 않았다. 다만 일 년간 미뤄졌다. 고종이 그들의 결혼을 반대했든 찬성했든, 그의 사망 날짜는 그것이 스스로 선택한 것이라 보기에는 매우 어색하다.

자살했다면, 구체적으로 어떤 방법을 썼는가? 이 점도 문제다. 독을 사용했다면 누군가 독을 밖에서 반입해주었어야 한다. 그런데 일본의 적이든 친구든, 아무도 그런 일을 맡으려 하지 않았을 것이다. 일제에 항거하는 사람이라면 고종이 죽기보다 탈출하여 독립운동을 하기를 바랐을 것이며, 일본인이나 친일파라면 고종이 '말 잘 듣는 개'의 역할에 머물러 있는 한 굳이 조선인들의 반발을 불러올 위험까지 무릅쓰며 그의 죽음을 바라지는 않았을 것이기 때문이다. 자살의 수단이 독이 아니라 칼 같은 흉기였어도 마찬가지다. 또 고종은 기본적으로 감시받고 있었고, 함녕전 안에서도 침소를 자주 바꾸었다. 따라서 그가 자고 난 방을 치우고 청소하는 일이 잦았을 것이므로, 독약이나 흉기를 오래 숨겨두기도 힘들었을 것이다.

이렇게 고종의 암살설이나 자살설 모두 의문점을 지울 수 없다. 그렇다고 총독부가 발표한 대로 고종이 자연사했다고 곧이곧대로 믿기도 어렵다. 그러면 대체 고종은 어떻게 죽었는가? 여기에 하나의 추론을 제시한다.

**고종은 암살당했다. 그러나 그것은 반쯤은 자살이었다. 다시 말해, 고종은 자신이 암살될 것을 어느 정도 예측하고, 이를 굳이 피하려 하지 않았다.**

동기와 전후 과정을 살펴볼 때, 고종이 암살당했다면 그가 은밀히 해외망명을 계획하고 있었기 때문이리라고 했다. 그러나 고종은 그런 중대사를 앞에 두고도 최소한의 암살 예방 조치도 취하지 않은 것으로 보인다. 이 모순된 듯한 정황에서 이런 추론이 나온다.

독립운동가 선우훈이 쓴 『사외비사(史外秘史)』는 일제강점의 울분 속에서 남에게 들은 얘기를 기억을 더듬어 엮은 책이므로, 일부 내용이 과장되거나 사실과 다른 점이 있다(가령 고종은 사망 당시 육십팔 세였으나, 선우훈은 칠십 세가 넘었다고 써놓았다). 그러나 고종 암살의 전말에 관해 흥미로운 내용을 적고 있는데, 그에 따르면 고종이 해외로 망명하기 위해 어주도감 한상학과 상의했다는 것이다. 그러나 이완용과 사돈관계였던 한상학이 고종에게 이완용의 도움을 얻자 말하자, 이에 고종은 깜짝 놀라며 화를 냈다. 그리고 "네가 그런 친일파 놈과 사돈일 줄이야! ……그런 놈과 어떻게 이런 일을 하겠느냐"며 이야기를 접었다. 그러자 한상학이 곧바로 이완용에게 밀고함으로써 암살 계획이 추진되기에 이르렀다는 것이다.

이 이야기의 이상한 점은, 고종이 한상학과 이완용의 관계를 모르고 한상학에게 비밀을 털어놓았다는 부분이다. 고종은 본래 대하는 사람들의 배경과 경력 캐기를 좋아했다. 반은 취미로, 반은 각박한 환경에서 살아남기 위함이었을 것이다. 자리에서 일어나 가장 먼저 하는 일이 유생들의 명부인 『청금록(靑衿錄)』을 되풀이해 읽거나, 여러 가문의 족보를 보는 등의 일이었다고 한다. 또 새로운 사람을 소개받으면 반드시 그의 출신과 내력을 꼬치꼬치 캐물었다. 뿐만 아니라 비상한 기억력으로 그런 정보를 언제든 막힘없이 풀어내, '누구는 누구의 몇 대손이며, 몇 년에 어떤 일을 했고……' 등의 이야기를 줄줄 늘어놓아 주변을 놀라게 했다고 한다. 그런 고종이 자신을 가까이에서 모시는 사람의 사돈관계를 까맣게 몰랐을까? 몰랐다 쳐도, 과연 자신이 상세하게 알지도 못하는 사람에게 그토록 중대한 비밀을 내비쳤을까?

여기서 이완용이라는 인물이 고종에게 어떤 존재였는지 되새길 필요가 있다. 언뜻 생각하면 친일파의 대표격인 이완용과, 끝끝내 일본에 대항했던 고종 사이는 물과 기름이었을 것 같다. 하지만 의외로 그렇지는 않았다. 그 이유는 이완용이 처음부터 친일파는 아니었으며 그때그때 대세에 따라 친청파, 친미파, 친러파, 친일파로 변신을 거듭해온 때문이기도 하지만, 혼란스럽기 짝이 없는 구한말에 늘 냉정하고 침착함을 잃지 않았던 이완용이 고종에게는 한때 믿음직해 보였기 때문이기도 하다. 이완용은 그런 냉철함과 뛰어난 지략으로 고종을 한 차례 구해준 적도 있었다.

바로 1896년의 아관파천(俄館播遷) 때이다. 당시는 일본이 을미사변을 일으켜 명성황후를 시해하고 우격다짐으로 친일정권을 만들어놓은 상태였다. 강압에 못 이겨 억지로 그들의 요구를 들어주고 있던 고종은 살아도 사는 것 같지 않았다. 오랜 반려자이자 정치적 동지였던 중전을 세계사에서 유례가 없을 만큼 처참하게 죽인 자들의 말을 듣자니 피가 거꾸로 솟구쳤고, 그들이 언제 자신도 해칠지 몰라 늘 공포에 시달렸다. 이때 이완용이 구원의 손길을 뻗쳐온 것이다. 두 사람은 엄 상궁(나중에 엄비가 되는)을 매개로 탈출 계획을 협의하고는, 마침내 1896년 2월 11일 밤에 전격적으로 러시아 공사관으로 피신한다. 아관파천이 없었다면 고종은 나중에 대한제국을 선포하고 황제가 될 수도 없었을 것이고, 얼마 되지 않아 왕비의 뒤를 따라가야 했을지도 모른다. 당연히 그 일등공신인 이완용에의 신뢰가 두터워졌을 수밖에 없다. 적어도 한동안은.

이완용은 러일전쟁 후 대세가 일본으로 완전히 기울었다 보고 그때부터 본격적인 골수 친일파의 길을 걷는다. 하지만 고종과의 관계가 바로 나빠지지는 않았다. 어전에서 칼을 빼 들고 설칠 정도로 무례했던 송병준이나, 결국 대세를 따를 것이면서 앞장서기는 꺼려 눈치만 보던 박제순 같은 사람들과 달리 이완용은 늘 예의가 발랐고 어떤 상황에서도 침착했다. 그리고 그럴듯하게 들리는 논리를 내세워 을사조약이나 고종 퇴위 등의 난국을 교묘하게 풀어나갔다. "물론 이렇게 하는 것은 폐하와 종묘사직의 치욕입니다. 하지만 어쩌겠습니까? 러시아도 때려눕힌 일본입니다. 전쟁을 할 수는 없지 않습니까? ……일단 저들의 뜻에 따르는 척하고, 나중에 힘을 키워서 치욕을 씻어야 합니다. ……지금은 저들의 체면을 세워주면서 최대한 실익을 챙겨야 합니다."

고종은 이완용에게 완전히 설득되지는 않았다. 특히 을사조약과 퇴위 문제에서는 마지막까지 최종 승인을 하지 않으며 버텼다. 하지만 그래도 다른 자들에 비하면 이완용의 말이 들어줄 만하다 여겼으며, 그 증거로 을사조약 이후 '아무튼 수고했다'며 이완용에게 위로금을 보내기도 했다. 또 퇴위 후 성난 군중이 이완용의 집을 태워버리자, 자신의 소유였던 남녕위궁(南寧尉宮)을 하사하여 살게 했다. 이완용 쪽에서도 늘 고종과 왕실의 대소사를 챙기며 깍듯한 태도를 잃지 않았다. 아마도 "지금은 괴로우시겠지만 곧 기회가 올 것입니다. 조금만 참으십시오. 소신은 언제나 폐하의 편임도 잊지 마십시오!" 하는 속삭임도 수차례 했을 법하다.

그렇다면 고종이 덕수궁을 탈출해 해외로 망명할 계획을 세우면서 자연히 이완용을 떠올렸다고 볼 수도 있지 않을까? 사방 천지가 일본의 것이 된 마당에, 감시의 눈을 따돌리고 군인과 순사의 총칼을 피해 멀리 외국까지 가기란 보통 어려운 일이 아니었으리라. 누군가 유력한 인물이 힘을 보태주지 않으면 불가능한 일이었을지도. 그리하여 고종은 이완용이 자신을 위해 '제2의 아관파천'을 성사시켜주기를 기대했을 수도 있지 않을까?

하지만 고종이 이완용을 전적으로 신임했을 것 같지는 않다. 그랬다면 고종일 리가 없다. 조선왕조 오백 년 동안 가장 절박하고 혼란스러웠던 마지막 오십여 년을 보내며 온갖 위기를 넘겨온 최고지도자의 안목이 그렇게 단순했을 리는 없다. 고종은 이완용이 분명 말은 그럴듯하게 하고 늘 자신을 위한다지만 결코 피가 뜨거운 충신은 아님을 알았을 것이다. 을사조약 때도 '언제 외교권을 돌려받을 것인지 기간을 못 박아두겠다'고 다짐했지만 공염불이 되었고, 퇴위 때도 성화에 못 이겨 '그러면 퇴위는 말되, 황태자에게 대리청정을 시키는 것으로 하자'는 제의를 수락했더니 억지로 퇴위로 만들어버리는 일본인들 옆에서 시치미를 뚝 떼고 있지 않았던가. 고종으로서는 이미 이완용을 나라도 임금도 없고 자신의 이익만 챙기는 '가짜 군자(君子)'로 인식하고 있었을지 모른다. 하지만 망명 계획을 실행하려면 이완용의 지위, 영향력, 지략이 꼭 필요하다…….

이쯤에서 고종은 하나의 대담한 도박을, 아니 고독한 결단을 내렸으리라 보인다.

'죽을 각오를 하자!'

이완용이 다행히 마지막 충성심으로 계획에 힘을 빌려준다면 망명이 성공할 가능성은 높아진다. 그리하여 마침내 창살 없는 감옥인 덕수궁을 벗어나 독립운동가들이 하나 둘 모여들고 있다는 상해에, 고구려의 옛 혼이 잠들어 있는 만주 벌판에, 황명을 띠고 갔던 이준이 울분 속에서 숨을 거둔 헤이그에 설 수 있다면 그만한 기쁨이 어디 있으랴. 하지만 목숨을 걸어야 하는 일이다. 이완용이 도와주어도 될까 말까 하고, 그가 마침내 여우 꼬리를 드러낸다면 곧바로 파멸이다. 일본은 더 이상 나를 내버려두려 하지 않을 것이다. 곧바로 이 늙고 힘없는, 구차한 목숨을 내놓으라고 덤빌 것이다.

하지만 그것으로 또 좋지 않은가. 생각하면 칠십이 다 되어가는 지금껏, 이 사람 저 사람의 뜻에 얽매여 한없이 눈치만 보고 살아왔다. 그래도 언젠가는 보란 듯이 나의 삶을 살리라, 내 방식대로 백성들을 다스리리라 하며 웃는 낯 속에 끊임없이 칼을 갈아왔다. 하지만 그러다 보니 용기를 내야만 했을 때 내지 못했고, 나라를 지키기 위해 모든 것을 내던져야 할 때 내 몸을 지키느라 그러지 못했다. 그러니까 이제는, 늙은 몸뚱

이밖에 아무것도 남지 않은 이제는 버릴 때도 되지 않았는가? 죽음과 마주 설 때도 되지 않았는가? 가자, 저 자유의 세상으로. 그러기 위해서 어쩌면 악마의 손일지도 모르는 손을 잡자. 그렇게 해서 끝내 죽음이 찾아온다면, 그것은 또 그것대로 가치가 있을 것이다. 나의 죽음은……. 그것으로 나의 오랜 방황과 많은 실책은 상쇄될 것이다. 죽어서 비로소 열성조(列聖祖) 앞에 고개를 떳떳이 들 수 있게 되리라! 그분들이 연 왕조를 내 손으로 닫는 바로 그것으로써!

『사외비사』의 저자는 고종이 결정적인 반일 행위를 하기 위해 친일파 이완용의 힘을 빌리려 했음을 이해하지 못했다. 그래서 고종이 참으로 어설프게 귀중한 비밀을 이완용의 인척에게 누설하고, 그렇게 비밀이 새어나간 뒤에도 태평하게 있다가 뜻하지 않은 죽음을 맞은 것으로 해놓았다. 하지만 고종은 이완용과의 인척관계를 모르고 한상학에게 계획을 털어놓은 것이 아니라, 바로 이완용과 인척이기에 한상학과 숙의했을 것이다. 그러나 그것은 결국 '악마의 손을 잡은' 것이었다. 1919년 1월 20일, 이완용은 자신의 본성을 드러냈다. 그리하여 살아서 부귀를 누리고, 영영 지탄받는 길을 택했다. 어쩌면 대한제국의 마지막 충신이라는 아름다운 이름을 얻을 수도 있었을 길을 버리고. 그리고 그에게 마지막 희망을 걸었던 사람은 파멸의 길을 갔다. 그러나 그것은 그 자신이 원했던 길이었다. 그가 보다 원했던 해방과 새로운 투쟁이란 소원은 이루어지지 않았지만, 그에게는 다른 방식의 해방이, 그리고 투쟁이 남겨져 있었다. 고종이 죽음으로써 열고자 했던 투쟁의 길이 무엇이었는지 그것을 이야기하기 앞서, 우리는 먼저 그의 파란만장한 생애를 돌아봐야 한다.

# 1장_ 세 마리의 눈먼 쥐

고종(高宗). 1852년(철종 3년) 7월 25일, 훗날 흥선대원군(興宣大院君)으로 불리게 되는 이하응(李昰應)과 부인 여흥 민씨 사이의 둘째아들로 출생. 본명은 이재황(李載晃), 아명은 이명복(李命福)이다. 즉위한 후 대개 외자를 왕의 이름자로 삼는 전통에 따라 이름을 고쳤는데, 사실 이것이 조금 불분명하다. 새로 지은 이름은, 죽음 후 그의 일생을 정리하는 행장과 묘지문이 실린 『순종실록부록』에는 '희(熙)'라고 되어 있고, 『고종실록』의 총서에는 그 좌상단에 삐침 별(丿)을 하나 덧붙인 형태인 '㷩'로 되어 있다. 또 '㷩'의 경우 독음이 '희', '형', '경' 세 가지이기 때문에, 도대체 이 나라를 사십육 년간이나 통치한 사람의 이름을 어떻게 읽어야 하는지도 확실치가 않다. 2차 문헌에서도 여기서는 '이희', 저기서는 '이경' 하는 식으로 대중이 없는데, 다만 고종은 재위 도중 서양에 보내는 문서에 자신의 이름을 'Ye Hyeng'이라고 표기했다. 그걸 보면 고종의 정식 이름은 '李㷩', 독음은 '이형'이었을 가능성이 높다. 그의 행장과 묘지문에 '李熙'라고 적은 것은 부주의 때문이었으리라. 물론 왕의 이름은 휘(諱)라 하여 직접 거론하는 일이 거의 없다. 그래서 간혹 잘못 알려지거나 잘못 읽을 수도 있겠다 싶다. 하지만 부모의 명예를 목숨보다 소중히 여겼던 조선시대, 선대왕의 비리를 간접적으로라도 암시했을 때면 자칫 삼족이 멸할 수도 있는 게 보통이었던 시대에 왕의 이름자를 잘못 적었다면 이것은 온 조정에 한바탕 평지풍파가 일었어야 마땅하지 않겠는가. 하지만, 아무 일도 없었다. 평지풍파고 뭐고 조정 자체가 이미 자취도 없었으니까.

고종이 살아생전 한 번도 듣지 못했을 또 하나의 이름, 바로 그의 묘호(廟號)로 사후에 신하들이 붙이는 '고종(高宗)'이라는 이름에도 묘한 여운이 있다. 묘호에 대한 공식 설명에는 "기초를 확립하고 표준을 세우는 것을 '고(高)'라 한다"라고 되어 있는데, 듣기에는 마냥 좋은 소리 같다. 사실 어떤 임금이든, 연산군이나 광해군처럼 아예 쫓겨난 임금이 아닌 이상, 왕의 묘호로 쓰는 글자는 제각기 좋은 의미를 갖기 마련이다. 아무리 실제로는 변변찮은 임금이었더라도 말이다. 따라서 아, 그냥 고종이라고 했나 보다, 하고 넘길 수도 있다. 하지만 하필 왜 고종인가? 다른 글자를 선택할 수도 있었을 텐데, 왜 고종이라고 했을까?

고종과 함께 거론된 묘호는 신종(神宗)이었다. '신(神)'이란 "백성들이 이루 형언할 수 없는 정치를 펼친 것"을 말하는데, 개화와 황제국 수립을 이뤄낸 군주라고 본다면 신종이라고 하지 못할 것도 없다. 만약 대한제국이 다만 이삼대라도 순탄하게 이어졌다면 '神'과 비슷한 의미의 '성(聖)'에다 '획기적 업적을 이룩한' 임금에게 붙이는 '조(祖)'를 써서 '성조(聖祖)'라고도 불렸을 법하다. 하지만 조선 26대왕 이형의 묘호는 고종이었다.

순전히 추측이지만, 고종의 시신을 앞에 놓고 묘호를 정하는 사람들(민병석, 윤덕영, 박영효, 이완용 등이었다)이 중국 역대 제왕들의 묘호를 떠올렸을 수도 있다. 똑같은 이름(가령 '철수'나 '영희'처럼)도 붙이는 뜻이 다르고 상황이 다르다. 따라서 지금 막 세상을 떠난 조선 왕의 묘호를 지을 때 중국 군주의 묘호를 꼭 참조한다고는 할 수 없지만, 역사적으로 유명한 군주의 묘호와 똑같은 묘호를 지었다면 그 유명 군주의 생애를 전혀 생각하지 않았으리라 보기도 어렵다.[3] 그러면, 중국의 여러 군주 중 고종이라는 묘호를 가졌던 사람은 누가 있는가? 가장 유명한 두 사람이 당나라의 고종과 남송의 고종이다. 당나라 고종은 율령을 정비하고 한반도에 세력을 뻗치는 등 업적도 많지만, 황후 측천무후에게 지나친 권력을 줌으로써 결국에는 그녀가 당나라를 무너뜨리고 중국 최초의 여성 황제가 되도록 했다는 점에서 길이 유학자들의 비판을 받는 황제다. 또 남송의 고종은 금나라가 화북을 휩쓸고 부황(父皇) 휘종을 포로로 잡아가자 양자강 남부로 피신해 남송을 세웠다. 그러나 간신의 대명사인 진회를 중용하고 충신 악비를 물리쳤으며, 결국 금나라에 스스로를 신하로 칭하는 굴욕적인 태도를 취해 겨우 나라를 보전했다. 그리고 말년에는 황위를 물려주고는 풍류나 즐기며 편안하게 살았다. 이런 황제들의 묘호와 똑같은 고종이라는 묘호가 주어졌음은, '명성황후의 치마폭에 싸여 지냈고' '결국 종묘사직을 외국에게 바치면서 개인적 안일만 추구했다'는, 오늘날까지도 이어지는 고종 정치에의 비판론과 연관되지 않을까? 아마도 고종의 죽음과 무관해 보이지 않는 이왕직의 백작과 남작 들은 고종이라는 묘호로써, 그들의 군주를 죽음의 자리에서조차 다시 한 번 기만한 것이 아닐까?

이형이라는 휘는 그의 개인적 일생을 나타내고, 고종이라는 묘호는 그의 공적 업적을 나타낸다고 하겠다. 개인으로는 잊히고 공인으로는 멸시받는 인생, 그 애잔함은 그의 이름을 돌이켜보기만 해도 진하게 묻어난다.

그런 애잔함, 그런 모든 한과 분노, 오해와 왜곡의 사십육 년 세월은 1863년 12월 8일, 신정왕후(神貞王后) 조 대비가 철종의 승하에 임하여 다음과 같은 지시를 내림으로써 시작되었다.

"흥선군(興宣君)의 적자(嫡子) 중에서 둘째아들 이명복으로 익종대왕(翼宗大王)의 대통을 계승시키기로 정한다."

아직 열두 살 소년에 불과했던 이재황(이명복)의 운명을 결정한 조 대비의 이 전교(傳敎)에는 언뜻 들어서는 알 수 없는 '특이함'이 네 가지나 숨어 있다.

첫째, 분명히 지금 서른셋의 나이로 승하한 왕은 철종인데, 조 대비는 고종에게 철종이 아닌 익종의 양자로 들어가서 대통을 이으라 지시하고 있다. 철종은 철인왕후 김씨를 비롯한 다섯 여인에게서 오남 일녀를 보았으나, 그중 영혜옹주만 살아남고 모두 이름조차 짓지 못한 채〔왕실에서는 나이가 웬만큼 찬 뒤에야 정식 이름을 지었다. 따라서 한두 살 정도에 죽은 왕자나 공주는 왕가의 족보인 선원보(璿源譜)에 이름조차 남기지 못한다〕 죽고 말았으므로 철종의 친자로 대통을 잇기는 불가능했다. 하지만 어차피 양자를 들인다면 선대왕의 대를 잇는 것이 보기에 좋을 것을, 굳이 익종의 후사로 삼은 것이다. 익종은 사실 생전에는 왕이 되어보지도 못한 사람이다. 순조의 세자로 사 년 동안 대리청정을 하며 과감한 개혁과 왕권 강화를 시도했으나 일찍 병사하고 만 효명세자(孝明世子). 익종이란 그의 아들 헌종이 즉위한 후 추숭(追崇)한 이름이었다. 그런데 이처럼 무리를 해가며 익종의 후사를 내세운 이유는 무엇일까. 그것은 바로 조 대비가 익종의 왕후였기 때문이다. 새로 등극한 왕이 어리면 충분히 성장할 때까지 모후가 수렴청정을 하게 되는데, 만약 고종을 철종의 양자로 삼는다면 자신이 아닌 철종의 왕후, 철인왕후(哲仁王后)가 수렴청정을 맡게 된다. 조 대비는 당시 쉰여섯이었고 서열상 왕실의 최고 어른이었다. 그런데 이제 스물일곱일 뿐이고 그리 명민하지도, 평판이 썩 좋지도 않은(철종이 후궁들과의 유희에 빠지고, 결국 건강을 해쳐 일찍 죽은 것이 그녀의 등쌀에 시달렸기 때문이라는 풍문이 있다) 철인왕후가 수렴청정을 하는 일은 눈뜨고 볼 수 없다는 게 조 대비 쪽의 명분이었다. 하지만 누구나 그 얇은 명분 아래 감춘 진실, 즉 더 이상 안동 김씨의 독주를 허락하지 않겠으며 삼십여 년 만에 풍양 조씨가 다시 고개를 들 때가 왔다는 강력한 의지를 읽을 수 있었다.

안동 김씨는 길게 보면 육십 년 이상, 정조가 1800년에 승하하면서 세자(순조)의 장인인 김조순에게 후사를 맡긴 이래로 패권을 잡아왔다. 단지 효명세자 익종이 대리청정을 하던 시절, 처가인 풍양 조씨 가문을 지원 세력으로 삼으면서 잠시 세력 판도의 변화가 오는 듯했으나 곧바로 다시 안동 김씨의 세상이 되었다. 김조순의 딸이자 순조의 왕후였던 순원왕후(純元王后) 김씨는 헌종이 즉위했을 때 선왕비의 자격으로 모후인 조 대비를 제치고 수렴청정을 했으며, 이어서 철종이 즉위하자 그를 순조의 아들로 입양시켜서 다시 수렴청정을 했다. 게다가 철종의 왕후를 역시 안동 김씨에서 맞이하게 하여 가문의 영광을 한없이 늘리려 했다. 그동안 조 대비의 설움과 한은 이루 말할 수 없었으리라.

그리하여 무리를 해서라도 고종을 익종의 후사로 앉혀 자신이 수렴청정을 하도록 안배한 것인데, 여기서 여러 왕족 중에서도 고종이 뽑힌 점이 또 문제였다. 고종의 가계를 거슬러 올라가다 보면 사도세자의 서자이자 정조의 배다른 동생인 은신군(恩信君)이 나온다. 그런데 은신군은 나중에 복권되기는 했지만 역모 혐의를 받고 제주도에 귀양 갔다가 죽은 사람이다. 아무래도 그리 빛나는 조상으로 내세울 만한 사람은 못 된다. 더욱이 고종은 실제로는 그의 직계자손도 아니었다. 조선왕조에서는 죄인으로 죽은 왕손이 나중에 복권되면 그 대가 끊겼음을 불쌍히 여겨 꽤 먼 가지에 있는 왕손을 입양해 대를 잇게 해주는 관습이 있었다. 은신군의 경우 그렇게 해서 입양된 '자식'이 흥선대원군의 아버지인 남연군(南延君)이었다. 남연군의 실제 핏줄은 인조의 아들인 인평대군(麟坪大君)에게서 내려오는데, 아무튼 대가 끊긴 먼 친척집에 '대타'로 불려갈 정도니 돋보이는 왕족은 결코 아니었다. 철종도 왕의 재목치고는 변변한 출신이 못 되었지만〔역시 사도세자의 서자로서 역모죄로 죽은 은언군(恩彦君)의 손자였다〕, 고종의 경우는 그보다 더했던 셈이다.

이처럼 철종의 종통을 무시한 채 조 대비 개인 내지는 조씨 가문의 권력욕을 거의 노골화하며 익종의 후사를 이은 데다, 그 후사라는 사람이 도통 별 볼일 없는 뜨내기 왕족인지라 고종은 처음부터 '뼈대 있는 양반 가문들'의 존중을 받기 힘들었다. 여기에 한 가지 더, 굳이 남연군의 자손을 왕으로 삼는다면 왜 또 하필 이재황인가? 흥선군 이하응이 버젓이 살아 있으며, 그의 맏아들 이재면도 있지 않은가?

그 이유는 간단했다. 마흔넷의 이하응이나 열아홉인 이재면은 모두 조 대비가 수렴청정을 할 명분이 없는 성인들이었기 때문이다. 야사에 따르면 이재면은 비록 맏아들이었으나 아버지 이하응의 사랑을 받지 못했고, 인품이나 자질도 보잘 것이 없어 도저히 왕의 재목이 아니었다고 한다. 하지만 열두 살에 불과했던 이재황에게 왕재가 있으면 얼마나 있었을까? 철종은 왕재가 뚜렷해서 임금 자리에 올랐을까? 이하응, 이재면이 아닌 이재황이 옥좌에 앉게 된 이유는 나이가 그 무엇보다도 결정적이었을 것이다. 그러나 이는 고종대의 정치에 또 다른 비정상적인 앙금을 남긴다. 무엇보다, 보통이면 죽었어야 할 '임금의 아버지로서 왕이나 세자가 아니었던 자', 즉 대원군이 두 눈을 버젓이 뜨고 살아 있는 사상 초유의 일이 벌어졌다(이는 하도 전례 없는 일이라, 대원군을 어떻게 예우해야 하는지가 한동안 중요한 국정 과제 중 하나가 되기도 했다). 이후 대원군은 '왕의 아버지'라는 명목으로 조금씩 조금씩 정치에 간섭하기 시작, 결국에는 실질적인 조선의 통치자 노릇까지 하게 된다. 그러던 그의 마음에는 '수렴청정을 하려는 조 대비의 의지에 따르지 않을 수 없어서 둘째 녀석에게 옥좌를 넘겼다. 하지만…… 하지만 원래는 내가 왕이 되었어야 하는 게 아닌가!' 하는 물음이 끝없이 메아리치지 않았을까. 그래서 그는 1873년 이후 고종이 친정에 나서며 실권을 빼앗기자, 이를 도무지 받아들이려 하지 않고 끊임없이 아들에 맞선 쿠데타를 시도하며 구한말의 정치에 흙바람과 피바람을 일으키고 만다. 그리고 그런 아버지 옆에는 역시 옥좌에 미련이 남았을 법한 왕의 친형, 이재면이 있었다.

　　마지막으로, 후사를 정하고 수렴청정을 시행하는 절차는 보통 대비와 대신들의 숙의 끝에, 대신들의 수렴청정 건의를 대비가 몇 차례 형식적으로 사양하다가 마지못해 받아들이는 척하면서 언문(한글) 교서를 작성함으로써 이루어지는 법이다. 그러나 조 대비는 대신들을 모이게 하고는 대뜸 이런 말을 꺼낸 것이다. 어느 정도 예상한 일이지만 모두 황당할 수밖에 없었고, 침묵 끝에 전임 영의정이던 정계의 원로 정원용이 "교서를 한 장 써주셔야 하지 않겠습니까?"라고 입을 열었다. 그 말대로 따르겠다는 뜻인 동시에, 아무리 그래도 그렇지 이렇게 막무가내로 할 수 있느냐는 은근한 항의의 표시였다. 그러자 비로소 조 대비는 수렴을 걷고 언문 교서를 내놓았다. 워낙 문제 삼을 점이 많은 결정이었고, 안동 김씨 등 반대세력이 전열을 채 정비하기 전에 모든 것을 기정사실로 만들어두려다 보니, 조 대비는 그처럼 절차나 예법도 따지지 않고 일을 진행시킨 것이다. 하지만 이는 이후, 조 대비가 되었든 대원군이 되었든 그리고 고종이 되었든 최고지도자가 몇몇 사람과 밀실에서 속살거린 후 일을 진행해버리고 조정은 한편으로는 나 몰라라 하면서 다른 한편으로는 뒷궁리에 힘쓰는 체제, 왕과 조정이 따로따로 움직이는 체제로 이어지는 불씨를 안고 있었다.

　　1863년 12월 8일에 조선 26대 왕으로 정해지고 그달 13일에 즉위하기로 되어 있었던 이재황에게 부랴부랴 익성군(翼成君)이라는 작위가 내려졌다. 아무 공식 작위도 없는 어린아이가 대뜸 옥좌에 오르는 일은 아무래도 거북했기에 취해진 조처로, 일주일도 안 되어 사라지게 될

뜬구름 같은 작위였다. 그 지시를 내린 대왕대비에게 영의정 김좌근이 이렇게 질문했다.

"익성군의 나이는 올해 몇입니까?"

"어…… 그러니까……, 열 살 정도 되던가?"

느닷없는 질문에 말끝을 흐리는 조 대비를 보며, 안동 김씨 세력의 중심인 김좌근은 실소를 머금었다. 조 대비는 대통을 이어갈 왕의 재목을 치마폭에 감췄다 내놓으며, 정작 그의 정확한 나이조차 모르고 있었다.

"그렇습니까……. 그러면 혹시라도 무슨 일이 생기지 않도록, 그분의 사가(私家)를 병사들로 호위할 필요가 있겠군요."

느물거리며 말을 잇는 김좌근을 노려보며, 조 대비는 "그래, 그렇게 하게"라고 짧게 대답했다. 하지만 속은 부글부글 끓었다. 내가 명복이를 잘 모르는 채 대략 어리다는 사실만 보고 왕으로 뽑은 걸 은근히 비난하고, 이제는 미리미리 경호 조치를 지시하지 않았다고 핀잔을 줘? '수렴청정이랍시고 조씨 계집이 정치를 하겠다니, 얼마나 잘 하나 보자' 이거냐? 그래, 어디 얼마나 잘 하는지 똑똑히 봐둬라. 아직도 너희 김씨 놈들 세상인 줄 아는가 본데……. 따끔한 맛을 보여주마!

조 대비의 다짐은 얼마 후 실현된다. 고종 원년 1월 13일, 수렴청정을 시작하고 나서 처음으로 신하들과 가진 차대(次對)에서 조 대비는 '의정부와 비변사는 모두 묘당(廟堂)으로 국가의 중추부인데, 실제 업무는 비변사에서만 이루어지고 있으니 이상하지 않은가? 이제부터는 업무를 나누도록 하라'고 지시한다. 조선 후기 들어 원래는 특설기구였던 것이 상설기구화, 권력기구화하며 세도정권의 핵심으로 기능해온 비변사를 견제함으로써 안동 김씨를 견제하려는 포석이었다. 이 지시에 김좌근은 '오래전부터 해오던 방식을 갑자기 바꾸기는 좀……' 하며 우회적으로 반대의견을 냈으나, 좌의정이던 풍양 조씨의 대표주자 조두순은 적극적으로 찬성하고 나선다. 이로써 2월 11일에 외교 국방 업무를 제외한 비변사의 업무가 의정부로 이관되고, 일 년쯤 뒤에는 아예 폐지됨으로써 안동 김씨의 조정 내 기반이 무너진다. 아울러 김좌근, 김흥근 등 안동 김씨의 주축들이 고종 즉위 후 일 년여 만에 실각하거나 한직으로 밀려난다. 1864년 6월에는 조두순이 영의정으로 자리 잡으며 완전히 풍양 조씨 독주 체제가 된다. 하지만 김좌근 등은 의외로 담담했다.

'그래. 이럴 수밖에 없겠지.'

안동 김씨가 몇십 년 동안이나 정권을 잡으면서 그사이에 불거진 온갖 폐단, 삼정(조세·병역·환곡)의 문란과 기강의 해이, 부정부패의 만연 등이 고스란히 안동 김씨 때문이라는 인식이 팽배해 있었다. 여기에 헌종 대신에, 왕족은 왕족이지만 '시골뜨기 철부지'였던 강화도령 철종을 왕에 앉히면서 김씨들이 해도 너무한다는 주장이 조정에서나 재야에서나 가득했다. 그 철종이 든든한 후계자라도 남기고 갔다면 모르겠는데, 입양으로 왕위를 계승시킬 수밖에 없는 이상 조 대비가 제2의 철종으로 이하응의 둘째아들을 내세우는 일을 막을 힘은 더 이상 내기 어려웠다. 이제 안동 김씨는 '야당 할 각오'를 하지 않으면 안 될 처지였던 것이다.

'하지만 결코 이것으로 끝나지 않는다. 뒷궁리를 다 해두었으니까…… 몇 년 뒤에 보자!'

영의정 자리를 내놓고 쓸쓸히 귀향하던 김좌근의 속셈이 무엇인지 아직 아무도 모르는 사이에, 어린 왕은 왕으로서의 공부와 의무를 다 하느라 정신이 없었다.


　　"세원인망(世遠人亡), 경잔교이(經殘敎弛), 몽양비단(蒙養弗端), 장익부미(長益浮靡), 향무선속(鄕無善俗), 세핍양재(世乏良材), 이욕분나(利欲紛拏), 이언훤회(異言喧豗)."

　　고종 원년(1864) 3월 16일, 열세 살이 된 고종은 『소학』 첫머리에 속하는 「소학제사(小學題辭)」의 일부분을 배우는 중이었다. 강관(講官)은 정기세. 그가 먼저 공부할 부분을 읽고 해석하면, 고종이 열 번 되풀이해 읽는다. 다 읽고 나면 문답이 진행된다.

　　"……'회(豗)'란 서로 다툰다는 뜻입니다."

　　"오늘날 조정에서 서로 옳거니 그르거니 하며 서로를 몰아내려 다투는 바로 그것인가?"

　　"……그렇습니다."

　　어린 고종은 때로 강관을 당황하게 할 만큼 예리한 발언도 했다. 하지만 달리 보면 유교 국가의 군주로서는 한심할 정도로 기본 지식이 모자랐다.

　　"주자(朱子)는 공자와 같은 시대 사람이 아닌가?"

　　"……네. 주자와 공자는 천팔백 내지 구백 년이나 차이가 납니다."

　　"주자는 언제 살았는데?"

　　"남송시대입니다. 남송과 북송이 있고, 각각 백오십 년 정도 지속했습니다. 남송은 북송 다음이며, 주자는 남송시대의 현인입니다."

만약 고종이 임금의 세자로서 궁궐에서 나고 자랐다면 대략 네 살 정도부터 공부를 시작했을 것이다. 지금 고종의 공부 진도는 '정상적인' 경우보다 십 년은 뒤진 셈이었다. 그러나 아무리 그렇다고 해도, '공자와 주자가 동시대 사람이냐?'라고 물을 정도라면 어지간한 여염집 자제보다도 아는 게 없다는 뜻이었다. 아마 정기세나 주변의 다른 신하들은 '어디서 이런 무식한 아이놈이······' 하는 생각을 했음직도 하다.

하지만 어린 고종이 신하들에게 이처럼 실망만 안겨줬던 것은 아니었다. 원년 9월에는 경연을 마치고는 불쑥 승지 신단에게 이런 말을 던졌다. "전에 김제 군수를 지내지 않았나?" 신단이 깜짝 놀라며 그렇다고 하니, 고종은 "잠저(潛邸)에 있을 때 고을을 잘 다스리지 못한다는 말을 들었다"고 했다. 당황해서 어쩔 줄 모르는 신단에게 어린 고종은 "다시 한 번 김제 군수로 부임해, 이번만큼은 제대로 다스려보라"는 명을 내렸다. 다시 11월에는 시독관(侍讀官) 강장환에게 고향이 어디냐고 질문했다. "영동(永同)입니다"라고 대답하자 지금 그 고을의 정치가 어떠냐고 물어, "제대로 안 되고 있다고 들었습니다"고 하니 그게 사실인지 조사해보라고 했다. 충청도[당시는 공충도(公忠道)였다] 감사 신억의 보고에서 "영동은 잘 다스려지고 있습니다"라고 하자, 강장환을 공충도 사핵어사(査覈御史)로 삼고는 직접 영동에 내려가 그곳 사정이 어떤지 알아오라고 했다. 영동에서 강장환이 "이곳은 잘 다스려지고 있고, 어전에서 말씀드린 것은 사실무근의 망발이었습니다. 죽여주소서"라는 보고를 올리자, 고종은 "이렇게 근거 없이 서로를 비판하고 윗사람을 속이는 일이 다시는 없어야 한다"며 강장환을 유배형에 처했다.

이를 보면 어린 고종은 성군(聖君)의 이름이 부끄럽지 않을 총명함의 소유자였던 셈인데, 너무 뛰어난 조처였으므로 과연 혼자 생각으로 한 일일까 의심된다. '잠저' 운운하는 말에서 짐작되듯, 대원군이 뒤에서 이렇게 저렇게 처리하라고 넌지시 알려준 게 아닌가 싶다. 하지만 앞서도 말했지만, 장성한 뒤에도 사람의 출신이나 경력 등을 상세히 알아보고 기억하는 일은 고종의 특기였다. 아무튼 이런 일화들은, 어리고 무식한 왕이라고 업신여기는 여론에 어느 정도 일침을 가했을 것이다.

그런데 대한제국 때 시종원부경(侍從院副卿)을 지낸 정환덕이 쓴 『남가몽(南柯夢)』에는 이런 총명함과는 정반대로 읽히는 에피소드도 적혀 있다. 고종이 처음으로 즉위하고 첫 발언이 '계동에 사는 모모 군밤장수를 잡아 죽여라'였다는 것이다. 당황한 조 대비와 영의정 이하 신료들이 이유를 물으니 '전에 내가 그렇게 하나만 달라는데도 끝내 군밤을 주지 않았으니 얼마나 못된 놈이냐'며 당장 가서 잡아 죽이라고 난리를 치는 걸 겨우 달랬다는 이야기다. 한마디로 철부지였다는 것인데, 고종의 총명함을 드러낸 이야기를 있는 그대로 믿을 수 없듯, 실록이나 『승정원일기(承政院日記)』에는 없는 이 일화도 곧이곧대로 믿을 수는 없다. 훨씬 나중에야 입궐한 정환덕이 들은 뜬소문일 수 있다. 하지만 만약 그와 비슷한 사실이 정말 있었다면, 그것 역시 흥선대원군 이하응의 계책이 아니었나 추정할 수도 있다. 안동 김씨를 비롯해 새 정권에 불만을 가진 세력에게 새 임금은 아무것도 모르는 철부지일 뿐이며 경계할 필요가 없다는 인식을 심어주려는. 하지만 제도권 교육이 부실한 탓에, 왕이 된 아들이 경연 자리에서 자꾸만 무식함을 드러내자, 임금의 권위가 이대로 너무 떨어져도 곤란하다 여긴 대원군이 정반대의 에피소드를 준비했다는 추정이다.

어찌 됐든 고종은 그러한 경연을 하루에 세 차례씩, 눈이 오나 비가 오나 꼬박꼬박 해야 했다. 여기에 특별 경연인 소대(召對)도 짬짬이 치르고, 남은 시간에는 예습과 복습은 물론 대왕대비와 왕대비(철인왕후)에의 직접 문안인사, 궐 밖의 대원군에의 간접 문안도 챙겨야 했다. 이처럼 바쁜 나날 속에서, 어린 왕은 옥좌가 주는 의미와 시대가 자신에게 바라는 사명을 조금씩 깨달아가고 있었다.

한편, 효명세자 이후 간신히 정권을 잡은 풍양 조씨는 어떻게 정국을 이끌어나갔을까. 아무래도 오랫동안 쌓아놓은 안동 김씨 세도의 기반이 있어, 권력의 중추를 장악했다지만 단번에 뭐든지 마음대로 할 수는 없었다. 특히 비변사를 마지막까지 잡고 있었던 쪽이 안동 김씨인 만큼 외교, 국방 분야에서는 풍양 조씨가 좀처럼 뚫고 들어갈 수 없었고(끝내 풍양 조씨는 조 대비의 수렴청정이 끝날 때까지 한 사람의 병조판서도 배출하지 못했다), 오랜 안동 김씨 세도 하에서 길러진 지방관들도 만만찮았다. 풍양 조씨가 의정부와 이조(吏曹), 그리고 언론 3사(사헌부·사간원·홍문관)를 장악한 상태에서, 남은 권력 영역은 안동 김씨나 다른 소수 세력들에게 분점을 허락해야 했다.

이런 상황에서 조 대비가 내놓은 정치적 비전은 '익종(효명세자)의 유지를 받든다'는 것이었다. 효명세자는 강력한 왕권 아래 기강이 엄정하고 문예가 융성했던 국초, 말하자면 태종과 세종의 시대로 돌아가자는 꿈을 꾸었던 사람이다.

불행히도 젊은 나이로 죽는 바람에 이루지 못한 꿈, 그것을 그의 반려자였던 내가 이뤄내리라! 그리하여 국가기강이 바로 서고 왕권이 강력해진다면, 그 과정에서 중앙과 지방의 안동 김씨 잔당들도 청소되지 않겠는가? 고종을 하필 익종의 후사로 삼았던 선택은 조 대비 자신이 수렴청정을 맡아야 한다는 절박한 계산에서 나온 것이었지만, 그것은 한편으로 '익종의 꿈을 오늘날 실현한다'는 의미도 담고 있었다.

그리하여 조 대비가 내놓은 가장 대표적인 정책이 바로 '경복궁 중건'이었다. 흔히 경복궁 중건은 대원군의 정책으로 알려져 있다. 하지만 이는 사실 효명세자 생전의 숙원사업이었고, 이를 삼십여 년 만에 조 대비가 다시 추진한 것으로 보아야 한다.

경복궁은 우리 조선이 개국하고 수도를 이룩하던 때, 처음으로 지은 정궁(正宮)이다. 그 반듯함과 웅대함, 가지런함과 엄숙함에는 성인(聖人)의 마음씀[心法]이 드러나 있다. 정령(政令)과 시책이 모두 바르게 정해짐으로써 팔도의 백성들이 한결같이 복을 받은 것도 이 궁전에서 시작되었다. 그러나 불행하게도 전란으로 불탄 다음에 여지껏 다시 짓지 못해, 뜻있는 선비들은 이를 한탄한 지 이미 오래다. (……) 돌이켜보면, 익종께서 대리청정으로 바쁘신 가운데에도 여러 번 옛 대궐터를 돌아보면서 기필코 다시 지으시려 하셨다. 하지만 미처 착수하지 못하셨던 것이다. 또한 헌종께서도 그 뜻을 이어받아 공사를 하시려 했으나, 역시 시작을 못 보시고 말았다. 아! 마치 오늘을 기다리느라고 그랬던 것 같지 않은가. 우리 주상은 즉위하시기 전부터 옛 대궐터로 돌아다니면서 살펴보셨다 한다. 최근에는 조종조(祖宗朝)께서 이 궁전을 사용하던 당시의 태평한 모습을 그리시며 '왜 지금은 그때처럼 못 되는가' 하며 한탄하시기를 되풀이하신다. 이는 비단 조상의 못다 한 사업을 이으시려는 성스러운 뜻일 뿐만 아니라 넓고도 큰 도량이시니, 실로 백성들의 복이리라. 우리나라가 발전할 무궁할 터전도 실로 여기이리라. (……)

1865년(고종 2년) 4월 2일 조 대비의 교서는 경복궁 중건이 그 자신에게, 죽은 효명세자에게, 또한 풍양 조씨에게 어떤 의미인지 분명히 나타내고 있다. 그러면 어째서 이 사업이 대원군의 작품인 것처럼 알려졌을까.

그것은 우선, 고종이 즉위하고부터 친정을 시작하기 전까지는 모든 권력이 대원군에 집중되었고 조 대비는 허수아비일 뿐이었다는 시각이 많았기 때문이다. 하지만 그것은 사실과 전혀 다르다. 이제껏 본 대로 조 대비와 풍양 조씨가 대원군과 고종을 선택한 것이지, 대원군과 고종이 조 대비와 풍양 조씨를 선택한 것이 아니기 때문이다. 젊은 시절의 대원군이 안동 김씨의 견제를 피하려 거짓으로 바보 흉내를 내며, 이집 저집 문전걸식을 하거나 그림 따위로 세월을 보냈다는 이야기는 야사 특유의 과장이다. 하지만 분명 대원군은 보잘것없는 왕족으로 자체 세력기반이 전혀 없었다. 그런 마당에 어린 아들이 왕위에 올랐다고 하루아침에 절대 권력자로 탈바꿈할 수는 없는 일이다. 물론 조 대비가 허수아비가 아니었듯 대원군도 허수아비에 머물지는 않았다. 대원군 특유의 강단과 권모술수도 그것을 허용하지 않았지만, 본래 수렴청정이란 '왕의 아버지'가 돌아간 상황에서 모후가 어린 왕을 돌보는 방식인데, 지금은 왕의 아버지가 버젓이 살아 있는 사상 초유의 상황이다. 따라서 조 대비 쪽에서도 대원군을 함부로 대할 수는 없었고, 어느 정도의 예우와 권력의 공유를 보장해야 했다. 그렇지만 어디까지나 주도권을 쥔 쪽은 운현궁이 아니라 대왕대비전이었다.

경복궁 중건이 대원군의 작품이라고 널리 알려진 또 하나의 이유는, 조 대비가 이튿날(4월 3일) 대신들과 중건 계획을 최종 확정하면서 '이처럼 중대한 사업은 나의 힘으로는 감당하기 힘들다. 그래서 모두 대원군에게 일임했으니 매사를 꼭 그와 의논하여 처리하라'고 하교했기 때문이다. 이것은 말 그대로 경복궁 중건 사업에 관한 한 모든 일을 대원군이 마음대로 하게 한다는 의미는 아니었다. 실제로 이후 조 대비는 기회가 있을 때마다 경복궁 중건 상황을 검토하고, 시정할 내용을 지적하고 있다. 하지만 대원군을 예우하려는 생각에서였는지, 실제로 구체적인 사업 추진을 일일이 감독할 만한 힘이 모자랐기 때문이었던지, 이 대역사의 총감독 직이 대원군에게 돌아간 것은 그가 단지 '왕실의 높은 어른 중 하나'를 넘어서서 중요한 권력자로 부상하는 중대한 계기가 된다.

생각해보자. 경복궁 중건은 당시 조선의 국세로 볼 때 모든 힘을 기울이지 않으면 안 되는 거대 프로젝트였다. 그런 프로젝트의 막대한 예산과 인력을 관리할 권한을 한손에 움켜쥐었으니, 그 실제 권력이 전과 같을 수 있겠는가? 또한 이런 대사업마다 떨어지기 마련인 막대한 떡고물이 운현궁으로 흘러가 든든한 정치자금이 확보되었고, 자재와 일꾼들, 그 일꾼들의 급료 및 급식으로 쓰일 곡물 등을 조달하기 위해 전국 방방곡곡과 긴밀한 연결이 필요했기에 그 과정에서 지방세력의 판도를 바꾸고 자기 사람 심기를 할 수가 있었다. 가령 조달 실적이 기대에 못 미친다는 이유로 비우호적인 지방관들을 교체하고, 목표량 이상의 물자를 실어오는 등으로 '성의'를 보인 지방관을 특별 승진시키는 식이다. 조 대비가 경복궁 중건을 추진한 까닭에는 바로 이것, 세도정치기에 형성된 지방세력을 재편성하자는 목표도 들어 있었는데, 대원군은 이를 자기 세력 확보를 위해 이용한 것이다.

이처럼 뜻밖에(?) 대원군의 힘이 커져가는 모습을, 조 대비는 어떤 심정으로 바라보았을까. 아마 썩 즐겁지는 않았으리라. 하지만 자신이 수렴청정을 하고 있고 대원군을 추종하는 조정 내 세력이 없는 한, 결국 권력의 고삐는 자신의 손안에 있다는 생각에서 대원군에의 적극적인 견제책은 쓰지 않았던 것으로 보인다. 그러나 그것은 흥선대원군 이하응이라는 사람을 몰라도 너무 모르는 생각이었다.

경복궁 중건의 총책임을 맡음으로써 어느 정도 독자적인 세력을 구축한 대원군. 그러나 현실정치 무대에서 그의 입장은 상당히 미묘했다. 왕의 아버지였기 때문에 상당한 예우를 받을 수 있었지만, 반대로 왕의 아버지인 이상 영의정, 좌의정은커녕 판서의 직책조차 가질 수 없었기 때문이다. 아버지가 아들의 아랫자리에 엎드려 머리를 조아릴 수 있겠는가? 따라서 조회든 경연이든, 국가의 공식 정책 협의 과정에는 그의 자리가 없었다. 아니, 원래는 특별한 일이 없는 한 궁궐에 출입조차 할 수 없는 것이, 공식 직함이 없는 종친에 대한 법도였다.

이런 사실은 새 정권이 출범하던 순간, 조 대비가 참석한 어전회의에서 확인되었다.

대왕대비가 이르기를, "(살아 있는) 대원군에게 작위를 내리는 것은 건국 이래 처음 있는 일인데, 내 생각에는 일체의 예우를 대군(大君)의 예에 따라 해야 할 듯하다. 그런데 대원군은 굳이 사양하고 있는데 어떻게 하면 좋겠는가?" 하니, 정원용이 아뢰기를, "이는 전례를 찾아볼 수가 없으므로 어떻게 정하기가 어렵습니다. 나중에 상의하여 아뢰겠습니다" 하였다.

그러자 대왕대비가 "여러 대신이 이왕 한자리에 모였으니, 지금 의논하여 결정하는 것이 좋을 듯하다" 하니, 김흥근이 아뢰기를 "처음 정하는 규례이므로 지금 당장 결정하기는 어렵지 않겠습니까? 그리고 내외를 구분하는 법도가 매우 엄하므로, 신들과 대원군이 서로 만나는 경우는 아마도 없을 것입니다" 하니, 대왕대비가 이르기를 "그렇지만 혹시라도 서로 만나게 될 때에는 어떻게 하는 것이 좋겠는가?" 하니, 김좌근이 아뢰기를, "도무지 만날 기회가 없는 이상, 그때의 예법을 미리부터 정할 필요는 없을 것입니다" 하였다.

고종이 즉위하여 처음으로 옥좌에 앉은 바로 그날(1863년 12월 13일) 어전에서 오간 대화다. 대원군을 어떻게 예우해야 좋은가. 특히 대신들이 대원군과 궐내에서 만났을 때 어찌 대해야 예법에 어긋나지 않는가가 문제였는데, 조 대비는 왕의 친아들로서 종친 중에 왕과 세자 다음으로 존귀한 신분인 대군의 예법으로 대할 것을 제안했다. 그러나 대원군

흥선대원군(興宣大院君, 1820~1898).

은 이를 '사양'하고, 대신급의 예우를 요청했다고 한다. 겸손해서였을까?
정계에 본격 '데뷔'한 입장에서 그런 모습을 보여주려 했을지도 모르지
만, 허울뿐인 예우보다는 궁궐에 공식 출입할 수 있고 국정을 논하는 자
리에 참석할 수 있는 대신의 지위가 더 탐나서였을 것이다.

그런데 이런 대원군의 바람에 초를 치고 '공식적인 자리에서 대신들과 대원군이 마주칠 까닭이 없다'고 못 박는 발언을 한 사람은 김좌근과 김홍근, 즉 안동 김씨의 대표주자들이었다. 황현은 『매천야록(梅泉野錄)』에서 이 발언 때문에 비위가 상한 대원군이 안동 김씨를 박해하게 되었다고 적었으나, 앞에서 본 대로 안동 김씨의 위축은 대원군의 감정으로 좌우될 문제가 아니었다. 대원군이 대신의 예우를 받을 수 없다는, 조정에 공식적인 자리를 얻을 수 없다는 것은 모두가 당연시하는 사실이었으며, 김좌근 등은 그 당연한 사실을 지적함으로써 대원군에게 모종의 메시지를 보낸 것이 아니었을까.

그 메시지가 무엇이었는지는 1866년(고종 3년) 1월, 조 대비의 수렴청정이 삼 년을 채워가던 시점에 구체화된다.

이달 9일 유시(酉時)에 수상한 자를 체포했는데 키는 7, 8척쯤 되었고 나이는 오십여 세 정도 되었으며 눈은 움푹 들어가고 코는 높았는데, 우리나라 말을 능숙히 하였습니다. (……) 엄히 조사하여 자백을 받으니, '나는 프랑스 사람으로 병진년(1856)에 조선에 와서 홍봉주의 집에서 살았다. 천주교를 포교하러 서울과 지방을 자주 왕래하였다'라고 하였습니다. 홍봉주의 자백에는, '서양인 장경일(베르뇌)과 오륙 년간 함께 살았습니다. 신도 수가 얼마나 되는지는 잘 모르겠습니다'라고 하였습니다. (……) 생각하면 기해년(1839)과 경자년(1840)에 얼마나 저들을 엄히 처단하고 징계하였습니까? 그런데 또 이렇게 사교(邪敎)를 퍼뜨리고 있으니 참으로 통탄할 노릇입니다. 세 놈을 신의 포도청에 엄히 가두어놓고 다시 철저히 조사하겠습니다.

　　1월 11일에 포도청에서 올린 보고서는 조정을 발칵 뒤집어놓았다. 나중에 성인(聖人)으로 축성되는 시메옹 베르뇌(Siméon-François Berneux)는 중국 선교를 위해 마카오에 들렀다가 김대건을 만나고 조선 선교를 결심, 조선에 밀입국하여 제4대 조선교구장이 되고, 충북 제천에 한국 최초의 신학교까지 세운 인물이다. 그런데 그가 학교까지 세울 만큼 활발한 활동을 벌일 수 있었던 것은 그만큼 조선사회의 저변에 천주교 세력이 크게 번지고 있었으며, 은밀히 천주교를 믿고 후원하는 고위층도 상당수 있었기 때문이었다. 그런 고위층 중에는 풍양 조씨의 주요 인사들, 그리고 대원군도 있었다. 대원군 스스로는 신자가 아니었지만 그의 부인인 민씨는 마리아라는 세례명까지 있을 만큼 독실한 신자였다. 그밖에 고종의 옛 유모를 비롯한 집안 식솔 중에도 신자가 많았다. 이런 까닭에 베르뇌는 1864년과 1865년에 대원군과 비밀서한을 주고받으며 중대한 밀약까지 맺는다. 그것은 대원군의 힘으로 천주교를 공인해줄 뿐 아니라, 당시 남하 정책을 준비 중이던 러시아를 막기 위해 조선과 프랑스가 동맹을 맺는다는 내용이었다. 이는 클로드 샤를 달레(Claude Charles Dallet)가 1874년에 쓴 『한국천주교회사』에 나오는 내용인데, 다소 과장되거나 와전되었을 가능성이 있다. 하지만 대원군이 프랑스 선교사들과 모종의 교류를 했음은 틀림없어 보인다.

　　그러나 조선을 동양의 프랑스로 만들려던 베르뇌의 꿈은 물거품, 아니 피거품으로 끝난다. 대원군이 종전의 태도를 뒤집고, 베르뇌와 남종

삼, 홍봉주 등 조선천주교회의 핵심 인사들을 체포하도록 포도청에 압력을 넣었기 때문이다. 천주교는 부모 대신 천주를, 임금 대신 로마 교황을 받들도록 가르치는 무부무군(無父無君)의 사교라 하여 정조 때부터 엄격히 금지해온 것이 국가의 공식 입장이었다. 그런데 신도 수가 수만에 달할 만큼 물밑에서 번창하고 있었다니! 조정 대신들은 이 비밀 아닌 비밀 앞에 억지로라도 망연자실한 표정을 지을 수밖에 없었다. 이들과 깊이 연결되어 있었던 풍양 조씨의 중심인물들의 입장이 난처해진 것은 당연했다. 조성하, 조영하, 박규수 등은 속속 좌천되었다. 그리고 2월 8일에 베르뇌, 다블뤼 등 아홉 명의 선교사들이 참수된 것을 필두로 몇 달 동안 팔천 명에 달하는 천주교인들이 처형되는 한국 천주교 사상 최대의 박해, 병인박해가 일어나게 된다. 이런 피바람 속에서, 조 대비는 비장한 각오를 하고 2월 13일에 전임과 현임 대신들을 전원 소집한다.

"마침내 오늘이 왔구나. 오늘 경들을 부른 것은, 이제 수렴청정을 거두려 하므로 경들에게 알리지 않을 수 없기 때문이다……. 아녀자가 감히 정치를 하는 것은 나라의 불행이지만, 정말 부득이하므로 이제껏 행한 것이다. 그런데 다행히 천지신명과 열성조의 도우심으로 주상이 성년에 이르시어 모든 정사를 친히 맡아보실 수 있게 되었으니, 어찌 경사스럽고 다행스럽지 않으랴? 내가 발을 치고 앉아 경들을 대하여 하유하는 일도 이것으로 끝이다. 여러 대신들은 우리 주상을 잘 보필하도록 하라."

당시 고종의 나이는 십오 세. 명종 때의 문정왕후(文定王后)가 명종의 나이 이십 세에 수렴청정을 거두었고, 순원왕후는 철종이 이십이 세가 됐을 때 거둔 점을 보면, 서둘러서 수렴청정을 거두어야 할 시점은 아니었다. 그것도 어떻게 이뤄낸 수렴청정인가. 삼십여 년간의 설움을 견디고, 천재일우의 기회를 잡아 가까스로 이뤄낸 것을 겨우 삼 년 만에 접는단 말인가. 더구나 대부분의 수렴청정 철폐가 한 해의 끝자락에 있었음을 보면, 새해가 막 시작되어 백관의 조하(朝賀)를 받으며 '올해도 잘 해봅시다'라고 덕담을 한 지 불과 두 달 만에 발을 걷어버림은 아무래도 정상적이지 않았다. 그녀는 퇴진할 수밖에 없었으며, 그 까닭은 친정 식구들이 천주교 사건에 대거 연루된 점, 그리고 바야흐로 외국의 침략에 대비하여 국방에 힘써야 할 시기인데 '여자가 그런 일을 해낼 수 있느냐'는 의혹을 시원히 풀어줄 수 없었던 때문이었다. 그녀는 앞서 대원군에게 경복궁 중건의 책임을 맡기며 '나는 아녀자라서 이런 일을 이끌어갈 힘이 없다'라고 공언한 사실이 못내 후회스러웠을 것이다. 그 대원군이 감히 자신을 키워준 풍양 조씨를 배반할 수 있었던 이유는? 바로 이선으로 물러나 있던 안동 김씨와 손을 잡았기 때문이었다. 김좌근의 아들 김병기, 김흥근의 아들 김병주가 병조판서에 잇달아 임명되어 대원군의 지도 하에 '국방 개혁'을 추진했으며, 앞서 좌의정에 오른 김병학은 '사학을 기필코 박멸해야 한다'는 정책을 강력히 주장하여 '공안정국' 조성에 앞장섰다. 원임(原任) 영의정 자격으로 조 대비가 수렴청정을 폐하는 자리에 참석했던 김좌근은 비로소 자신의 '뒷궁리'가 성공했다며 싱긋 웃음 지었을 것이다. 하지만 조 대비와 마찬가지로, 그 역시 대원군의 진면목을 정확히 모르고 있었다.

"나는 천리 밖을 끌어당겨 지척에 두겠으며, 태산을 깎아 내려 평지로 만들 것이며, 남대문을 삼층으로 높이고 말겠소!"

언제인가 여러 대신들이 모인 자리에서 대원군이 호기롭게 내뱉었다는 말이다. 문자 그대로만 들으면 '그 양반 술깨나 했나 보군' 하고 웃어넘길지도 모를 말이었다. 하지만 나중의 풀이에 따르면 천리 밖을 끌어당기겠다는 말은 종친들을 등용하겠다는 뜻이고, 태산을 평지로 만든다는 것은 노론을 억누른다는 뜻이며, 남대문을 삼층으로 올린다는 말은 남인을 북돋운다는 뜻이라고 한다. 안동 김씨든 풍양 조씨든, 당시의 권력자들은 거의 대부분 노론이었다. 그것은 이미 인조반정 이후 무려 이백년 넘게 지속되어온 구도이며, 간혹 소론과 남인이 고개를 들기는 했지만 이내 노론 세상으로 돌아가곤 했다.

이는 헛말이 아니어서, 대원군의 권력이 커짐과 비례해서 조정 내의 종친과 남인(및 북인), 그리고 무인의 입지도 커져갔다. 원칙상 일정 지위만 누릴 뿐 정치에 참여할 수 없는 종친들은 대원군이 종친부의 사무를 맡아볼 때부터 기맥을 통하고 있었고, 남인과 무인은 모두 오랫동안 소외되어온 세력들로 어떻게든 입지를 높일 기회를 노리고 있었다. 풍양 조씨는 대원군이 아무리 두각을 나타내도 조정을 장악할 인맥이 없는 한 주도권은 자신들에게 있다고 방심했고, 안동 김씨는 그 점을 이용하여 대원군과 손을 잡고 잃었던 권력을 일부 찾을 수 있었다. 하지만 이제 대원군은 자신에게만 충성할 독자세력기반을 차차 구축해가고 있었던 것이다.

1868년(고종 5년)의 서원 철폐와 1871년(고종 8년)의 호포제(戶布制) 실시는 국가권력을 강화하고 민생을 보살핀다는 취지가 있었지만, 정치적으로 볼 때 지방에 뿌리박고 있던 세도가들의 기반을 약화시키려는 계산이 깔린 개혁 조치였다. 그에 따라 양반에 속하지 않으면서 상업으로 어느 정도의 힘을 확보한 계층이 새로운 지방세력으로 떠오르면, 이를 포섭하여 자신의 세력기반으로 만든다. 이미 경복궁 중건 과정에서 지방의 중인들, 상인들과 줄을 대었던 대원군은 이보다 한발 앞선 1867년에는 사창제(社倉制)를 실시하여 그들이 지방세력화할 수 있는 제도적 보장을 해놓으려 했다.

　　오랫동안 농민을 괴롭혀온 환곡제도를 대신한다는 취지의 사창은 면 단위마다 설치되어 기아 구제와 유사시의 군량미 준비를 맡게 되어 있었는데, 그 사창을 운영하는 책임자인 사수(社首)를 꼭 양반이 아닌 사람도 맡을 수 있도록 했던 것이다. 물론 이런 야심 찬 개혁에 반발이 따르지 않을 수는 없었다. 사창제만 해도 논란 끝에 결국 양반만이 사수를 맡는 것으로 수정되었고, 서원 철폐와 호포제는 '명문세도가만이 아니라 양반 전체의 지위를 없애고 상놈들과 똑같이 만들려는 음모'라고 널리 선전됨으로써 대원군에의 불만 여론이 양반들 사이에 퍼져갔다. 소외된 종친과 남인을 등용하려는 계획도, 안동 김씨 쪽에서 '우리 노론 전체가 위험에 처했다'며 풍양 조씨 쪽에까지 회유에 나서는 통에 생각보다 지지부진했다. 하지만 대원군의 손에는 으뜸패가 남아 있었다. 오늘날에도 집권 기반이 흔들리면 흔들림을 진압하고자 집권자 측이 꺼내고는 하는 카드, '안보 문제'였다. 애초에 러시아를 비롯한 서양의 침략 가능성을 들어 풍양 조씨에게서 주도권을 뺏었던 터, 무인의 입지를 높인다는 계획만은 안보 중시 흐름을 타고 순조롭게 진행되었다. 오군영의 대장이 사상 최초로 전부 무인 출신으로 임명되었고('문'이 '무'를 앞선다는 원칙을 신봉했던 조선왕조는 국방 관련 요직도 대부분 문관이 차지했다), 1869년에는 실로 오랜만에 무인 출신의 병조판서가 나왔다. 바로 이경하인데, 그는 오래전부터 대원군의 심복으로 활동해온 사람이었다(이경하의 후임으로는, 문관이지만 대원군의 친조카인 이재원이 임명되었다). 그리고 이처럼 안보에 치우친 정권의 정당성이 재확인되는 절호의 기회가 찾아왔다. 바로 병인박해의 결과로 일어난 프랑스의 침공(1866년의 병인양요), 그리고 1866년 제너럴셔먼호 사건이 도화선이 된 미국의 침공(1871년의 신미양요)이었다.

경고했던 대로 '서양 오랑캐'의 침략이 현실화하자, 그리고 그 국난이 '승리'로 마무리되자 대원군 집권의 정당성은 한껏 강화될 수밖에 없었다. 그 틈을 타서 독자세력 구축을 위한 그의 집요한 노력은 마침내 결실을 맺게 된다. 신미양요가 끝난 직후인 1872년(고종 9년), 대원군과 제휴하여 집권했던 안동 김씨의 대표주자들인 김병학과 김병국 등이 조

미군의 공격에 파괴된 초지진(1871).

정에서 물러났다. 그리고 북인인 강로, 남인인 한계원이 좌의정과 우의정으로 의정부에 진입했다. 이로써 '대원군 독재'는 현실로 다가왔다. "예전에는 정부의 교령은 반드시 '왕의 뜻이다(王若曰)'라는 글자로 첫머리를 삼았다. 그러나 이 기간 동안에는 '대원군께서 분부하셨다(大院位分付)'라는 다섯 글자만이 천하를 움직였다"는 황현의 평가가 명색을 갖추었다. 이제 명실상부한 성년(이십 세)이 된 고종은 그처럼 기세를 한껏 올리는 아버지의 등을 멀리서 바라보기만 해야 했다. '이젠 제가 자랄 만큼 자랐으니, 직접 정치를 하게 해주십시오'라는 한마디를 감히 꺼내지 못한 채.

그런데 이렇게 보면 대원군의 개혁이란 아무런 이념도 비전도 없는 오직 자신의 권력 강화를 위한 수단이었던 것 같지만, 꼭 그렇게만 볼 것은 아니다. 조 대비가 효명세자의 비전을 계승하려고, 다시 말해 '세종 시대를 재현'하려고 했다면 대원군은 '정조 시대를 재현'하려고 했다.

대원군은 '야인' 시절 추사체로 유명한 추사 김정희와 돈독한 관계를 맺었다. 대원군의 난초 그림은 외국에서도 사갈 정도로 당대에 유명했는데, 그런 서화 실력은 바로 김정희의 지도를 받은 것이었다. 그런데 김정희는 '최후의 실학자'이자 '실학을 포기한 사람'이라고 할 만한 사람이었다. 유형원, 이익, 정약용 등 18세기의 실학은 서학(천주교)과 청나라 문물을 간간이 접한 결과 '고리타분한 조선 성리학에 변화를 가져오자!'라는 의식이 생기며 발전했다. 그러나 19세기로 넘어오면서 천주교 박해로 서구 문물과 직접 접할 기회가 줄면서 청나라 문물을 접할 기회는 늘어났는데, 김정희는 그 최전선에 있었다. 북경에서 신간서적이 나오면 김정희가 한양에서 받아보는 데 한 달도 안 걸렸다고 한다(정약용 등 이전의 실학자들은 몇 년은 걸려야 했다). 그러자 김정희의 학문은 발전하기 보다 오히려 침체되었다. 청나라에서 이루어지고 있는 학문적 성과가 너무 광범위하고 복잡했기 때문에, '여기 조선에 앉아 있어서는 아무리 해봤자 뒷북치는 결과밖에 없겠구나!' 하고 절감했던 것이다. 그렇다고 중년을 넘긴 나이로 청나라에 갈 용기는 없던 김정희는 스스로 연구하는 길은 포기하고, 청나라의 문물을 국내에 소개하는 일에 주력하기로 했다. 그러므로 김정희의 지론은 '공연한 명분일랑 집어치우고, 청나라에 밀착해야 나라가 발전한다!'일 수밖에 없었다. 대원군은 거기에 완전히 동의하지는 않았지만, 허울 좋은 명분보다 실리를 중시하는 그의 성격을 보더라도, 이른바 '명나라의 은혜를 잊지 않으며 청나라를 배척하는 의리'를 이데올로기로 내세우는 집권 노론과는 다른 생각을 갖는 게 자연스러웠다.

노론, 특히 안동 김씨는 그 시조에 가까운 인물이, 병자호란 당시 끝까지 청나라와의 화의를 거부하며 결사항전을 외쳤던 김상헌이었기에 '비록 멸망했지만 명나라는 언제까지나 부모의 나라다. 청나라는 지금 그 힘이 엄청나므로 할 수 없이 고개를 숙이지만, 오랑캐에 불과함을 잊지 말자'는 이념을 확실히 고수했다. 노론의 정신적 지주인 송시열은 명나라와 병자호란의 원수를 갚기 위해 청나라를 정벌해야 한다는 '북벌론'에 앞장섬으로써 오랫동안 정계와 학계에서 주도권을 쥐었다.

그런데 정조는 한편으로는 송시열을 극히 존중하며 그의 글을 모아 『송자대전(宋子大全)』이라는 책으로 편찬하는 등 종래의 이데올로기에 편승하는 모습이었지만, 정약용, 이가환, 박제가 등 청나라의 신기한 문물에 탐닉하는 젊은 학자들을 격려하고 키워주려는 입장이기도 했다. 그리하여 정조 시대에 꽃핀 문물은 '철저히 성리학적 원칙에 따르되, 우리 땅의 특질을 살핀다'는 식으로 이루어진 세종 시대의 문물과는 많이 색달랐다. 정치적으로는 신권(臣權)의 극대화를 노린 노론의 정치사상과는 달리, 왕권을 강화하고 나라 전체를 국왕 한 사람의 지휘 아래 일사불란하게 움직이는 병영과 같은 체제로 정비하려는 사상을 발전시켰다.

정조는 말년에 들어 '문체반정(文體反正)'이라며 박지원, 이옥 등 청나라의 영향을 받아 자유롭고 역동적인 글쓰기를 하던 문인들을 탄압했다. 또 천주교를 최초로 공식 박해하며, 총애하던 실학자들의 입지를 없애버렸다. 하지만 이는 노론의 압력에 못 이겨 할 수 없이 행한 일이며, 정조의 본심은 청나라 문물을 적극적으로 받아들여 부국강병을 이룩하고 왕권을 강화해 감히 아무도 넘볼 수 없는 강한 조선을 만드는 데 있었다는 것이 대원군의 해석이었다. 그리고 자신의 사명은 정조의 못다 이룬 꿈을 지금 이 땅에서 실현하는 것이라 믿었다.

명나라를 섬기고 청나라를 거부한다는 노론의 이데올로기는 충청북도 괴산군의 화양서원(華陽書院)에 설치된 만동묘(萬東廟)에 집약되어 있었다. 화양서원은 송시열을 모시는 서원이었는데, 생전에 송시열이 명나라 황제의 친필을 한 점 얻어 모셔두었다가 유언으로 '명나라 황제를 받드는 사당을 세워라'라고 한 것이 만동묘의 시작이었다. 이후 이는 점점 발전해서 역대 왕들이 반드시 인사드릴 정도로 권위 있는 성지로 거듭났다. 대원군은 1865년 3월에 이 만동묘의 철폐를 꾀했는데, 아직은 조대비의 집권 시기여서 화양서원은 건드리지 못하고, 만동묘에 모셔두었던 명나라 황제의 친필을 창덕궁 대보단으로 옮기기만 했다. 그리고 자신이 전권을 쥔 다음에는 화양서원 자체를 없애버렸다. 노론의 지도이념을 송두리째 부정해버린 것이다.

대원군이 실시한 개혁들, 사창제와 호포제, 그리고 실현은 보지 못한 민보제도(民堡制度) 등은 모두 정조 시절 실학자들이 주장했던 개혁안들에 다름 아니었다. 풍양 조씨 계열이었기에 한때 실각했던 박규수는 다시 기용되어 대원군 집권 당시 대외문서 작성을 전담하다시피 하게 되는데, 그는 박지원의 손자였다. 그보다 훨씬 큰 신임을 얻으며 대원군의 국방정책 추진에 앞장섰던 신헌은 정약용과 김정희의 제자였다.

그러나 대원군이 마침내 원하던 권력을 얻고 '정조가 꿈꾸었던' 나라를 자기 손으로 이뤄낼 꿈에 부풀어 있던 1870년대 초, 영국에서는 맥스웰이 전자기학을 수립하고(1873), 미국에서는 에디슨이 전신기를 발명했다(1871). 러시아의 멘델레예프는 원소주기율표를 작성했으며(1869), 스위스의 미셔는 DNA를 발견했다(1869). 이에 맞서 당시의 조선이 세계에 내놓을 수 있는 성과물이란, 민력을 있는 대로 쥐어짠 결과 겨우 완성해낸 경복궁뿐이었다(1868).

정치·사회적으로도 독일과 이탈리아는 재통일을 달성하고 국력을 급속히 발전시켰으며, 영국에서는 초등학교를 의무교육화하고 기혼여성의 재산권을 보장하는 등 여권을 신장하고 있었다(1870). 그리고 일본에서는 1867년 이래 메이지유신을 강력히 추진하면서 근대국가로 탈바꿈하기 위한 대대적인 노력이 숨 가쁘게 이루어지고 있었다. 세계의 움직임은, 이미 청나라를 통해 간접적으로 서구 문물의 성과를 받아들이는 정도로는 따라갈 수 없을 만큼 급하게 돌아가고 있었던 것이다. 1872년에 청나라 스스로 미국에 최초의 유학생을 파견했다는 점을 봐도, 이미 있는 힘을 다해 '개화'에 매진해야만 살아남을 수 있는 세상이었다. 외부세계를 배우고 스스로를 혁신하려는 태도에서, 대원군은 그때까지 권력을 장악하고 있던 노론 세력에 비하면 분명히 진보적이었다. 그러나 그 '진보'란 당시의 '글로벌 스탠더드'에 비추어보면 대책 없는 '수구'에 지나지 않았다. 그리고 그것은 조선을 피할 수 없는 비극으로 이끌었다.

시간을 얼마쯤 뒤로 돌려보자. 1866년 3월 21일, 대원군의 집 운현궁. 이 집은 세워진 이래 가장 성대하고 중대한 행사를 치르기 위해, 집안 하인과 궁궐에서 파견된 내시들이 밤을 홀딱 새며 준비에 부산했다. 그리고 오전 9시경, 대원군은 더없이 흡족한 표정으로 대청마루에 마련된 의자에 편안히 앉아 있었다.

조 대비 세력을 몰아내고 한 달 남짓, 늘 품에 칼을 품은 듯 긴장 속에서 살아온 그도 이제는 조금 긴장을 풀고 눈앞의 행사를 즐길 여유를 찾을 만했다. 하지만 그는 오늘 자제하려 해도 저절로 즐거운 표정을 지을 수밖에 없었다. 자식을 키우는 아버지로서 가슴이 벅차지 않을 수 없는 행사를 치르기 때문에, 그리고 이제 막 결실을 본 자신의 독재권력을 더욱 강화할 유력한 수단을 확보했기 때문이었다.

대원군은 고종의 나이가 찰 대로 찼다며 조 대비를 재촉해 고종의 혼인 상대를 찾는다는 간택령을 내리게 했다. 그리고 대비가 혼인에 직접 관여하지 못하도록 그녀를 한껏 압박해서 결국 수렴청정을 거두게 만들었다. 그다음에는 거의 독단적으로 아들의 신붓감을 결정했다. 그리하여 형식뿐인 간택 과정을 거쳐, 어제 창덕궁에서 택비례(擇妃禮)를 치르고 오늘은 자신의 집인 운현궁에서 친영례(親迎禮)를 치르고 있는 것이다. 오늘로써 혼인 절차는 모두 끝나고, 아들 고종은 한 집안의 가장이 된다.

잠시 전 대원군은 대청 옆 천막에서 대기하고 있던 고종을 모시고 나와 호화로운 장식과 갖은 요리를 베푼 대청마루의 탁자로 이끌었다. 그 것은 본래 신부의 아버지가 할 일이었으나, '신랑의 아버지'가 대신했던 것이다. 탁자의 동쪽에 자리 잡은 고종은 궁궐 나인이 받들어 올린 목제 기러기를 받았다. 그리고 힐끗 그 나인을 쳐다본 다음, 말없이 탁자 위에 기러기를 놓았다. 한 쌍의 기러기처럼 평생의 반려자로 해로하겠다는 뜻 이 담긴 의례였다.

기쁨을 주체하지 못하는 아버지와는 달리, 고종의 마음은 착잡했 다. 그에게는 마음을 준 여인이 따로 있었기 때문이다. 바로 방금 기러기 를 건네준 나인과 같이 먹고 자는, 상궁 이씨였다. 열두 살의 나이로 멋도 모르고 옥좌에 앉은 이래 계속된 숨 막힐 듯한 궁궐 생활. 밤낮으로 이어 지는 어려운 경전 공부. 눈앞에서 벌어지는 친아버지와 양어머니, 늙은 대신들 사이의 불꽃 튀는 암투. 이 모든 것에 진저리를 치고 있던 소년 고 종은 몰래 풋사랑을 피워냄으로써 마음의 위로를 찾았다. '씻어놓은 배추 줄거리처럼 뽀얀 살결에, 저절로 눈이 번쩍 떠지는 외모였다'고 전해지는 상궁 이씨는 당시 스물넷으로 고종보다 아홉 살이 많았는데, 고종이 유일 하게 말을 가려 하지 않아도 되는 상대였다. 그리고 이제 막 사춘기에 접 어드는 소년의 호기심과 갈망을 받아주는 사람이기도 했다.

물론 고종은 이 혼인 이야기를 듣고 한 마디의 반대도 안 했다. 이씨를 언급하지 않은 것도 당연하다. 이 시대의 혼인이란 두 집안의 아버지들이 주인공이 되어 집안끼리 인연을 맺는 일이지, 사랑과는 무관하다는 사실을 모르지 않았다. 더군다나 자신은 왕이다. 말로는 무엇이든 할 수 있다지만, 실제로는 무엇 하나 마음대로 할 수 없는 존재다. 그래서 이처럼 군소리 한마디 하지 않고 생전 처음 보는 여인과 혼인의 서약을 하고 있는 것이지만, 아무래도 속이 편할 리 없었다. 그의 얼굴은 자신이 내려놓은 나무 기러기처럼 딱딱하게 굳어 있었다.

탁자 반대편에 서서, 마치 죄인처럼 고개를 푹 숙인 채 이따금 흘깃흘깃 지아비가 될 남자의 얼굴을 쳐다보는 신부, 민자영은 당시 십육 세로 고종보다 한 살이 많았다. 지금은 고인이 된 민치록이 쉰셋에 본 늦둥이 막내딸. 대원군이 고르고 골라서 그녀를 아들의 배필로 점찍은 이유는 여러 가지였다. 우선 그의 부인과 같은 여흥 민씨 집안이었고, 사이도 비교적 가까웠다. 대를 이을 남자아이를 얻지 못한 민치록은 양자를 들였는데, 양자 민승호의 누나가 바로 대원군의 부인이었다. 대원군 자신도 민치록과 친했다. 바로 김정희 밑에서 동문수학한 사이였으니까. 더군다나 그 민치록은 지금 죽고 없다. 예부터 임금의 장인인 국구(國舅)는 외척 세력의 대표로서 국정에 관여하며 당파 싸움에서 태풍의 눈이 되었다. 그러기에 안동 김씨도, 풍양 조씨도 자기 집안에서 왕비를 세움으로써, 다시 말해 국구를 배출함으로써 세도의 기반을 잡지 않았던가. 그런데 왕비의 가문이 자신과 밀접한 데다 잠재적 경쟁자가 될 사돈영감이 이미 없다면, 권력중독자 대원군에게 이보다 더 좋은 며느릿감은 없었다. 그러므로 지금 대원군이 저처럼 자리에서 즐거움을 감추지 못하고 벙실거리고 있음이며, 그러므로 당연히 신부집에서 치러야 할 친영례를 신부의 아버지가 없다는 이유로 엉뚱하게 신랑 아버지의 집, 운현궁에서 치르고 있음이었다.

대원군은 혼례 전에 예비 중전이 별궁에서 얼마간 머물며 왕가의 법도를 익히게 하는 일까지도 운현궁에서 치르도록 했다. 그리고 그녀가 자신의 집에 머무르는 약 보름 정도, 며느리가 될 사람을 유심히 관찰했을 것이다. 어린 신부는 매일 『소학』, 『효경』 같은 기초적 배움을 위한 경전 외에 '여인으로서 지아비와 시부모를 모시는 도리'를 적은 『여훈(女訓)』을 읽으며 반듯하고 조용하게 지냈다고 한다. 아마도 대원군은 자신이 며느리를 참 제대로 골랐다고 생각하며 더욱 흐뭇해했을 것이다.

그러나 그는 몰랐다. 침울한 새신랑 고종도 몰랐고, 자신의 진짜 성미를 숨긴 채 얌전하고 다소곳한 양갓집 규수의 모습만 내비치고 있는 명성황후 자신도 알 수 없었다. 이 결혼이 그들 자신의 운명에, 그리고 한국 역사에 어떤 영향을 미칠지를. 이 혼례의 진짜 주인공이었던 대원군은 그동안, 그리고 앞으로도 권력을 차지하고 굳히고자 자신이 두는 온갖 무리수가 낳은 거센 반발력, 그 반발력을 한꺼번에 폭발시킬 도화선을 지금 자신의 손으로 이었음을 까맣게 모르고 있었다.


다시 시간을 앞으로. 1868년 윤4월 10일, 창덕궁. 몇 달 후 완성될 경복궁으로 옮길 준비를 하느라 어수선한 편이었던 궁궐에서는 오랜만에 아기 울음소리가 우렁차게 들렸다. 결혼한 지 이 년을 조금 넘은 고종이 이제 아버지가 된 것이다. 그것도 건강한 사내아이! 아직도 왕실의 최고 어른이던 조 대비에서부터 왕대비 철인왕후, 대원군, 그리고 대소신료들은 한결같이 이런 경사가 없다며 고종에게 축하인사를 건넸다.

그러나 아기를 안고 어르는 중전, 명성황후의 표정은 묘했다. 그 아이는 그녀의 자식이 아니라, 그녀가 입궁하기 앞서 이미 남편인 고종과 연인 관계였던 상궁 이씨가 낳은 아이였기 때문이다. 게다가 사내아이고 보면, 단지 한 여인으로서 느끼는 감정만이 아니라 장차 궁중에서 자신의 입장이 어찌 될지 정치적인 고민까지 겹칠 수밖에 없었다.

그러나 명성은 감정을 한껏 억제했다. 비록 누구도 부정할 수 없는 '국모(國母)'의 자리를 차고앉은 그녀였으나, 그 자리에 어울리는 힘을 얻으려면 아직 여인으로서나 정치인으로서나 이르다는 사실을 잘 알고 있었기 때문이다. 고종은 그 후에도 한참이나 상궁 이씨(아들을 낳은 공로로 숙원에 봉해졌다)를 가까이하여 딸을 하나 더 낳게 했다. 야사에 따르면 완화군(完和君), 즉 첫 아들을 그녀에게서 얻자 고종은 곧바로 원자(元子)에 봉하려 했다고 한다. 맏아들을 뜻하는 원자는 차기 임금을 의미하는 세자와는 격이 다르지만, 세자가 될 가능성이 매우 높은 자리다. 그러나 대원군이 나서서 '중전이 아직 젊은데…… 좀더 기다려봅시다'라고 하여, 명성은 겨우 위기를 모면할 수 있었다는 것이다. 고르고 골라 국모의 자리에 앉힌 며느리인 만큼 입장을 세워주려는 심산이었겠지만, 대원군으로서도 하루바삐 왕통이 정해져야 하거늘 한창 나이에 좀처럼 후사를 보지 못하고 있는 명성이 전처럼 곱게 보일 리는 없었다.

명성은 자신을 외면하여 생과부로 만들고(그렇지 않았다면 어째서 이 년 넘게 아이를 낳지 못했겠는가) 다른 여인에게 사랑을 쏟는 남편 고종이 밉기도 미웠겠지만, 어찌 됐든 왕비로서의 힘을 쓰려면 왕을 자기 편으로 돌이켜야만 한다고 작심했다. 그녀의 무기는 여인으로서의 매력보다(혼인 전까지 규방에서 고이 키워진 소녀였던 그녀는 아직 그런 힘을 발휘할 줄 몰랐을 것이다) 그녀 특유의 명석함과 폭넓은 독서로 익힌 지식이었다. 민씨 가문에서 자랄 때도 그녀의 학문은 깊었는데, 궁궐에 들어와서도 항상 책을 끼고 살았다. 뭐든 명성을 나쁘게만 묘사해, 오늘날까지도 일부 이어지는 '민비가 나라를 망쳤다'는 인식이 생기게 한 장본인인 황현조차 그녀가 "문학과 역사에 통달했다"고 적었다. 구한말에 고종 부부를 가까이서 본 서양과 일본의 인사들도 입을 모아 명성이 뛰어난 판단력과 해박한 지식의 소유자였다고 기록하고 있다.

　　그렇지 않아도 고종은 본래 딱딱한 유교 경전보다 역사나 인물 이야기를 좋아하여, 경연에서도 역사 관련 서책을 익힐 때면 유달리 열심이었다. 여기서 명성이 "옛날에 당태종이 이러하였습니다…… 고려 때에는…… 우리 태조대왕께서는……" 하며 재미있는 이야기를 들려주고 때로는 열띤 토론의 상대도 되어주었으니, 고종으로서는 단지 아름다운 얼굴이나 관능적인 육체에서 얻을 수 있는 것과는 사뭇 다른 즐거움을 중전에게서 얻을 수 있었다. 따라서 풋내 나는 소년에서 나름 진지한, 역사와 정치 그리고 권력에 대해 고민하는 시간이 많아지는 청년이 되어가며, 고종은 점차 이 숙원보다 중전과 보내는 시간을 중시하게 되지 않았을까. 궁궐의 내밀한 일을 누가 분명히 알 수 있으랴만, 적어도 고종이 명성을 정치 문제에서 가장 신임하는 사람, '정치적 동지'로 인식하게 되었음은 분명하다. 그런 구도는 고종이 친정을 시작하고 을미사변이 일어나기까

1911년 채용신이 그린 매천 황현(黃玹, 1855~1910)의 초상화.

지 모든 각도의 관측에서 일치하고 있다.

　　하지만 그것은 아직 나중의 일, 명성은 먼저 궁중에서 최대한 자기편을 많이 만들어야만 했다. 조씨 대왕대비나 김씨 왕대비처럼, 자신을 전적으로 믿어주고 지켜주려 할 친정아버지가 없기에 더욱 필사적으로 노력해야 했을 것이다. 까다로운 명문가의 여인들인 대왕대비와 왕대비에게 그녀는 최대한 몸을 낮추어 정성을 다했고, 따라서 처음에는 '대원군의 사람'이라고 경계했던 대비들도 점차 마음을 열게 되었다. 그리고 역으로 이 젊은 중전을 이용해 반격을 펼칠 가능성을 가늠해보게 되었다.

여기서 한국 근대사에서 가장 처절하고도 난폭했던 두 사람의 대립, 시아버지와 며느리의 피비린내 나는 대결이 비로소 시작된다. 그런데, 잠깐 생각해보자. 과연 명성은 조 대비나 철인왕후의 꼬드김 때문에 대원군에게 대적했을까? 시아버지라는 인륜이 부여한 멍에뿐 아니라, 당시 최고의 권력자이며 명성 자신을 중전으로 만들어준 후원자에게 맞서려 했다면 더 큰 동기나 이유가 있지 않았을까? 공식 기록은 물론 야사에도 나타나 있지 않지만, 여기서 우리는 청년 고종의 역할을 생각하지 않을 수 없다. 자신이 성년이 된 지 오래인데도 권력의 고삐를 넘겨줄 생각은 하지 않고, 새로 웅장하게 지은 경복궁은 허수아비 놀음의 무대로 남긴 채 운현궁에서 국가의 온갖 정책을 만들어내고 있는 아버지에게 고종은 넌더리가 났을 것이다. 대원군의 명분 없는 섭정, 경복궁 중건과 군비 증강 과정에서 백성들에게 지운 막대한 부담, 안동 김씨와 풍양 조씨를 이용하고 배신했을 뿐 아니라 서원을 철폐하고 호포세를 거두며 양반층 전반에 맺히도록 한 울분 등이 갈수록 정국의 불안요인으로 커져간다는 것도 알고 있었으리라. 문제는 어찌 됐든 그가 자신의 아버지이며, 조선 땅에서 아들이 아버지를 위협하는 일은 만의 하나, 십만의 하나라도 용납할 수 없다는 점이었다.

광해군은 어떠했던가. 양어머니이며 나이도 자신보다 어린 인목대비를 서궁에 유폐했다는 이유로, '임금 자리에 앉혀둘 수 없는 패륜아'라는 소리를 듣고 옥좌를 잃어버리지 않았는가. 고종은 대원군에게 정면으로 맞설 수 없었다. 그리고 대원군을 노리는 세력은 많지만, 입장과 사상이 각양각색인 그들을 하나로 묶는 방법이 적당치 않았다. 이때 나타난 것이다. 지혜롭고 강단 있는 중전, 세도가문에 비할 정도는 아니나 상당한 역량을 갖춘 여흥 민씨의 힘을 업을 수 있는 중전, 풍양 조씨와 안동 김씨를, 그리고 이항로, 기정진, 최익현 등 위정척사(衛正斥邪)를 부르짖는 꼬장꼬장한 선비들을 하나로 엮을 수완이 있는 중전! 명성황후가 마침내 죽은 아버지의 친구이자 자신을 국모의 자리에 앉혀준 대원군에 맞서게 된 결정적인 힘은, 스스로는 뒤에 물러서서 그녀를 아버지를 공격할 선봉장이자 작전참모로 내세우려 했던 고종의 강력한 의지였다. 그 대가라고 하기는 뭣하지만, 그는 사랑에 목말라 있던 중전에게 '성은'을 마음껏 베풀어주었다. 명성은 1871년 11월에 첫 아기를 낳는데, 불행히도 며칠 만에 죽는다. 다시 1873년 2월에 낳은 아기 역시 얼마 살지 못했다. 그래도 몇 달이 되지 않아 세번째로 임신하는데, 명성은 "하늘이 열리고 오색구름 속에 '만년토록 태평하리라'는 글귀가 나타나는 꿈을 꾸었다"라고 했다. 바로 고종을 이을 후계자 이척(李拓), 순종이었다. 그리고 임신을 확인한 거의 직후인 1873년 10월 25일, 최익현의 역사적인 상소문이 대전에 올라왔다.

　　최근의 정령(政令)은 옛 전장(典章)을 변경하기를 거듭하며, 인재를 선발한다며 나약한 사람만을 쓰고 있습니다. 대신(大臣)과 육경(六卿) 들은 아무 의견도 아뢰지 않고, 대간(臺諫)과 시종(侍從) 들은 딴청만 피우고 있습니다. 그리하여 조정에는 속론(俗論)이 판을 치고 정론(正論)은 사라졌으며, 아첨하는 사람들이 기세를 올리고 정직한 선비들은 숨어버렸습니다.

쉴 새 없이 매기는 온갖 세금에 백성들은 도탄에 빠졌으며, 떳떳한 윤리〔彝倫〕는 파괴되고 선비의 기풍은 죽어버렸습니다. 공(公)을 위해 일하는 사람은 공연히 문제를 일으킨다고 하고, 사(私)를 위해 일하는 사람은 처신을 잘한다고 합니다. 그리하여 몰염치한 자들이 버젓이 행세하며, 지조 있는 사람은 속절없이 죽음을 맞이합니다……

대원군 독재체제를 정면으로 공격한 것으로 알려진 최익현의 10월 25일자 상소에는 대원군에 대해서는 한 마디도 언급되어 있지 않다. 슬쩍 에둘러서라도 고종이 친정을 선포해야 한다는 주장도 없다. 그처럼 왕이나 왕의 아버지를 직접 비판하는 일은 당시로서는 상상할 수 없는 금기였다. 하지만 대원군의 정치를 비판하고자 '옛 제도를 많이 바꾸었다', '세금이 너무 많다', '정치가 사(私)적인 경로로 행해진다' 등의 지적이 나왔으며, 이에 맞서 대원군을 옹호하는 사람들 또한 직접적 표현을 피하고 '과거의 권간(權奸)들을 조정에서 내쫓아 지금은 조정에 한 사람의 권간도 없다', '사학(천주교)을 탄압하고 서양 오랑캐들을 물리쳤다. 이것이 어찌 떳떳한 윤리를 세운 것이 아니냐' 등의 지적을 했다.

상소문을 받아 든 고종의 태도는 어땠을까? 처음에는 굉장히 긍정적인 반응을 보였다.

"그대의 이 상소문은 가슴속에서 우러나온 글이고 나에게 준엄한 경계를 주는 말이니, 매우 가상하다. 우리 열성조께서는 이런 일에 상을 아끼지 않았으니, 그대를 호조참판에 제수한다. 그리고 이렇게 바른 말을 놓고 만일 다른 의견을 내는 사람이 있다면 소인배임에 틀림없으리라."

정3품의 동부승지에서 종2품의 호조참판으로 한 등급 올려 제수하는 파격을 보인 것이다. 고종은 그 다음날(26일) 경연 자리에서도 경연관들에게 "그 말이 매우 절실하고 곧다. (……) 오랫동안 옛날 선비들의 풍도를 보지 못하다가 지금 비로소 보게 되었다"며 최익현의 상소문을 극찬하고 있다. 이렇게 되니 조정은 떠들썩해졌다. 홍시형 같은 사람은 왕의 뜻에 재빨리 영합하려고 최익현의 상소가 참으로 지당하다는 내용의 상소를 올렸는데, 고종은 그에게도 곧바로 부수찬(副修撰) 직위를 주었다. 하지만 대원군이 키워놓은 대신들이 보고만 있을 리 없었다.

좌의정 강로, 우의정 한계원이 최익현의 처벌을 주장하다가 파직되었으며, 사간원·사헌부·홍문관·승정원의 관원들도 최익현을 처벌하라는 연명 상소를 올렸다가 줄줄이 파직되었다. 형조참의(刑曹參議) 안기영, 전한(典翰) 권정호는 상당히 과격한 언사까지 써가며 최익현을 엄중히 처벌하라고 '요구'했다가 징계당했다(이 두 사람은 나중에 서자 이재선을 왕으로 추대하려던 대원군의 쿠데타 음모에 가담한다). 그러나 고종은 계속해서 최익현을 감싸지만은 않았다. 11월 3일에 최익현이 두번째로 상소를 올렸을 때는 도리어 최익현을 귀양 보내라는 지시를 내렸다. 최익현의 2차 상소는 큰 줄거리에서는 전과 차이가 없었으나 고종의 '신임'에 힘을 얻은 듯 전보다 더 구체적인 건의를 담았는데, 그중에는 대원군이 폐지한 만동묘와 화양서원을 비롯한 전국의 서원들을 다시 설치할 것, 대원군이 금융 경색 문제를 해결하려고 수입한 청나라 돈(淸錢)의 유통을 금지할 것, 그리고 '최근 지나치게 먼 친척 자제를 양자로 들여 대를 잇고 있는데, 이는 결코 자연스럽지 못하니 금지하소서' 등의 내용도 있었다. 고종의 심기를 특별히 건드린 것은 아마도 양자 운운한 구절이었을 것이다. 자신도 효명세자와는 먼 친척이면서 양자가 되어 대통을 잇지 않았는가. 그래서 고종은 '최익현의 상소에 나를 핍박하는 말이 있다'며 이제까지의 태도를 뒤집어 최익현을 처벌하라고 했다. 하지만 그것은 단지 감정적인 결정은 아니었다.

최익현은 위정척사파의 중심인물 이항로의 수제자로서, 서양과의 접촉을 철저히 배격하며, 서양 문물이라면 그 어떤 것도 이 땅에 들여서는 안 된다는 강경한 입장을 견지했다. 따라서 만동묘와 화양서원을 없애고 청나라 문물을 수입하는 대원군이 눈엣가시였던 것이며, 청나라 돈의 유통 반대도 그것이 금융난을 장기적으로 가중시키기 때문이 아니라 '더러운 오랑캐가 쓰는 돈'이므로 쓰지 말아야 한다는 극단적인 관념론에 따른 것이었다. 하지만 대원군을 옹호하고 최익현을 비판하는 위정척사파도 있었다. 가령 전직 정언(正言) 허원식은 대원군이 병인박해에서 천주교도를 학살하고 병인양요, 신미양요 때 잘 대처했다며 적극 지지했다. 이처럼 실정과는 동떨어진 이념에 얽매인 데다, 자체 의견 통일도 잘 안 되므로 고종은 이들 위정척사파를 '한 번 쓰고 버리는 카드'로 사용했던 것이다.

고종의 태도가 달라지자 한때 주춤했던 최익현 비판론자들은 최익현을 극형에 처하라는 상소를 다시 열심히 써 올리기 시작했다. 그중에는 처음에 그를 지지하여 벼슬을 얻었던 홍시형도 있었다. 고종은 바람의 방향에 따라 약빠르게 바뀌는 세태를 보며 쓴웃음을 머금었을 것이다. 하지만 이는 그에게 바람직한 상황이기도 했다. 고종이 처음 최익현의 상소를 보고 '오랫동안 이런 일을 보지 못했다'라고 말한 데서도 나타나듯, 세도정치가 성립된 이래 최근까지 조정에서 이처럼 정치적 색채가 분명한 상소문이 나오고, 그 상소문을 왕이 어떻게 평가하느냐에 따라 조정이 이리 쏠리고 저리 쏠리는 일은 내내 없었던 것이다. 안동 김씨든 대원군 일파든 항상 어떤 세력이 패권을 쥐고 매사를 뒷전에서 자기들끼리 결정했기 때문에, 왕과 신하 사이의 공식적 정치는 최익현의 표현대로 '대신과 육경 들은 아무 의견도 아뢰지 않고, 대간과 시종 들은 딴청만 피우고 있는' 허수아비 놀음이 되어버렸다. 그런데 이제야 비로소 조정에 정치다운 정치가, 그것이 비록 추한 정쟁에 불과할지라도, 돌아왔다. 그리고 그 중심에 왕이 서 있다. 이것만으로도 고종은 대단한 진전을 보았다고 할 만했다.

그동안 대원군은 운현궁에 발이 묶인 채 안절부절못하고 있었다. 자신의 신상(身上)이 구체적으로 거론되지는 않으나 자신이 주도한 정책이 도마 위에 오른 상황에서 입궐하여 대신들과 마주하는 일도 힘들었겠지만, 입궐하려고 해도 할 수가 없었다. 대원군 전용 출입구인 양 늘 열어두던 경복궁의 후문은 굳게 닫힌 채 꼼짝도 하지 않았다. '대원위분부'를 전하고자 시종들이 열어달라고 해보아도 '특별한 일이 없는 한 종친은 대궐에 출입할 수 없다'는 원칙만 새삼스럽게 강조되었다. 대원군은 매일이 바늘방석에 앉아 있는 듯했을 것이다.

최익현 처리 문제는 그를 제주도에 유배 보내는 선에서 마무리되었다. 대원군파 대신들이 형벌이 너무 가볍다며 반발하자, 고종은 "나는 자성(慈聖, 조 대비)께 효도할 뿐이며, 다른 것은 모른다. 자성께서 관대히 처리하라 하셨거늘, 왜 자꾸 말이 많은가? 그대들은 나와 자성께 충성해야 한다. 그 밖에 또 누구에게 충성하려는가?"라고 소리쳤다. 이제 자신은 아버지에 대한 효도는 잊었다, 너희도 대원군에 대한 충성은 잊어버리라는 경고였다. 그리고 결국 그렇게 되었다. 애초에 왕의 아버지라는 이유만으로 막후에서 전권을 휘두르기에는 정치적 명분이 약했고, 안동 김씨나 풍양 조씨처럼 강한 결속력이 있는 파벌을 업지 못한 대원군으로서는, 왕과 왕비가 자신의 적들과 손을 잡았을 때 그것을 뒤집을 충성스러운 세력을 동원할 수 없었다.

공식 선언이나 기념식 같은 것은 없었지만, 그 해 12월을 고종의 친정이 시작된 때로 보는 데 모든 학자들의 의견이 일치한다. 고종 10년(1873) 12월! 순전히 남의 뜻에서, 친아버지와 양어머니의 작당에 따라 옥좌에 앉았던 조선 제26대 왕 이형은 이제야 비로소 왕다운 왕이 된 것이다.

# 2장_ 아버지와 아들

"날이 많이 춥구나⋯⋯."

음력 11월 20일 아침, 얼음장 같은 바람이 마구 몰아치는 가운데 연(輦)을 타고 궁궐로 돌아가는 중이던 고종이 가마 옆으로 종종걸음 치던 내관에게 나직이 중얼거렸다.

대원군이 한참 벼랑 끝에 몰려 있던 당시, 마침 그의 장모가 되는 판돈녕부사(判敦寧府事) 부인 이씨가 세상을 떠났다. 고종에게는 외할머니가 된다. 고종은 발상거애(發喪擧哀)하는 의식을 궁궐 안에서 치르도록 지시하고, 자신은 물론 중전도 곡을 하도록 했다. 명성황후의 입장에서는 '남편의 가까운 인척'이자 친정인 민씨 집안의 큰 어른이 돌아간 셈이었다.

그리고 고종은 이를 기회 아닌 기회로 삼아, 입궐이 끊기고 수십 일간 얼굴을 대하지 않은 채인 대원군을 조문 차 만나보기 위해 운현궁에 거둥했다. 『승정원일기』에 따르면 고종이 운현궁에 도착하니 '하인 한 사람'이 나와 안내했고, 대원군 부부가 있는 빈소에 들어간 고종이 '잠시 후'

나와 궁궐로 돌아갔다고 한다. 오랜만의 부자 상봉이 그다지 살가운 분위기 속에서 진행되진 않았던 것 같다. 아마도 고종은 아버지에게 자신의 거취를 놓고 은밀한 말을 했을지도 모르지만, 대원군은 침묵을 지켰거나 냉정한 반응을 보였던 모양이다.

"날이 많이 춥구나…… 영의정의 집은 어디쯤인가?"

"이처럼 날이 차가우니, 길이 비록 가까워도 오가기 어려울 것 같다."

고종은 날이 춥다는 말만 되풀이했다. 영의정을 제수했지만 아직 조정에 나오지 않고 있는 이유원을 괜히 언급하며, 운현궁과 경복궁 사이의 가깝지만 결코 가깝지 않게 된 거리를 되새겼다. 이제 스물두 살이 된 왕은 이 짧은 바깥나들이에서, 어릴 때부터 자신을 그토록 귀여워하며, 크나큰 포부를 실현시킬 아들로 아끼고 또 아껴주었던 아버지와 자신 사이에 쳐진 얼음의 장막을 느꼈을 것이다. 그래서 그의 가슴은 그토록 추웠으리라.

궁궐로 돌아간 고종은 곧장 대신들을 만나 통치업무와 정치업무를 처리했다. 원납전(願納錢)이나 문세(門稅)를 없애고, 격포진(格浦鎭)을 진으로 되돌리는 등 대원군의 정책을 폐지하는 작업도 계속했다. 며칠 후에는 이유원이 몇 차례의 부름에 응해 결국 조정에 나왔다. 그는 조 대비 집권 시절에 좌의정을 지내다가, 대원군이 전면에 나서면서 좌천된 처지였다. 이유원이 영의정을 맡고 좌의정은 비워두며, 우의정에는 경연관으로 오래 근무하며 친분이 남다르고 최근에는 은근히 '개화'를 추진해야 한다는 목소리를 내는 극소수의 정부 고관 중 하나였던 박규수를 임명했다. 박규수도 풍양 조씨 계열로 분류되어 한때 좌천되었다가 대원군과의 사적인 인연 등으로 재기용된 사람이었기에, 친정을 시작한 고종의 첫 내각은 풍양 조씨 세력의 재등장이 아닌가 하는 인상을 주었다. 하지만 속을 들여다보면 안동 김씨라거나 대원군이 키워온 종친, 남인 들도 여럿 있었다. 고종 즉위 후 십 년 동안 벌어진 엎치락뒤치락하는 암투 끝에, 고종은 자신을 중심으로 '탕평 조정'에 가까운 조정을 만들고 왕권을 안정시킬 수 있었던 것이다.

"요즘 날씨가 추워 성상(聖上)의 옥체가 걱정입니다."

"……그렇지 않아도 감기가 들었다."

비로소 부름에 응한 영의정 이유원과의 첫 대화에서 두 사람은 어색한 분위기를 누그러뜨리려 으레 꺼내는 화제인 양 날씨와 건강 이야기부터 나눴다.

"……화해의 약제를 지나치게 쓰실 필요는 없지 않을까 싶습니다."

"지나치게는 말아야겠지……. 아마도 시간이 지나면 저절로 낫지 않겠는가?"

두 사람의 대화는 어느새 은근한 지경까지 이르렀다. 생각 없이 듣자면 "감기약을 지나치게 많이 드시지 마십시오. 도리어 해롭습니다", "알았다. 자연히 낫겠지, 뭐" 정도의 심상한 대화로 들린다. 그러나 '화해(和解)'라는 말은 감기 기운을 떨어뜨리는 약의 기능을 뜻하기도 하지만, 요즘 흔히 쓰는 말대로 사람끼리 맺힌 일을 풀고 다시 좋은 사이가 되는 '화해'의 의미도 된다. '화해의 약제를 지나치게 쓰지 말라'는 말은 대원군과 화해하기 위해 지나치게 많은 양보를 하지는 말라는 주문이었다. 고종도 이에 수긍하고, '시간이 지나면 저절로 화해가 되지 않겠는가?'라고 대답한 것이다.

하지만 그것은 너무 낙관적인 생각이었다. 12월 10일, 경복궁 자경전(慈慶殿)에 화재가 일어나 자경전과 인근 전각이 모두 타버리고, 이를 끄려던 군졸 등 다수가 죽고 다치는 일이 일어났다. 그런데 자경전은 바로 조 대비의 침소였다. 불이 사고로 난 게 아니라 대원군이 지른 것이라는 소문이 돌았다. 다음날 등청한 박규수는 '이것은 보통 일이 아니다. 모종의 음모가 없는지 철저히 수사해야 한다'라고 했으나 수사는 얼마 후 흐지부지 끝났다. 그리고 고종은 조 대비와 대원군이 합심했던 시절 그토록 애를 써서 중건했던 경복궁을 버리고 창덕궁으로 옮겨간다는 결정을 내렸다. 을씨년스런 잿더미는 '천천히 치우면 된다'며 그냥 내버려둔 채. 그리고 그 직후 대원군도 운현궁을 떠나 경기도 양주 직곡으로 내려갔다.

대원군이 낙향하기 전에 고종과의 사이에 일정한 밀약이 있지 않았을까 싶다. 그것은 아마도 대원군이 왕의 친정 체제를 인정하되, 국방 관련 일부 권한은 당분간 그대로 갖고 있을 것, 이경하·신헌 등 대원군 체제에서 중용된 인물을 그대로 기용할 것 등이었을 것이다. 실제로 이경하 등이 높은 직책을 유지했을 뿐 아니라, 대원군 당시 의정부를 이루었던 강로·한계원 등이 귀양에서 풀려나 조정에 돌아왔다. 그리고 대원군이 창설하여 국방 업무의 핵심 기관으로 삼았던 삼군부(三軍府) 내의 대원군 인맥도 그대로였다. 대원군은 지방에 물러가 있으면서도 삼군부와 연락을 주고받으며, 서양 세력의 침입을 대비해 야심적으로 추진해온 화포나 총기류 제작을 계속 지휘했다. 고종이 실각한 대원군에게 그런 권한을 갖도록 한 것은 아버지에의 배려인 한편, 여차하면 '실력 행사'에 나설 수 있는 대원군에의 두려움 때문이기도 했을 것이다.

최익현조차 상소문에서 대원군을 직접 언급하지 않고 에둘러 비판하고, 감기약 이야기 속에 중요한 정치 문제 논의를 감출 만큼 당시의 정치 언어는 은근하고 조심스러웠다. 약 삼십 년 뒤에는 어전에서 칼을 빼어 휘두르며 '퇴위할 거요, 말 거요?' 하고 윽박지르는 무지막지한 언어로 바뀌지만 말이다. 그런 은근한 정치 언어로 읽으면, 친정을 시작한 고종에게 약간의 견제가 나타남을 볼 수 있다. 영의정 이유원 등등이 부쩍 '사치를 금하고 경비를 절약하소서'라는 말을 많이 언급하고 있는 것이다. 이는 임금 된 자는 마땅히 백성의 피 같은 세금을 아끼고, 스스로를 위해 쓰는 일을 자제해야 한다는 뜻에서 경연이나 상소에서 으레 나오는 말이었다. 그런데 그 말이 하필 이때 집중적으로 빈번히 나오고 있음은 무슨 까닭일까.

야사에서는 보다 솔직하게, "주상과 중전이 모두 음악과 춤을 즐겨, 밤낮으로 풍악을 연주하고 기생들을 불러들여 춤판을 벌이다 보니 재정이 고갈될 정도에 이르렀다"라고 적고 있다. 재정 고갈까지 초래했다는 말은 과장이겠지만, 고종 부부가 음악과 춤을 즐긴 점은 틀림없어 보인다. 게다가 조 대비도 이빨이 빠지고, 안동 김씨의 압박도 사라지고, 무엇보다 호랑이 같은 눈을 부릅뜨고는 "국가 기강을 바로잡아야 합니다!", "지금 이럴 때가 아닙니다. 오랑캐들이 언제 다시 쳐들어올지 모르니, 방어에 만전을 기하고 또 기해야 합니다!" 하며 조정 분위기를 항상 엄격하고 살벌하게만 이끌어온 대원군이 없다는 사실에, 젊은 왕과 왕비는 모처럼 얻은 자유와 여유를 한껏 즐기고 싶었으리라. 마침 시절은 춥고 긴 겨울을 지나 봄에 이르는 참이었다. 흐드러지는 풍악 소리, 왕과 왕비의 가벼운 웃음소리. 화창하고 따스한 봄날. 창덕궁의 짧은 봄날이 가고 있었다.

하지만 그런 봄날의 여유로움은 사실 봄'날'보다는 봄'밤'에 더 많았다. 고종 부부는 못 말리는 '올빼미 부부'였다. 밤 11시나 12시까지 자지 않고 있다가 한 시간쯤 눈을 붙이고, 그 뒤로는 계속 깨어서 밤을 새고는 동이 틀 때쯤 다시 잠자리에 들어 정오경에나 일어났다. 이런 습관은 친정을 시작한 직후부터 생겼고, 세월이 갈수록 더 심해져서 공식 업무시간인 낮 동안에 조회가 전혀 이루어지지 못하는 상황까지 있었다고 한다. 황현이나 정환덕 등 여러 야사 필자들은 고종 부부가 밤낮을 거꾸로 산 이유가 암살이나 변란을 겁내서라고 했는데, 나중에 가서는 그것도 이유에 포함되었을지 모른다. 하지만 이제 막 왕다운 왕이 된 젊은 고종이 낮보다 밤을 택한 까닭은 좀더 적극적인 것이었다.

밤은 자유로운 시간이다. 낮 동안 매여 있던 규칙과 형식은 모든 것을 공평하게 덮는 어둠 속에서 풀어져버린다. 더군다나 왕실의 법도가, 조정의 규칙이 오죽 답답하고 복잡한가. 원래는 일과를 마치고 휴식을 취하도록 마련된 시간에서, 고종과 명성황후는 해방을 발견했다. 그리고 그 자유를 최대한 활용했다. 황현은 이최승이라는 승지에게 전해 들은 말을 『매천야록』에 이렇게 옮기고 있다.

언젠가, 깊은 밤중에 노랫소리가 들려왔다. 액례(掖隷) 녀석을 앞세워 소리 나는 곳을 찾아가다 한 전각에 이르렀다. 대낮처럼 밝았는데, 임금님과 중전마마가 평상복 차림으로 편하게 다리를 뻗고 앉아 계셨다. 섬돌 아래에는 머릿수건을 두르고 소매를 걷어붙인 패들이 수십 명이나 노래 부르고 북을 치고 있었다. 외설스러운 잡가를 부르는 자도 있었는데, 중전마마는 다리를 치면서 '좋구나, 좋아' 하며 흥겨워 하셨다.

　　모든 것이 대소신료들의 눈앞에 공개된 상태인 대낮에는 차마 가질 수 없던 여흥의 시간도 밤에는 가능했다. 그러나 고종과 명성이 단지 질펀하게 놀기 위해서만 올빼미가 되었던 것은 아니다. 밤에는 낮에처럼 모든 문서가 승정원을 통해서 전달되지도 않았고, 사관(史官)이 붓을 들고 쏘아보는 가운데 정해진 절차와 격식에 맞춰 보고를 들을 필요도 없었다. 고종은 특별한 절차를 거치지 않아도 수시로 입궐할 수 있는 직책인 '별입시(別入侍)'를 많이 두어, 대부분 명문세족 출신이 아니면서 젊고 재능 있는 관료들인 이들을 야밤에 불러 비밀 보고를 듣고, 정책을 의논했다(이후 국권침탈기에 고종의 편에 서서 활약하게 되는 이용익, 이범진, 김가진, 정병하, 한규설 등등이 이 별입시 출신이었다). 조정 대신들도 때때로 한밤중의 국정회의에 불려갔지만, 특별한 경우의 개인 자격으로서의 친견이었지 그 직책과 당색(黨色)에 따른 입장을 나타내야 할 공식적인 자리는 아니었다. 이처럼 비공식적인 자리였기에 낮에는 감히 생각도 못 할 이야기도 거침없이 오갔다. 그리고 역시 낮이었더라면 꿈도 못 꾸었을 일, 왕비가 왕과 한자리에서 정치를 숙의하는 일까지 가능했다.

　　문호개방을 한 다음, 야간에 부름을 받고 고종을 배알했던 서양과 일본의 외교관들은 명성황후가 옆방에서 장지문 하나를 두고 중요한 정치 이야기를 함께 들었으며, 때로는 아예 그들 앞에 모습을 드러내고는 고종의 옆자리에 떡하니 앉아 자신들과 직접 대화하기도 했다고 전한다. 이는 제아무리 똑똑하더라도 여자란 베갯머리에서조차 정치를 거론하면 안 된다, 남자들이 국정을 논하는 자리에 결코 얼굴을 비쳐서는 안 된다고 했던 전통 조선에서는 상상도 못 했던 일일뿐더러, 서양의 관점에서조차 낯선 모습이었다. 따라서 고종 부부를 알현한 외국인들은 '왕은 꼭 두각시이며, 이 나라는 왕비가 다스리는 나라'라는 이야기를 퍼뜨렸다. 그리고 그런 이야기는 고종 친정에서 을미사변에 이르는(1873~1895) 기간을 '민씨 세도기'라 부르며, 안동 김씨 세도기, 대원군 집권기를 거쳐 민씨가 조선을 쥐락펴락하는 시대가 되었다고 보는 역사 인식이 이루어지는 데 한몫했다.

하지만 이는 사실과 크게 다르다. 이 기간 중 민씨 가문 사람들이 전보다는 많이 등용되었으나, 결코 조정을 손아귀에 넣고 휘두를 정도는 못 되었기 때문이다. 적어도 개국 이전에는 민씨 고위관료들이 안동 김씨나 풍양 조씨들보다도 소수였고, 반드시 요직을 맡고 있다고도 볼 수 없었다. 민씨로서 삼정승의 자리까지 올라간 사람은 1878년에 잠깐 우의정이 되었다가 한 달 만에 사망한 민규호 하나뿐이다. 그렇다고 안동 김씨나 풍양 조씨에게 주도권이 있는 것도 아니었다. 앞서 말한 대로 친정을 시작한 고종은 안동 김씨, 풍양 조씨, 여흥 민씨, 일부 대원군 세력과 남인들, 그리고 조선왕조 내내 소외되어온 서얼(庶孼)과 서북(西北) 출신자, 평민 등까지 조정에 두루 배치하고 이들 머리 위에 올라서서 '탕평 군주'

로서의 위상을 갖추었다. 명성황후와 민씨 가문은 고종의 가장 든든한 보좌역이었을지 모르지만, 고종을 압도하거나 대신할 힘도 의지도 없었다.

고종이 밤을 낮보다 사랑한 까닭에 한국 근대화가 몇 가지 앞당겨지기도 했다. 밤의 어둠이 고마우면서도 불편했던 그는 1887년 궁궐에 전구를 처음 설치해 전깃불을 밝힌다. 당연히 국내 최초였고, 에디슨이 전구를 발명한 때가 1879년이고 보면 당시로서는 최첨단 기술을 놀랄 만큼 빠르게 받아들인 셈이었다. 또한 대부분 궁궐 밖의 자택에서 잠자리에 들어 있을 신료들과 빨리 연락할 필요성 때문에 1896년 국내 최초의 전화도 궁 안에 설치했다.

전등불로 환하게 밝힌 궁궐의 밤, 전통무용과 흥겨운 국악 소리를 배경으로 화사한 옷을 입고 오가는 사람들. 그런 떠들썩함 속에 따르릉 하는 전화벨 소리가 울려 퍼진다······. 19세기가 저물어가던 시절, 이 땅에서 펼쳐진 '멋진 신세계'의 한 장면이었을 것이고, 특유의 인자한 웃음을 띠고 불빛 사이를 의젓하게 걸어 전화를 받으러 가는 고종은 마치 『천일야화』에 나오는 바그다드의 칼리프, 매일 밤 잠들지 않고 숨 막힐 듯 멋진 마술과 모험의 세계를 찾아다니는 하룬 알 라시드처럼 보였을 것이다.

하지만 그런 마술 같은 화려함, 문명개화의 불빛이 비치는 환한 세계는 훨씬 크고 무시무시한 어둠의 세계에, 끝을 알 수 없는 공포에 포위되어 있었다. 그런 위태로움은 친정을 막 시작한 지금은 아직 덜했지만, 결코 없지는 않았다. 위기는 바로 코앞에 있었다. 그리고 첫번째 위기는, '배은망덕한' 아들과 며느리에게 뒤통수를 맞은 울분과 원한을 아직도 삭이지 못하고 있던 대원군에 의해, 친정 개시 후 불과 일 년이 못 되어들이닥쳤다.

대원군 진영의 반격은 1874년 10월 20일에 시작되었다. 부사과(副司果) 이휘림이 상소를 올려,

(……) 대원군 합하(閤下)께서 도성 밖으로 거처를 옮기시고 돌아오시지 않고 있습니다. 그러므로 온 나라 사람들이 의심하고 불안해합니다. (……) 대원군께서는 자식을 사랑하시는 마음이 지극하신데, 궁궐과 오래도록 멀리 떨어져 계시는 일이 이해할 수 없는 일이며, 지극한 효성을 지니신 전하이신데, 오래도록 찾아뵙지 않으시니 또한 이해할 수 없습니다. 더구나 지금 변경에서는 말썽이 그치지 않고 외적이 호시탐탐 노리고 있으니, 경계하고 삼가는 뜻을 더욱 중히 해야 하지 않겠습니까?

대원군 합하가 낙향하신 일이 설사 지나친 행동이었다고 하더라도, 전하께서는 응당 황송해서 어쩔 줄을 몰라하셨어야 합니다. 부드러운 말로 아버지의 마음을 돌려세우셨어야 합니다. 그러나 여러 달이 지나도 아직 행차하여 돌아오도록 청하셨다는 것을 듣지 못하였습니다. 신은 이 일을 실로 이해하지 못하겠습니다. 신만 이해하지 못하는 것이 아니라 조정과 온 백성이 모두 이해하지 못하고 있는 일입니다.

하니, 고종은 노하여 이휘림에게 중벌을 내렸다. 하지만 한 달쯤 지난 11월 29일에 다시 전 장령(掌令) 손영로가 상소를 올렸다. 그는 고종이 대원군에게 사과하고 도성으로 모셔 와야 한다는 이휘림의 주장을 되풀이했을 뿐 아니라, 영의정 이유원에게 화살을 날렸다. '뇌물을 받고

불법적인 거래를 했다'는 등등이었다. 이유원이 실제로 그런 비리를 저질렀는지는 확실치 않지만, 어쨌든 이미 관직에서 물러난 손영로가 그런 사실을 혼자 힘으로 알아낼 리는 만무했다. 고종은 손영로 역시 중벌로 다스렸지만, 언제까지나 그런 식으로 대응할 수는 없었다. 말도 못 할 인신 공격을 당한 고종 친정 1기의 중심인물 이유원은 벼슬을 내놓고 낙향해 버린다.

상소처럼 '부드러운' 전술에만 그치지는 않았다. 손영로가 상소를 올리기 하루 전, 한양 안국동의 어느 대갓집에서 천지를 뒤흔드는 폭음이 일어났다. 기왓장이 날고, 불길이 솟아올랐다. 집주인은 명성황후의 양오라버니 민승호였다. 그날 대원군이 보냈다는 작은 상자가 민승호 앞으로 배달되었는데, 마침 민승호는 양어머니, 다시 말해서 명성황후의 친어머니인 한창부부인(韓昌府夫人) 이씨와 자신의 어린 아들하고 함께 둘러앉아 식사를 하는 중이었다. 민승호가 상자를 열자 곧바로 폭탄이 터졌으며, 민승호와 한창부부인, 그리고 민승호의 아들 모두 즉사했다. 고종 부부가, 특히 명성황후가 얼마나 충격을 받았을지는 상상하기 어렵지 않다. 이때의 충격 그리고 원한은 그녀를 단지 슬기롭고 당찬 여인에서 냉혹한 정치인으로 성장시키고, 한편 시아버지 대원군에 대한 씻을 수 없는 적대감을 그녀의 온몸에서 뿜어내도록 했을 것이다.

민승호의 경우는 명성에게 오빠였을 뿐 아니라 대원군에게는 처남이기도 했다. 대원군 부인의 남동생으로서 명성의 집에 양자로 들어간 사람이었으니까. 권력을 되찾기 위한 직접적 목적 때문도 아니고, 단지 '본보기를 보이기 위해' 처남에다 사돈까지 잔혹하게 살해한 대원군. 그의 원한과 분노 또한 이미 한계를 넘어서 있었다.

몇 달 동안 숨죽이며 지냈던 대원군이 그처럼 공세로 나온 까닭은 고종의 정책에도 있었다. 고대하던 정권을 차지한 고종은 첫번째 정치 목표를 '민생 안정'에 두었다. 그리고 그것은 의도적 내지 결과적으로 대원군의 정책을 하나하나 뒤집는 것이었다. 대원군이 경복궁 중건과 군비 증강 때문에 부족해진 재정을 채우느라 거둬들인 원납전, 당백전, 문세, 오부세(五部稅), 결렴(結斂) 등을 없앴으며, 빚을 갚지 못할 경우 그 친인척에게 책임을 씌워서 강제로 받아내던 족징(族徵)의 관행을 엄격히 금하도록 했다. 또한 지방의 세액 중 일부를 은밀히 떼어 향리들의 특별수입으로 챙겨주던 것도, 그 부담이 결국 필요 이상으로 세금을 내야 하는 일반 백성에게 돌아간다 하여 폐지했다. 그런데 이런 정책은 일반 백성에게는 고마운 일이었겠으나 대원군 집권 중 의식적으로 키워주려고 했던 상인들이나 지방관리들, 그리고 지방의 비양반 출신 부자들에게는 큰 불만이 되었다. 원납전으로 사실상 벼슬을 사거나, 돈을 거둬들이는 과정에서 떡고물을 먹거나 하는 일이 없어졌기 때문이다. 향리에게는 따로 정식 급료가 없었기 때문에 그만큼 불법적으로 지방민을 수탈한다 해서 향리에게도 봉급을 주어야 한다는 것은 여러 실학자들의 개혁안 중 하나였고 대원군은 일단 이를 실천한 셈이었는데, 그것이 세금을 대놓고 착복하는 것이라 하여 금지하니 향리들 역시 불만이 치솟을 수밖에 없었다.

여기까지는 그래도 괜찮았지만, 1874년 1월 6일에 청나라 돈의 유통을 금지한 조치는 예상 밖의 큰 파장을 일으켰다. 청나라 돈은 앞서 말한 대로 금융 경색을 해결하고자 대원군이 청나라에서 수입하여 유통시킨 것이었고, 최익현은 이를 '더러운 오랑캐의 물건'이라며 금지를 강력히 주장했다. 고종은 이 청나라 돈이 대량으로 유통되며 물가를 폭등시키고 있음에 주목해서, 민생 안정 차원에서나 위정척사파에게 점수를 따는 차원에서나 폐지가 좋다고 여겨 전격 유통 금지 조치를 취한 것이다. 그러나 너무 급작스럽게 청나라 돈이 돌지 않게 되자 곧바로 화폐 부족 현상이 나타났다. 때문에 물자의 흐름이 둔화되었고, 그렇지 않아도 각종 세금을 폐지한 까닭에 위험수위에 올라 있던 재정수입이 완전히 파탄 상태에 빠지고 만다. 폐지 조치 후 열흘도 안 되어 문제점이 드러나자, 정부는 '쌀 등 현물이 부족한 지역에서는 당분간 청나라 돈으로 납세하도록 한다', '창고에 쌓인 청나라 돈을 녹여서 재활용한다' 등의 조치를 허겁지겁 내놓았으나 한동안 국민경제의 혼란은 컸고, 재정 부족은 만성화해서 봉급을 계속 받지 못하는 하급관리들이 늘어나 부정부패가 점점 더 심각해졌다. 백성을 위한다는 의욕은 앞섰으나 아직 실무 경험이 부족했던 젊은 왕이 저지르고 만 대실수였다.

고종은 경제정책에서만 아버지의 정책을 뒤집고, 세력기반은 흔들지 않았다. 그는 친정을 시작하자마자 팔도에 암행어사를 파견한다. 이들은 방방곡곡의 해묵은 폐단을 보고하고 탐관오리들을 고발했는데, 그들이 지목해 올려서 끝내 파직 또는 유배형을 받은 지방관 중에는 대원군이 키워온 인물이 유독 많았다. 대원군의 위세를 믿고 날뛴 지방관들이 많았던 때문도 있고, 이 기회에 지방에 퍼져 있는 대원군의 지지세력을 찍어내려는 정치적 의도도 있었을 것이다. 또한 고종은 타협에 따라 대원군에게 안보 부문의 상당한 실권을 남겨주고는, 기존의 삼군부-오군영 중심 국방체제를 뜯어고쳐 자신에게로 군의 실질 통수권이 집중되게끔 제도 개혁에 들어갔다. 1874년 7월 설치된 무위소(武衛所)는 전 해의 자경전 화재 사건 같은 일이 다시 생기지 않게 왕궁의 호위를 강화한다는 취지였는데, 점점 규모가 커지고 여러 군영의 인력과 물자를 흡수하며 최고 군사조직화 되어갔다. 이는 정조의 장용영(壯勇營)처럼 왕이 마음대로 부릴 수 있는 군사력이라 여겨져, 대원군 측만이 아니라 일반 조정 대신들도 불편하게 바라보았다.

이처럼 고종이 실권을 쥐고 나서 처음 추진한 정책은 하나같이 대원군과 그가 키운 세력들을 견제하고 위협하는 것이었으며, 그들만이 아니라 일반 백성들의 원성을 살 만한 점마저 있었기에, 대원군은 아들 부부에게 떠밀려 물러난 지 일 년도 되지 않아서 매섭게 반격에 나섰던 것이다. 그렇게 된 데는 이제 스물셋의 젊은이이며 '초보 집권자'였던 고종이 정책상의 실수뿐 아니라 리더십상의 실수를 저지른 탓도 있었다.

고종을 가리켜 마냥 온화하고 친절하지만 결단력이 없다, 우유부단하다는 평가를 내린 사람이 많다. 하지만 적어도 이때의 고종은 성급했으며, 게다가 변덕스럽기까지 했다. 가령 손영로의 탄핵을 받고 영의정에서 물러난 이유원에게 고종은 거듭해서 '괘념하지 말고 돌아오라'고 했으나 이유원이 끝내 사퇴하자 그만 분통을 터뜨렸다.

"영의정이 나가버린 지 지금 여러 날이다. 그럴 만한 이유가 없지 않더라도, 막중한 책임을 맡은 영의정이 이처럼 마음대로 할 수는 없다. 한낱 정신 나간 자의 말을 가지고 벼슬을 내던지고는 아무리 다독여도 태도를 바꾸지 않으니, 이 무슨 태도인가? 대신이라고 해서 너그러이 봐줄 수 없으니, 영의정 이유원을 파직하노라."

　대신으로서 비리 혐의를 받으면 설령 그 혐의가 터무니없다 해도 관직을 내놓고 한동안 조정에 나오지 않는 것이 관례였다. 더구나 자칫하면 민승호처럼 비명횡사할 수도 있는 상황 아닌가? 그러나 초조하고 다급했던 고종은 믿었던 이유원조차 나 몰라라 한다는 생각이 들자, 이렇게 신경질적인 파직을 해버린 것이다. 게다가 그 다음날에는 파직을 취소한다며 다시 한 번 조정에 나오라고 이유원을 설득하고, 이유원이 다시 사퇴하니 또 화를 내면서 이번에는 아예 귀양 보내라는 지시를 내렸다(역시 그 다음날 번복했지만). 이처럼 변덕스런 모습을 보인 까닭에는 밤과 낮이 뒤바뀐 생활 방식도 있었으리라. 낮에는 컨디션이 좋지 않다 보니 감정대로 행동하기 쉽지만, 밤이 되어 냉정하게 생각해보면 잘못했다 싶어서 그 다음날 낮에 취소하고, 얼마 후 또 감정을 못 이기고……. 아무튼 울고 싶은데 뺨 때린다고, 임금이 이렇게까지 모욕을 주는 데야 이유원이 돌아올 리 없었다. 그리고 가뜩이나 어수선한 가운데 고종의 갈팡질팡한 모습은 새로운 정치에의 실망을 더욱 키웠을 것이다.

　고종이 리더로서의 자질을 제대로 갖추지 못했고, 따라서 결국 망국에 이르는 국난의 책임은 대부분 고종에게 있다는 주장은 구한말에서 지금까지 계속되고 있다. 한때 고종의 총애를 받으며 러시아와의 외교에서 중요한 역할을 했다가, 을사조약을 막지 못하고는 자결로 순국(殉國)한 민영환은 "폐하께서는 신하들을 믿고 맡기지 못하신다. 신하들이 좀처럼 마음을 놓고 소신껏 일할 수가 없다"는 불평을 남겼다. 『매천야록』의 황현은 "그는 군주가 갖춰야 할 미덕을 단 하나도 갖추지 못했다"고 극언

했다. 지금도 그런 시각은 숱하게 찾아볼 수 있다. 이이화는 "고종은 무능한 군주의 표본이며, 주체적으로 하는 일은 아무것도 없이 대원군, 민비에게 그때그때 놀아났을 따름"이라 했고, 조민은 "고종이 주체적으로 개혁에 임할 수 있었던 시기가 두 번 있었다. 첫째는 친정 직후부터 임오군란까지의 기간이며, 둘째는 대한제국을 선포했던 직후다. 그러나 그는 자기 권력을 강화하려는 일 말고 아무것도 하지 않았다. (……) 이 시기에 이런 지도자를 만난 것이 우리 민족의 불행이었다"라고 평가했다.

고종의 인격이나 리더십이 완벽하지 못했던 것, 아니 어느 정도 문제가 있었던 것은 틀림없는 사실이다. 대원군 문제를 보더라도, 아버지가 그만한 권력중독자임을 모를 리가 없었을 텐데, 전적으로 모든 권한을 빼앗고 예전의 낙동강 오리알 신세로 떨어뜨려버리면 어떻게 나올 것인지 짐작했어야 했다. 어느 정도의 권한과 권위를 보장해가며 달래는 시도가 필요했으리라(물론 대원군이 전부 아니면 전무라는 식으로 그런 타협을 받아들이지 않았을 가능성도 있다. 그래서 경복궁 화재 사건 이후 마지못해 군사권에 대한 일정한 양보를 했음에도 끝내 참지 못하고 전권을 되찾으려 했는지도 모른다). 아니면, 사람으로서 차마 할 일은 아니지만, 수천만의 생명과 행복을 책임져야 할 최고권력자로서는 결단을 내려 대원군에게 비상수단을 썼어야 할지도 모른다. 하지만 고종은 자신이 최선을 다했다고 여겼다. 그리고 '시간이 지나면 저절로 해결될 것이다'라는 안이한 생각을 했다. 대원군이라는 한 사람의 존재, 그 끝없는 권력욕과 원한 때문에 근대 한국사가 얼마나 뒤틀려버렸는지를 생각하면 이런 막연한 낙관론은 실로 위험천만했다.

그런 낙관론은 그가 너무 빠르게 자신만의 정치적 색깔을 나타내려 했던 점에서도 드러난다. 물론 민중은 수십 년간의 세도정치에 신물이 나 있었고, 어쩌면 조선이라는 나라의 전통적 지배체제 자체에 회의를 갖고 있었다. 그러나 아무리 그래도, 당시 공론을 만들고 행정 실무를 담당함으로써 나라를 움직이는 주체는 양반들이었다. 양반들의 눈에 고종은 '군주가 갖춰야 할 미덕을 단 하나도 갖추지 못했다'고 보일 만했다. 친아버지인 대원군에게 어찌 됐든 불효하고 있고, 대신들과의 공식적 만남이나 경연은 회피하면서 왕비, 천류(賤流)들과 마주 앉아 국정을 의논하고 있으며, 나라 살림이 엉망이니 자제해야 마땅하거늘 밤새 춤판 노래판을 벌이고 있다고도 한다. 대원군이 어찌 보면 서양 오랑캐 배척은 참 잘했는데, 이 젊은 임금은 외국 문물에 호기심을 보이는가 하면 왜놈들과의 교류에도 단호한 모습을 보여주지 않는다. 이쯤 되면 '제2의 연산군 아니냐' 하는 말이 양반들 사이에 오갈 만도 했다.

그러나 고종에게도 변명거리는 있었다. 고종의 상황 인식이 너무 안이했다고, 또 개혁이 가져올 반발에 너무 무신경했다고 하자. 그렇지만 그 당시 상황에서 다소 무리를 하지 않을 수 있었는가? '시간이 지나면 잘 되겠지', 이런 자기위로라도 하면서 위험한 승부수를 던지지 않아도 될 만큼 조선이라는 나라의 오랜 모순, 당시의 정치구도의 노골적인 모순이 단순했는가?

조선은 국왕 한 사람의 리더십에 모든 것을 건 나라였다. 하지만 역설적이게도, 그런 리더십을 갖춘답시고 다른 나라의 군주라면 실무 문제에 골몰할 시간에 유교 경전의 뜻을 읽고 외우고, 제사 축문 문구를 다

듣거나, 상복의 소매를 길게 잡나 짧게 잡나 하는 문제를 놓고 시간과 정력을 소비해야만 하는 나라이기도 했다. 그런 체제로도 사백 년 이상 버텨오긴 했지만, 이제 불과 십여 년 후면 더 이상 그렇게 버틸 수 없는 세상이 찾아온다. 그리고 조선의 전통 제도로도 당시의 정치는 너무나 비상식적이었다. 왕 스스로가 아니라 왕의 양어머니, 친아버지 등이 제각기 왕의 이름으로 자신의 사욕을 채우는 정치, 세도정치로부터 대원군 집권기까지의 시대는 명분과 실리를 모두 해치는 파행의 시대였다. 그런 정치를 두들겨 고치려면 다소 성급할 필요도 있었고, 어쩌면 더욱 냉혹해야만 했을지 모르지만, 그러기에는 힘이 너무 모자랐다. 거듭 말하지만, 양어머니를 유폐했다고 왕을 쫓아내는 통에 뜬소문으로라도 친아버지를 해칠 수 있겠는가?

이런 소극적인 변명 말고도, 고종에게는 다른 군주에게는 찾아보기 힘든 한 가지 장점이 있었다. 그것은 '새로운 것을 겁내지 않고, 과감히 모험을 시도하는 성향'이었다. 고종을 오랫동안 가까이에서 대했던 미국인 외교 고문 데니(Owen N. Denny)나 헐버트(Homer B. Hulbert)는 고종이 교만하고 완고한 보통의 동양 왕족들과는 달리 늘 열린 마음으로 자신들을 대했으며, 서양의 체제나 문화에 관해 끝없이 질문했고, '많은 배움을 주어 고맙다. 다음에도 잘 가르쳐달라'고 사례했다고 기록하고 있다.

특유의 낙관적 태도나 관대함과도 연관이 있는 이 성향은 그가 궁궐에서 자라지 않았기에, 다른 왕들보다 상대적으로 사고가 분방했기에 어느 정도 가능했을 것이다. 또한 늙은 학자 관료들과 틀에 박힌 경전 수

헐버트가 부모에게 보낸 편지.
고종의 오십번째 생일 연회에 다녀온 이야기,
자신이 발행한 잡지 등에 관해 전하고 있다(1901).
독립기념관 소장 사진.

업에 몰두하기보다, 나라의 흥망성쇠와 개인의 생사고락 이야기가 끝없이 펼쳐지는 역사를 탐독하며 그 내용을 두고 젊은 이성(異性)과 즐겁게 토론하고, 여러 계층, 여러 직종의 사람들과 터놓고 이야기할 기회를 자주 가진 덕분에 조선의 군주로서는 보기 드물게 유연한 사고를 가진 임금이 되었을 것이다.

　세종이나 정조는 그보다 훨씬 뛰어난 재능의 소유자였을지 모른다. 하지만 그들은 기본적으로 중국에서 받아들인 전통문물을 열심히 파고들어 그것을 이 땅에서 적절히 실현하는 데 그쳤다. 반면 고종은 전통적 동양의 테두리를 넘는 곳에 관심을 갖고, 거기서 이 따분한 현실을 뜯어고칠 수 있는 희망을 보고 있었다. 대원군의 부인과 여자 식솔들이 천주교도였음을 기억하자. 고종은 어릴 때부터 서양 문물의 편린에 즐겨 접촉했을 것이다. 그리고 고종은 대원군이 한창 세력을 떨칠 때부터도 청나라에 다녀온 사신을 붙잡고 그곳 사정을 자세하게 물어보곤 했다. 그중에서 박규수는 청나라가 아편전쟁 후 '세계문명의 유일한 중심'의 자존심에 먹칠한 채 갈수록 서양 세력에 간섭받고 있음을 알렸으며, 아울러 새로 찾아낸 신기한 외국 문물에 관해서도 보고했다. 서양 오랑캐라고 멸시하던 영길리(英吉利)나 아미리가(亞米利加)가 그런 문물의 힘으로 얼마나 부강한 나라로서 힘을 떨치는지도.

고종은 친정 개시 후 자신이 백성을 위한답시고 추진한 경제개혁 조치가 오히려 부작용을 일으키는 것을 보고 상심했다. 하지만 한편으로 이런 생각도 했다. '얼마나 허약하고 형편없는 체제인가? 늙은 대신들에게 물어보면 그저 왕이 솔선해서 근검절약하고, 농사 잘되라고 하늘에 빌면 다 잘될 거라고들 한다. 하지만 그게 정말 할 수 있는 전부일까? 보다 근본적으로 나라와 백성을 살찌울 방법은 없을까?'

젊은 고종의 막연한 희망, 그것은 이미 문턱까지 찾아와 문을 두드릴 준비를 하고 있었다. 자신의 실수와 대원군의 원한이 불러온 첫번째 위기가 대충 잠잠해져가던 1875년, 운명은 그렇게 문을 두드렸다. 위기와 기회를 모두 들고.

# 3장_ 개화가 무엇이더냐?

콩! 콩! 콩! 콩!

"세상에 이럴 수가……. 도저히 당할 수가 없어!"

1875년 8월 25일, 인천 영종진을 지키던 영종부사 이민덕은 눈앞이 캄캄해졌다. '雲揚'이라는 표시가 선명한 검은 이양선(異樣船)은 먼저 강화도 초지진을 두들겨 부수고 한산도의 포대도 쑥밭으로 만들고는, 다시 유유히 남하해 인천 영종까지 내려와서 해안에 돌출된 영종진의 포대에 포탄을 퍼붓고 있었다. 당시 조선군은 사정거리 약 70미터의 대완구포로 응사했으나, 운요(雲揚)호는 비웃듯이 조선군의 사정거리에서 멀찍이 떨어져서는 최신식 110밀리 함포를 펑펑 쏘아댔다. 이 일방적인 전투에서 조선군 서른여섯 명이 전사했고, 열여섯 명이 포로가 되었으며, 대포 서른여섯 문이 소실되었다. 이쪽의 저항력을 완전히 없앤 운요호에서는 보트가 내려졌고, 상륙한 일본 병사들은 영종진 안으로 거침없이 쳐들어와 살인, 폭행, 방화, 약탈, 강간을 자행했다. 단 하루 만에 영종진은 폐허처럼 변했다.

강화도조약의 발단이 된 운요호의 침공(1875).

일본이 1854년에 개항한 이래 한일관계는 단절되었다. 서양 오랑캐에게 '항복'하고 그들을 닮아가려 애쓰는 일본은 '또 하나의 서양 오랑캐'로 보였기에, 쇄국을 부르짖던 대원군 정권으로서는 교류를 용납할 수 없었다. 또한 그것은 조선의 고루함 때문만도 아니었다. 일본 측에서 '우리는 천황 폐하를 받든 황제국이며, 조선은 청나라의 속국이다. 따라서 대등한 예로 교류하면 안 된다'며 외교문서상의 표현이나 사절이 취하는 예법에서 차등을 두기를 고집했기 때문이기도 했다.

하지만 대원군이 실각하고 고종이 집권한 후에는 양국간에 화해 무드가 조성되는 듯했다. 일본에서는 '소소한 예법 절차에 구애될 것 없이, 우선 국교를 재개하자'는 의견이 힘을 얻었고, 조선에서도 이유원을 대신해 영의정이 된 이최응이 "문서에 '황(皇)'자나 '조(詔)'자를 쓰는 일이 참람해 보이기는 하나, 따지고 보면 저들이 저들 나라 안에서 저들의 임금을 멋대로 높이는 일에 불과합니다. 이런 일에 구애되어 저들의 문서를 접수하지 않고, 국교 맺기를 거부하는 것은 적절치 않습니다"라는 의견을 고종에게 올릴 정도로, 대원군 때에 비하면 관용적인 자세로 돌아서 있었다.

그러면 어쩌다 운요호가 초지진과 영종진을 유린하는 일이 벌어졌을까? 문자 그대로의 '불행'이, 즉 몇 가지 우연한 요소가 겹쳤다. 일본은 '건방진 조선의 문을 힘으로 열어젖히자'는 정한론(征韓論)의 반론으로 '우리가 조선을 공격하면 청나라와 러시아가 개입할 것이다'라는 우려를 스스로 내세워왔는데, 1875년 3월에 러시아와 사할린 귀속 문제를 타결지으며 당분간 일본과 러시아 사이에 화해 무드가 돌게 된다. 또한 청나라는 같은 시기에 영국 부영사 살해 사건이 터져 영국과의 긴장이 고조되면서 조선 문제에 쏟을 여력이 없어졌다. 여기에 본래 정한론에 반대하는 입장이었던 당시 일본의 최고실권자, 오쿠보 도시미치(大久保利通)가 반대파의 공세에 밀려 정치적인 위기에 처하고, 따라서 '외교 국방 쪽에서 뭔가 한 방'을 터뜨려 여론의 관심을 돌리고 리더십을 확인할 기회를 얻고자 하는 처지가 되었다.

하지만 이런 우연적 요소만이 아니라, '우선 국교부터 재개하고 보자'는 일본 측의 온건한 조선 정책이 점차 '그냥 개국(開國)을 유도할 게 아니다. 우리가 1854년에 미국의 페리 제독에게 당했던 그대로 포함외교(砲艦外交)를 벌여 조선 땅에서 우리의 이권을 확보하자'는 제국주의적 정책으로 바뀌었던 것이 근본 원인이었다.

결국 일본은 1875년 5월, 6월에 운요호를 비롯한 다섯 척의 군함을 조선에 보내 부산에서 강원도 영흥까지 왕복하도록 했다. '해안 측량'이라는 명목이었으나 사실상 무력시위였다. 그리고 석 달 뒤에는 운요호가 다시 와서 제물포에 정박했다가, 강화도로 접근했다. 그리고 이노우에(井上良馨) 함장이 '마실 물을 구한다'며 보트를 타고 초지진 쪽으로 다가왔는데, 금지 해역이었던 이곳으로 무턱대고 들어오는 배를 본 초지진 포대에서는 부득불 발포했다. 이를 빌미로 다시 운요호로 돌아간 이노우에는 부하들에게 명령을 내렸다. "초지진을 향해, 일제 사격!"

초지진과 영종진의 참상을 들은 조선 조정에서는 할 말을 잃었다. 얼마 전까지만 해도 온건해 보이던 일본이 이렇게 마구잡이로 나왔다는 사실도 뜻밖이었으나 더 충격적인 사실은, 수도로 진입하는 요충지로서 먼 옛날부터 중점적으로 방어했으며, 병인양요와 신미양요 때는 실제 내용은 어찌 됐든 외국의 침략을 어떻게든 막아냈던 강화도가 철저히 유린당했다는 사실이었다. 대원군이 그동안 백성들의 고혈을 짜면서까지 공을 들였던 국방력 증강은 그러면 뭐였단 말인가? 분명 대원군은 국방비를 허비하지는 않았다. 두 차례의 양요를 치른 뒤에도 긴장을 늦추지 않고, 나름대로 조선의 군사력을 향상시켜놓았다. 그러나 그 향상의 속도란, 그사이에 일본을 포함한 서양 열강이 이룩한 군사력 향상 속도에 비하면 보잘것없었던 것이다.

일본은 우리 측의 항의에 대해 '귀국이 먼저 평화롭게 항해하는 우리 배에 발포했으므로, 할 수 없이 응전한 것'이라는 말로 일축하고는 먼저 청나라에 접근했다. 두 나라는 앞서 1871년에 '청일수호조규'를 맺어 근대적인 외교관계를 시작한 상태였다. 청나라는 조약의 제1조 "양국은 그 방토(邦土)를 서로 침략하지 않는다"라는 조항에서 '방(邦)'은 곧 속방(屬邦)을 의미하므로, 조선은 청나라의 허가 없이 일본과 수교할 수 없다는 입장을 보였다. 그러나 일본은 '그것은 이미 시대에 뒤떨어진 관념'이라며, 조선이 청나라의 속국이라지만 전부터 독자적 외교권을 가져왔으므로 일본과 국교를 맺고 안 맺고는 청나라가 간섭할 일이 아니라고 항변했다. 회담은 결렬되었으나, 당시 청나라의 실권자인 이홍장(李鴻章)은 현실적으로 청나라가 일본과 서양 열강의 조선 진출을 막을 힘이 없음을 알고 있었다. 그래서 비밀리에 조선의 이유원(당시 세자책봉사로 북경에 와 있었다)에게 편지를 보내, '상황이 여의치 않으니 일단 일본의 요구를 받아들여 개항하라. 청나라는 조선을 계속 지지하고 보호할 것이다'라는 뜻을 전했다. 조선은 그 직후에 일본 측의 요구를 받아들여 '조일수호조규', 이른바 강화도조약에 동의한다.

1876년(고종 13년) 2월 27일 체결된 '조일수호조규' 교섭 과정에서 조선 측 대표는 일본 측이 내놓은 초안의 '대일본국황제폐하'를 '대일본국정부'로 고치는 등, 문서 표현상의 예법에는 민감히 대응했다. 그러나 조약 제7조 "조선은 일본의 해안 측량을 허용한다"와 제10조 "개항장에서 일어난 양국인 사이의 범죄 처리는 속인주의에 따라 각각의 법률대로 처리한다"에는 아무런 이의를 제기하지 않았다. 측량 허용은 일본에게 중요한 지리 정보를 넘겨준다는 의미였고, 속인주의 운운은 제국주의 열강이 포함외교에서 상대국에게 강요했던 악명 높은 치외법권을 의미했다. '정상적인 정부'였다면 기를 쓰고 반대했어야 할 조항에는 관심조차 갖지 않았던 것이다. 당시 고종과 조정의 시각은 아직도 화이관(華夷觀)에 바탕을 둔 전통적 국제질서의식에 머물러 있었다. 그에 따르면 일본은 오랑캐의 하나로 가깝지도 않고 멀지도 않은 교린(交隣)의 대상이 되는 나라인데, 대원군 당시의 쇄국이 교린조차 거부하는 다소 지나친 것이었기에 이제 예전의 관계를 회복하는 게 무리는 아니라고 여겼던 것이다. 다만 일본이 황제니 천황이니 운운하는 것은 화이관에 어긋나므로 걸림돌이었는데, 이제 일본이 압도적인 힘을 과시하여 피치 못하게 개국을 하는 입장이므로 예법 문제에서 고자세로 나올 것이다, 어쩌면 조공을 요구할지도 모른다고, 조선 측 대표로 교섭에 임한 신헌 등은 긴장하고 있었다. 그런데 의외로 일본은 예법 문제에서 선선히 양보했고, 배상금을 요구하지도 않았으므로 교섭 대표단은 만족했다. 고종 역시 결과 보고를 들으며 '어려운 조건에도 불구하고 국가의 체면을 지켜냈으니 참으로 수고했다'며 기꺼워했다.

그러나 이는 단순한 체면 문제가 아니었다. 이로써 조선은 돌아올 수 없는 다리를 건넜다. 제국주의와 기술문명, 자본주의와 국민국가 시대였던 근대세계에 비로소 편입된 것이다. '은둔의 왕국'의 문을 열어젖힌 방법이 거친 제국주의적 방법이었고 그 주체가 일본이었음은, 이후 펼쳐질 한국 근대사에 불길한 그림자를 드리웠다. 그런 상황에서 고종과 그의 신료들이 지금 자신들이 어떤 결정을 받아들였는지도 파악하지 못했음은, 속 빈 강정이었던 국방력 증강과 마찬가지로, 이미 아편전쟁과 메이지유신으로 동양이 근대화하기 시작한 지 수십 년이 지난 시점에서도 국제정세의 이해가 한심할 만큼 부족했다는 뜻, 다시 말해 세도정권과 대원군 정권이 그만큼 책임을 다하지 못했다는 뜻이었다.

그러나 많은 경우에 위기는 기회와 동반한다. 고종은 민족의 위기가 본격적으로 시작되었음을 아직 인식하지 못했으나, 그와 함께 열린 기회에는 빠르게 대응했다.

운요호 사건을 계기로 개항한 조선은 두 달 뒤인 1876년 4월 수신사(修信使)를 일본에 파견했다. 1811년(순조 11년)에 마지막 통신사(通信士)가 파견된 이래 조선의 공식 사절이 일본 땅을 밟는 일은 육십오 년 만에 처음이었다. 여기도 동상이몽이 있어서, 일본은 이 사절을 조선 땅에서 강화도조약을 맺은 후의 의례적인 답방이라고 여겼지만, 조선에서는 중단했던 교린 예법을 재개하는 데 지나지 않았다. 그래서 수신사 김기수 이하 수행원들은 문장에 일가견이 있는 사람들로 뽑았고, 악공(樂工)이나 기수(旗手) 등 예식 절차를 담당할 인원이 대부분이었지, 정치·경제 등 실무 관련 인원은 선발되지 않았다.

하지만 일본을 보고 온 결과는 충격이었다. 일행 중 청나라에 몇 차례 다녀온 경험이 있는 사람이 '청나라보다 일본이 훨씬 문물이 발달했다'고 힘주어 말할 정도였다. 수신사 일행은 '비록 화포 때문에 개항을 했지만 문화적으로는 우리가 섬나라 오랑캐보다 훨씬 우월하다'는 인식을 갖고 해협을 건넜지만, 난생처음 근대기술문명과 자본주의의 세계를 눈으로 보니 가치관이 뿌리째 흔들릴 지경이었다. 애써 성리학의 신조인 '물질은 중요하지 않으며, 진정으로 중요한 것은 정신이다'를 되뇌며 체면을 차리려 했지만……

두 달 뒤에 돌아와 고종에게 보고를 올린 수신사 김기수나 조정 대신들이나, 대체로 '저들의 문물은 분명 대단하지만 우리는 그런 것을 추구해서는 안 되며, 성현들의 가르침을 보전하며 정신적인 우위를 지켜야 한다'는 쪽으로 입장을 정리했다. 하지만 고종은 달랐다.

"이번 길은 단지 바다를 건너 먼 곳에 가는 일일 뿐만 아니다. 처음 가는 길이니, 모든 일은 반드시 그때그때 현명하게 조처할 것이고, 그곳 사정을 반드시 자세히 탐지해서 돌아와야 한다. ……무릇 보고 들은 일을 빠짐없이, 하나하나 써 가지고 오라."

일본으로 출발하는 김기수 일행에게 이와 같이 당부했던 고종은 돌아온 김기수를 대하자마자 이렇게 물었다.

수신사로서 일본에 갔다 온 김기수의 『수신사일기(修信使日記)』(왼쪽)와
김홍집의 『수신사행서계등록(修信使行書契謄錄)』(오른쪽). 독립기념관 소장 사진.

"전선(電線), 화륜선(火輪船), 농기계에 대하여 들었는가? 저 나라에서는 이 세 가지를 가장 중시하고 있다는데 과연 그렇던가?"

과연 그렇더라는 김기수의 대답을 듣고, 고종은 계속해서 이렇게 대화를 이었다.

"그런 기계들은 다 어디서 나온 것인가? 수입했는가, 직접 제작했는가? 일본에서는 지금 그런 기계에 대해 모두 배웠다던가?"

"여러 나라의 기계들을 이제는 모두 배웠다는 것 같습니다."

"저들은 본래 손재주가 정교하다. 게다가 배우기를 또 부지런히 하니, 쉽게 터득할 수 있었을 것이다. ……그 밖에 저들의 풍속 중에 들을 만한 것을 두루 말해보라."

"풍속이 대개 나라를 부강하게 하는 데 힘쓰고 있습니다."

고종은 전통적인 예법 차원에서 수신사를 보지 않고, 일본의 문물을 정탐하고 일본이 그렇게 앞선 문물을 갖게 된 이유를 파악하려는 시찰단 차원에서 보고 있었다. 김기수나 조정 대신들이 '정신'에 얽매여 있는 동안 고종은 '사실'을 중시했다. 그리고 선입견 때문에 정보를 취사선택하지 말고 '보고 들은 일을 빠짐없이, 하나하나 써 가지고 오라'고 당부했다. 고종이야말로 실사구시(實事求是)를 중시했던 실학파의 정신을 이어받고 있었다. 그는 또한 이용후생(利用厚生)의 정신도 투철했다. 박규수 등을 통해 서양(일본)의 문물에 전기와 증기기관이 있음을 미리 알고, 이를 실제 농업과 산업에 이용하는 길을 찾고자 했던 것이다. 단지 신기한 기계를 외국에서 수입해오는 데 그치지 않고, 기술을 배워서 우리 스스로 기계를 제작하고 운용해야 한다고도 생각했다.

고종의 이런 '개화사상'은 1880년에 김홍집을 두번째 수신사로 임명했을 때 더욱 두드러졌다. 8월에 귀국한 김홍집은 자신이 1876년에 일본을 방문했을 때보다 더 발전된 모습을 접했다고 한다. 고종은 이번에는 과학기술보다 정치, 행정, 외교에 관한 질문을 많이 했다. 일본의 외국어 학당에 대해 질문하며 우리가 본받을 방법을 연구했고, 일본의 세금제도나 지방행정 개혁에 관해서도 질문했다. 고종은 김홍집과 이야기하다가 서양 국가 중에 '네덜란드(阿蘭陀)'라는 나라가 있다는 점도 언급했다.

"네덜란드는 서양에서도 가장 작은 나라입니다. 면적이 우리나라의 4분의 1에 지나지 않는다고 합니다."

"나라가 그처럼 작은데 어떻게 그토록 국력이 대단한가?"

"나라의 크기는 관계가 없습니다. 국력이 정예한 것은 스스로 강해지고자 결심하는 것에, 그리고 실제적 업무에 힘쓰는 것에 달려 있을 뿐입니다."

성리학적 원칙에 충실한 조선의 국가발전 전략은 국력을 키우고 전체 국부를 증대하는 것이 아니라, 사회안정을 유지하고 국민의 기초생활을 보장하는 것이었다. 따라서 정부가 세금을 깎아주고, 이재민이나 극빈자를 돕고, 부유한 자들이 가난한 자들을 괴롭히지 못하게 막는 것 등에는 열심이었지만, 외국과의 무역을 진흥하거나, 산업을 발전시키거나, 외국의 영토를 침략할 생각은 하지 않았다. 그래서 이항로나 기정진 같은 위정척사파는 '우리는 인의도덕의 정치를 하는데 서양 오랑캐들은 부국강병의 정치를 일삼으니 절대로 가까이 해서는 안 된다'라고 주장해왔다. 그러나 이제 고종과 김홍집은 부국강병을 국가전략의 목표로 삼으려 하고 있었다.

　　고종은 1880년 12월에 '통리기무아문(統理機務衙門)'을 설치하여 그러한 전략을 본격적으로 추진하기 시작했다. 그에 속한 변정사(邊政司), 통상사(通商司), 기계사(機械司), 선함사(船艦司), 군물사(軍物司), 기연사(譏沿司), 어학사(語學司)는 제각기 서양의 문물을 받아들이고, 익히고, 그에 맞추어 기존의 사회문화를 변혁시키기 위한 기구였다. 1881년 1월에는 일본에 '신사유람단(紳士遊覽團)'을 파견했다. 박정양, 어윤중, 홍영식, 엄세영, 민종묵 등 열두 명의 조사(朝士)들과 그들의 수행원으로 동행했던 유길준, 이상재, 윤치호 등은 모두가 젊고 유능한 신진관료들로, 각자 과학기술, 산업, 정치행정, 사법, 군사 등의 실제적 업무를 배워와 그 결과를 정리해서 체제 개혁에 응용할 방안을 제출했다. 이들 중 다수는 이후 개화파의 핵심인사가 되어 구한말 정치의 한 축을 이룬다.

　　그리고 1881년 5월에는 오군영에서 차출한 정예병들을 무위영 소속의 '별기군(別技軍)'으로 편성해서는 서구식 군사훈련을 받도록 했다. 이 기간 중 고종이 '자기 권력을 강화하는 일 말고는 한 게 없다'는 주장도 있긴 하지만, 아무리 비판적으로 보더라도 이런 일련의 개혁에 군주 개인의 권력 강화의 의미만 있다고는 볼 수 없다.

　　하지만 오늘날 우리는 그런 주장이 나올 만도 하다는 것을 알고 있다. 고종이 개혁을 했다지만, 나라의 힘은 점점 약해지기만 했고 마침내 나라 자체가 망해버렸음을 너무나도 잘 알기 때문이다.

　　여기에는 대체로 세 가지의 이유가 있다. 첫째, 고종이 단호하지 못해서 비롯된 이유, 하지만 그 누구라도 그의 입장이었을 때 단호할 수 있었을까 싶은 이유, 바로 대원군을 중심으로 하는 국내의 반개혁 세력의 반발이다. 사실 신사유람단의 경우 내탕금(內帑金), 즉 국고가 아닌 왕의 사비로 일본에 다녀왔다. 국가가 파견한 공식사절단 자격을 얻지 못했기 때문이다. 조사들에게는 '동래암행어사'라는 직함이 내려졌는데, 암행어사는 정식 관료 임용 절차를 밟지 않고 왕이 내릴 수 있는 벼슬이었고 동래는 일본과 오가는 창구 지역이었으므로, 명목상 '동래 지역의 사정을 돌아보고, 내친 김에 일본까지 살피고 온다'는 형식을 취한 것이다. 그만큼 조정 내에도 개화에 대한 반발이 컸음을 알 수 있다.

통리기무아문도 기존의 의정부-육조 체제를 그대로 둔 채 설치되었으므로 근대적인 정부기구로서 기능을 충분히 발휘할 수 없었고, 업무 중복과 예산 분할 문제가 끊이지 않았다. 별기군 또한 앞서 무위소(무위영으로 개편된)가 오군영을 대체하는 것이 아니라 그대로 놓아둔 채 설치되었듯 복설되어, 오군영과 무위영이 따로 있고 별기군이 또 따로 있는 묘한 체제가 되었다[어영청(御營廳), 금위영(禁衛營), 총융청(摠戎廳)을 통합해 장어영(壯禦營)으로 만든다는 결정이 있었으나, 제대로 시행되지 못했다]. 모두가 기존 체제를 개편해야 한다는 필요성은 인정하면서도 현실적인 저항을 무마하지 못해 이루어진 기형적인 체제였다.

기맥이 통하는 관료와 재야 유생을 통한 '대원군 귀환' 상소 운동이 실효를 거두지 못하면서 의기소침해 있던 대원군은 운요호 사건 이후 다시 기세가 올랐다. 1876년의 강화도조약 당시, 그는 조정 대신들에게 두루 편지를 보내 '절대로 개항에 응하면 안 된다'는 뜻을 강력하게 전했다. 그는 '불효막심하게도 아비의 등을 떠밀어 정권을 잡아놓더니만, 이게 뭐 하는 짓이냐?', '내가 있을 때는 나라가 이처럼 맥없이 넘어가지 않았다!'며 고종의 안전에 고함이라도 치고 싶었을 것이다. 사실 병인양요와 신미양요는 조선이 강해서 이겼다기보다 프랑스와 미국의 전쟁 의지가 불충분해서 무력 충돌이 격화하지 않았을 뿐이며, 정작 대원군의 '쇄국-국방' 정책이 시대착오적인 것이었기에 운요호에게 치욕을 당했던 것인데도 말이다.

　　그러나 예전과는 달리 이번에는 위정척사파도 대원군과 연대하고 있었다. 대원군의 정책이 일부 오랑캐 문물을 허용하는 것이라 하여 상소를 올려 결국 권좌에서 내려오게 했던 최익현은 도끼를 걸머지고(상소를 받아주지 않으면 자결도 불사하겠다는, 상소할 때 쓰는 가장 강력한 표현이었다) 궁궐 앞에 엎드려 통곡하며 "통촉해주옵소서!"라고 외쳤다.

　　"……저들(일본)은 오직 돈과 여자에 눈이 어두울 뿐, 사람의 도리라고는 전혀 모르는 야만인들입니다. 그런데 어째서 그들과 통한다는 것입니까? ……후일의 역사가들은 이 일을 대서특필하여 '아무 해 아무 달에, 서양인이 조선 땅에 들어와 동맹을 맺었다'라고 하지 않겠습니까? '기자(箕子)께서 세우신 오랜 예의의 나라가 하루아침에 오랑캐가 되고 말았다'라고 할 것입니다!"

　　1881년에는 퇴계 이황의 자손인 이만손을 비롯한 일만여 명의 영남 유생들이 연대서명한 「영남만인소(嶺南萬人疏)」가 올라와 '개화정책 결사반대'를 외칠 정도로 위정척사파의 반대는 끈질겼다. 이에 고무된 대원군은 계속해서 개화 정책을 철회하라는 압력을 넣었으나 고종이 듣지 않자 특유의 '실력행사'로 나왔다. 1876년 11월 4일, 경복궁에 화재가 났다. 지난번 자경전 화재의 피해를 겨우 복구해 조정이 창덕궁에서 옮겨온 것이었는데, 이 화재의 규모는 전과는 상대가 되지 않을 만큼 컸다. 열다섯 개가 넘는 전각 총 팔백삼십여 칸이 잿더미가 되었으며, 옛 임금들이 남긴 귀한 어필과 서책 들도 불길 속에 사라졌다. 그런데 이번에는 화재의 진원지가 왕비의 침소인 교태전이었다. 교태전 마루 밑에서 폭발 소리가 나며, 불길이 매섭게 타올랐다는 것이다. 확증은 없었으나, 지난번 자경전 화재가 권좌에서 밀려난 직후였던 대원군이 조 대비를 겨냥해 지른 불이었다면, 이번에는 며느리 명성황후를 노렸다는 것이 대부분의 추정이었다. 이제 대원군은 마치 복수에 미친 귀신처럼 되어, 자신이 공들여 지은 궁궐을 태워 공들여 뽑은 며느리를 죽이고, 공들여 키운 아들에게서 권력을 빼앗으려 하고 있었다.

그리고 1881년에는 마침내 아들에게 직접 칼끝을 겨누었다. 8월 29일, 갑자기 현임과 원임 대신들이 오밤중에 궁궐로 소집되었다. 안기영, 권정호, 채동술, 임철호, 이철구 등이 체포되었는데, 이들이 쿠데타로 고종을 몰아내고 대원군의 서자인 이재선을 추대하려 했다는 것이다. 명분은 '왜적(倭賊)을 물리치고 밝은 정치를 되찾는다.' 체포된 이들은 모두 대원군과 가까운 인물이었고, 역모의 배후에 대원군이 있음은 누가 봐도 명백했다. 안기영 등은 참형을 받았고, 이재선에게도 사약이 내려졌다. 대원군은 직접 죄를 받지 않았으나, 이번만큼은 고종도 참을 수 없었던지 대원군의 수족으로 일하던 사람들을 모조리 끊어버리고 동향을 감시토록 하여 다시는 같은 일을 하지 못하게 하고자 조치했다(일 년 만에 소용

없는 조치였음이 밝혀졌지만).

둘째, 고종이 미처 깨닫지 못한, 깨달았을 때는 너무 낙관적이었던 이유. 고종의 개혁이 좀더 일찍, 말하자면 대원군이 풍양 조씨를 밀어내고 본격적으로 집권했던 1866년에라도 시작되었다면 상당한 성과를 이뤄낼 수 있었을지 모른다. 그러나 십 년이 늦었고, 그 십 년 사이에 미국은 남북전쟁(1861~1865)의 상처를 극복하고 신흥 강대국에의 길에 본격적으로 나섰으며, 이탈리아는 통일을 이루었다. 러시아도 극동에 대한 관심을 구체화하기 시작했다. 그리고 무엇보다 일본은 이 기간에 메이지유신을 단행하고 전통국가에서 근대국가로 탈바꿈, 제국주의 열강의 대열에 합류했다. 조선이 이 십 년만큼만 개화에 빨랐더라면 일본과의 국력차이가 현저하게 벌어지지도 않았을 것이며, 그 어떤 외세의 침략에도 의연한 자세로 대응할 수 있었을 것이다. 그러나 십 년 동안 상대적으로 잔잔했던 한반도 주변의 물살은 고종이 개혁에 착수하는 1880년대에는 이미 거친 파도로 바뀌어 있었다.

고종이 그런 국제정세를 이해하지 못했던 것은 아니다. 강화도조약 당시에는 전통적인 사대교린 외교원칙에 아직 얽매어 있었던 듯하나, 이후 바뀐 현실에의 인식 수준은 대부분의 대신들보다 높았다.

"저들이 비록 말로는 우리나라와 한마음으로 협력한다고 하나, 깊이 믿을 수 있겠는가? 결국 우리 스스로 부강해지려 노력해야 할 뿐이다."

1880년 제2차 수신사 김홍집과의 대화 중 그가 "청나라가 우리를 위해 애쓰는 정성이 실로 감동적입니다"라고 말하자 고종이 대답한 말이다. 초기 개화파인 김홍집조차 꿰뚫어보지 못한 국제정세의 현실을 고종은 이미 파악하고 있었음을 알 수 있다. 그 자리에서 고종은 또 일본에 병합된 유구(琉球)의 처지를 묻기도 했다.

고종의 이런 현실적 국제관은 김홍집이 청나라 외교관 황준헌에게서 받아온 『조선책략』을 본 뒤 더욱 예리해졌다. 러시아의 남하 정책을 조선의, 나아가 동아시아의 최대 위협으로 보고, 이를 막기 위해 조선은 '중국과 친하고, 일본과 동맹을 맺고, 미국과 연대'해야 한다고 권고한 『조선책략』은 근대적 세력 균형론을 보이고 있었다. 하지만 조정 대신들은 그리 탐탁지 않게 여겼는데, 그들이 보기에는 '친중국(親中國), 결일본(結日本)이란 종전의 사대교린과 다르지 않다. 그런데 연미국(聯美國)을 하라지만, 러시아나 미국이나 서양 오랑캐이기는 마찬가지니 둘 다 되도록 멀리해야지, 러시아는 밀어내고 미국은 끌어들일 이유가 없다'는 것이었다. 그래도 조정에서는 고종과 개화파 대신들의 설득이 먹혀, 황준헌의 권고에 따라 미국과 수교한다는 방침이 정해졌다. 하지만 대원군과 위정척사파의 태도는 완강했다. '반쪽 양이(洋夷)' 일본과 수교한 것도 원통한데 '진짜 양이'인 미국에게 나라를 열겠다니? 「영남만인소」도 이때 올라왔고, 개화사상의 선구자 중 하나로 대미수교를 모색했던 승려 이동인이 암살당할 만큼 재야의 대미수교 반대론은 완강했다. 고종은 할 수 없이 철저히 비밀리에 수교 교섭을 진행, 결국 1882년 4월에 수교가 이루어진다.

정부와 민간이 한마음이 되어 국가전략을 추진한다 해도 당시의 사나운 국제정세상 조선의 자율적 발전은 극히 어려웠는데, 하물며 이처럼 국론이 심각하게 분열되어 있었으니 고종의 개화 정책은 산 넘어 산이었다. 이때 고종은 이미 전통적인 화이관에서 완전히 벗어나, 청나라나 일본이나 미국이나 똑같은 외국일 뿐이라고 여겼던 것 같다.

그러나 러시아의 위협은 분명 심각하며, 그 밖의 다른 외세가 침략해올 수도 있는데 우리 조선의 힘만으로는 당장 막아낼 수가 없다. 그래서 청나라와는 '전통적 우방'으로서, 일본은 '개화의 선배'로서 화해 협력해야 한다. 하지만 근본적으로 조선에 대한 이해관계가 정반대인 청과 일본이 서로 틀어지지 않으려면 제3의 힘이 필요한데, 멀리 떨어져 있어서 이 땅에 별다른 이해관계가 없고, 유럽 국가들처럼 해외 식민지를 얻는 데 적극적이지 않은 미국을 끌어들이는 게 적당하다. 고종은 이렇게 생각했을 것이다.

하지만 백이십여 년 전의 한미관계란, 어쩌면 지금도 그럴지 모르는데, 동상이몽을 품고 있었다. 당시 미국 정부와 의회에서 오간 논의를 보면, 미국이 조선과의 수교에 응한 이유 중 하나는 '그것이 결국 일본에게 이득이 될 것'이라는 것이었다. 이른바 중국, 러시아의 '대륙 세력'에 맞서는 '해양 세력'으로서, 미국과 일본 그리고 영국은 제2차 세계대전 이전까지 동북아시아에서 손발이 아주 잘 맞는 관계였다. 그리고 그런 관계는 이미 1880년대에 형성되고 있었던 것이다.

국내의 반발과 국외의 압력 말고도 고종의 개화 정책이 실패한 세 번째 이유가 있다고 보는 사람이 많다. 그것은 고종 스스로가 가졌던 한계다.

"일본의 강약이 어떻던가?"

"일본의 겉모습만 보면 대단히 부강한 듯합니다. 영토도 넉넉하고 군대도 강력하며 화려한 건물과 교묘한 기계가 넘쳐납니다. 하지만 자세히 들여다보면 반드시 그렇지도 않습니다. (……) 서양인들의 눈치만 보느라 제 기운을 떨치지 못하며, 하나부터 열까지 서양을 따를 뿐이니, 위로는 정치와 법률, 풍속에서 아래로는 의복, 음식에 이르기까지 모든 것이 예전과 다르게 바뀌었습니다."

"왜인들이 남의 제도를 무조건 따르며 절충할 줄을 모르는구나. 옷까지도 서양인의 옷을 입게 되었다니, 이것은 잘못된 일이다."

1881년 8월 30일, 신사유람단으로 일본에 갔다가 돌아온 박정양과 고종이 나눈 대화다. 당시의 고종은 부국강병에는 열의가 있었어도 고유한 문화와 정치제도까지 서양을 따르지는 말아야 한다는 신념을 가졌음을 알 수 있다. 그는 일 년 뒤인 1882년 8월 5일에도 대원군이 전국에 세운 척화비를 뽑아버리라고 전교하면서 이렇게 말했다.

"최근 천하의 대세는 옛날과 판이하게 달라졌다. 영국, 프랑스, 미국, 러시아 같은 서양 여러 나라에서는 정교하고 편리한 기계를 발명하고 나라를 부강하게 만드는 일에 온 힘을 쏟고 있다. 그들은 배나 수레를 타고 세상을 두루 다니며 만국(萬國)과 조약을 체결하여, 병력(兵力)으로 누르고 공법(公法)으로 맞서는 것이 마치 춘추전국시대를 방불케 한다. 그러므로 천하에서 홀로 존귀하다던 중국도 저들과 평등한 입장에서 조약을 맺고, 본래 서양 문물을 엄히 배척하던 일본도 결국 수교하고 통상을 하고 있다. 어찌 그들이 이유 없이 그렇게 하겠는가? 참으로 형편상 부득이하기 때문이다. (……) 지금 의논하는 자들은 서양 나라들과 수교하면 점점 그들의 사교(邪敎)에 물들 것이라고 말하고 있다. 이는 분명 유

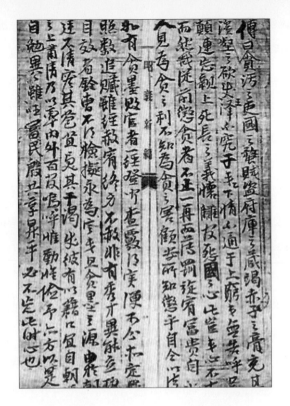

척화비를 철거하라는 내용의 조서(1882). 독립기념관 소장 사진.

학의 떳떳한 가르침이나 미풍양속에 깊이 우려되는 문제이다. 그러나 수
교하는 것은 수교하는 것이고, 사교를 금하는 것은 사교를 금하는 것이
다. (……) 그리고 정부에서 기계를 만들 때 조금이라도 서양 것을 본받
으면 대뜸 사교에 물든 것이라 손가락질하는데, 이것도 이해가 짧은 탓이
다. 그들의 종교는 사교이므로 마땅히 음탕한 음악이나 미색(美色)처럼
여겨 멀리하여야겠지만, 그들의 기계는 편리하여 진실로 이용후생할 수

있으니 농기구, 의약품, 병기, 배, 수레 같은 것을 제조할 때 꺼리고 피할 이유가 어디 있는가? 그들의 종교는 배척하되, 기술을 본받는 것은 진실로 사리에 어그러지지 않는다. 더구나 강약(強弱)의 형세가 이미 현저한데 만일 저들의 기술을 본받지 않는다면 무슨 수로 저들의 침략을 물리치고, 저들의 야욕을 막을 수 있겠는가?"

결국 고종의 개화 정책은 '동도서기(東道西器)'의 이념을 따르고 있었다. 서양의 앞선 과학기술은 받아들이고 익혀서 부국강병에 써야 하겠지만, 동도 즉 전통문화와 유교의 가르침까지 없앨 수는 없다. 기독교를 포교할 자유를 주거나 서양의 헌법을 본떠 체제를 혁신하는 일도 용납할 수 없다는 것이었다. 오늘날 많은 학자들이 이것이야말로 고종 개혁의 한계라고 말한다. '청나라 돈은 더러운 오랑캐의 물건이므로 절대로 써서는 안 된다'고 한 최익현처럼 서양 문물은 일체 배척하던 위정척사파보다는 진일보했지만, 서양의 부강함은 단순히 화포나 증기선을 보유하고 있음이 아니라 시민혁명을 거쳐 이룩한 국민국가의 힘(합리적 관료제, 애국주의에 의한 국민의 단결, 법치주의와 자유주의에 힘입은 경제활동 활성화 등등)에서 찾아야 하는데 거기까지 생각이 미치지 못했다는 것이다. 당시 청나라도 동도서기와 비슷한 '중체서용(中體西用)'을 내세워 겉핥기 근대화를 했지만, 서양 열강의 재침략 앞에 맥없이 무너지지 않았던가. 고종의 동도서기적 개혁 역시 그대로 두어도 자체 모순 때문에 실패할 운명이었다는 것이다.

일리가 있는 지적이다. 하지만 좀더 생각해볼 필요가 있다. '전통문화를 모조리 폐기하고 옷까지 서양의 옷으로 바꿔 입는 일이 과연 옳은가?'라는 고종의 윤리적 문제의식을 접어두고라도, 그토록 완강한 국내적 저항이 있는 상황에서 서도서기(西道西器) 식의 급진적 개혁을 밀어붙였을 때 과연 실효를 볼 수 있었을까. 무엇보다 고종에게는 개혁을 추진할 세력이 절대적으로 부족했다. 당시 개화파는 아직 한 줌 정도의 신진 세력에 지나지 않았다. 그래서 고종은 끊임없이 서구, 일본, 중국 등에 외교사절과 유학생을 보내고 있었는데, 그것은 서양의 사정을 살피고 서양 학문을 배워 오는 한편 개혁을 추진할 세력을 키우려는 이중의 목적을 갖고 있었다. 그런 식으로 약 십 년 정도 점진적인 개혁과 개혁세력 육성이 진행되었다면 괄목할 만한 발전이 이루어졌을 것이다.

하지만 현실은 십 년씩이나 기다려주지 않았다. 동도서기조차 용납하지 못하는 수구세력의 고집. 한 줌밖에 되지 않으면서 성급하게 조선을 당장 서양으로 바꿔놓으려는 개화세력의 망상. 이는 대원군, 외세의 야욕과 한데 얽히면서, 임오군란과 갑신정변이라는 유례없는 '천하대란'을 일으키고야 만다.

# 4장_ 흙발에 짓밟힌 창덕궁

'운명의 그날', 1882년 6월 9일(음력). 고종은 기우제를 준비하고 있었다. 그해 4월부터 벌써 열여섯번째 기우제였다. 최악의 가뭄으로 대궐에서 여염집까지 온통 한숨 소리가 끊이지 않았다. 당시의 고종이 기우제를 지내면 정말 비가 올 거라 믿었을지는 의문이다. 하지만 뭐라도 해야지, 임금으로서 마냥 손 놓고 있을 수도 없지 않은가. 자식이 수능시험을 치르는 학교 교문에 엿을 붙이는 학부모의 심정으로, 고종은 기우제에 올릴 향을 준비하고 있었으리라.

'서양의 과학기술이 아무리 날고 긴다지만, 거북 등처럼 쩍쩍 갈라진 논바닥은 어쩔 수가 없구나…….'

가뭄이 계속되는 만큼 민심도 흉흉해졌다. 특히 병영 민심이 문제였다. 오군영 소속 병사들은 원래 자신들의 동료였던 별기군 병사들보다 차별대우를 받는 일이 평소에도 못마땅했는데, 재정난이 거듭되며 급료가 십삼 개월이나 밀린 데다 흉년까지 겹치니 불만과 불안이 폭발 직전에 이르렀다. 고종은 기우제 때문에 행차를 갈 때마다 호위에 수고했다며 각군영에 특별위로금을 내려주게 했다. 그러나 해당 관청에서 재원이 없다는 이유로 그마저도 미루고 주지 않았다. 병사들의 마음을 달래려던 고종의 조치는 결과적으로 불난 집에 부채질만 한 격이 되었다.

이런 상황에서 선혜청(宣惠廳)에서 겨우 한 달분의 급료를 마련했으니 각자 타가라고 했다. 앞서 청나라 돈의 유통을 금지한 이래 만성적인 화폐 부족을 면하지 못하고 있었기에, 급료는 쌀로 지불되었다. 그런데 워낙 불만이 하늘까지 뻗쳐 있던 병사들은 쌀 한 자루를 달랑 집어 들고 돌아가는 길에 저마다 불평을 터뜨렸다.

"이게 뭐야. 한 달분이라더니 반에도 미치지 못하잖아."

"십삼 개월씩이나 밀리고 밀린 끝에 이걸 누구 코에 붙이라는 얘기냐?"

"저기 왜별기(倭別技, 일본인 호리모토가 군사훈련을 맡고 있었기에 이렇게 낮추어 불렀다) 놈들은 평소에도 봉급이 밀리지 않고, 이번에도 꽉꽉 채워 받았다던데!"

여기에 일부 군인이 가져온 쌀에 모래와 겨가 섞여 있었다는 말까지 돌면서, 병사들은 마침내 이성을 잃었다. 쌀을 가져온 창고지기를 때리고 짓밟아 죽음에 이르게 했고, 궁궐 전각에도 마구 돌을 던져 해당 전각의 관원들이 허겁지겁 달아났다. 분명 보통 일이 아닌 이 난동의 주모자로 몇몇 군인들이 체포되자, 오군영의 군심은 더욱 끓어올랐다.

이제 다수의 병사들은 '이놈의 정권에 더 이상 충성할 수 없다. 죽든 살든 한번 해보자'는 마음이었다. 하지만 '죽든 살든'이 말이 쉽지, 총을 거꾸로 잡은 군인이 엄중한 처벌을 면치 못하는 건 당연한 일이다. 따라서 그들은 정권 자체를 바꿔버려야 자신들이 살 수 있다 생각했고, 그래서 운현궁으로 몰려들게 되었다.

쿠데타 시도가 실패한 뒤 운현궁에서 칩거 중이던 대원군이 임오군란 계획 과정에 어느 선까지 개입했는지는 확실하지 않다. 하지만 이 '기회'를 놓치지 않으려 했음은 틀림없다. 대원군의 지도를 받은 군인들은 6월 9일 밤 무기고를 습격해 무기를 탈취하고, 의금부에 난입해 옥문을 부수고 투옥되어 있던 동료 군인들을 빼냈다. 그뿐이 아니라 정부고관들이 살던 서울의 북촌으로 몰려가 선혜청 당상 민겸호와 민창식, 전 영의정 이최응, 경기도 관찰사 김보현 등을 살해했다(이날 밤 정확히 무슨 일이 있었는지 전하는 기록은 없다. 나중에 소문과 목격담을 끼워 맞춰 엮은 기록은 내용이 제각기 조금씩 달라서, 가령 민겸호의 경우 자택에서 맞아 죽었다고도 하고, 입궐했다가 왕비의 침전 앞에서 난자당했다고도 한다). 이들은 모두 '민씨 일파'라 지목되고 있던 정권의 실세들로, 급료와 관련해 병사들의 직접적인 원한의 대상이자 대원군의 일차적 정적들이기도 했다.

또한 일단의 병사들이 광희문 쪽에 있었던 별기군 병영인 하도감(下都監)을 습격해 교관 호리모토 레이조(堀本禮造)를 죽인 다음 일본 공관으로 몰려갔다. 하나부사 요시타다(花房義質) 공사는 공관에 불을 지르고는 직접 칼을 휘두르며 포위를 뚫고 달아나 인천항을 통해 빠져나갔다.

그러나 최대의 목표는 다름 아닌 명성황후였다. "중전을 내놔라!" 오군영 병사들에다, 위정척사 이념에 동조하는 일반 백성들까지 창덕궁

임오군란 당시 공관을 탈출한 뒤 인천항을 통해 달아난 하나부사 일행(1882).

앞에 쇄도했다. 명색이 조선의 심장부인 창덕궁의 정문은 너무도 간단히 뚫렸다. 먼저 선혜청부터 불길에 휩싸였고, 중전을 찾느라 눈에 핏발을 세운 사내들이 장검을 휘두르며, 비명을 지르는 상궁들과 나인들의 틈을 헤치고 다녔다.

　　명성황후가 군란의 제1표적이 된 까닭은 대체로 대원군에게 있다. 그는 강화도조약을 전후해서부터 며느리에의 원한에 사무쳐 있었다. 자신이 열과 성을 다해 키우고 옥좌에까지 앉힌 아들을 '빼앗아서', '친아버지를 개처럼 쫓아내게 부추긴' 며느리에 대한 시아버지의 오해 섞인 원한이기도 했고, 왕이자 친아들을 노골적인 공격 대상으로 삼을 수는 없는 대원군의 정치적 입장 때문이기도 했다. 믿을 만한 친위세력이 없는 고종

흙발에 짓밟힌 창덕궁

이기에 명성과 그 일족을 제거하면 싫어도 자신에게 의존할 수밖에 없으리라는 계산도 있었다. 그래서 '음탕하고 패륜적인 중전'의 소문을 열심히 퍼뜨리고, 성난 군인들에게도 '너희들을 굶겨 죽이고 있는 선혜청 당상이 누구냐? 민씨 일족인 민겸호 아니냐? 모두가 중전이 사치 향락을 일삼느라 국고를 탕진하고는, 정작 너희에게 돌아갈 봉급을 떼먹고 있는 것이다'라는 식으로 선동한 것이었다. 오늘날까지도 일부 남아 있는 '민비가 조선을 말아먹었다'는 인식은 당시 '뒷담화' 좋아하는 사람들 사이에 널리 퍼져, 명성이 여염집 처녀로 변장하고 피난길에 올랐을 때 아무것도 모르는 시골 할머니가 '중전이 어디서 음란한 계집이 되어갖고, 색시도 이 고생을 하는구려'라며 혀를 찼을 정도였다.

그 중전은 구사일생으로 목숨을 구해 서울을 빠져나가고 있었다. 그런데 그녀의 목숨을 구한 사람은 공교롭게도 이제 철천지원수나 다름없어진 대원군의 부인이었다. 같은 여흥 민씨로 다정한 친척 아주머니이기도 했던 그녀는 남편의 야망과 복수극을 말릴 수는 없었으나, 반군의 호위를 받으며 대원군이 위풍당당히 입궐할 때 따라 들어왔다가, 상궁 복장으로 위장한 채 오도 가도 못하던 중전을 알아보고는 몰래 빠져나갈 수 있도록 해준 것이다. 그러나 궐문을 나서기 직전 병사들에게 걸려 하마터면 그 자리에서 목숨을 잃을 찰나에, 무예별감 홍계훈이 '이 사람은 내 여동생이다' 하며 둘러대어 겨우 그 자리를 피할 수 있었다고 한다. 이후 일족인 민응식의 충주 집에 도착해 두 달 동안 숨어 살았다.

당시 고종은 몇몇 대신들과 궁궐 깊숙이에 들어앉아 어쩔 줄을 모르고 있었다. 어떻게든 반군을 달래보고자 민겸호를 파직하고, 오군영 대장을 두루 지냈고 대원군의 심복이기도 했던 이경하를 보내 병사들을 설득하도록 해보았으나 모두 소용이 없었다. 이런 마당에 중전이 이미 살해되었다는 말까지 들어왔다. 고종은 비틀거리며 손으로 얼굴을 가렸다. 이렇게까지 된 이상 답은 하나뿐이었다.

"아버지를…… 대원군을 입궐하시게 하라."

한편, 이미 부서진 대궐 문 앞에 와서 기다리고 있던 대원군은 전갈을 받는 즉시 입궐했다. 약 구 년 전, 굳게 닫힌 연추문을 보며 분노와 배신감에 치를 떨던 때가 생각났을 것이다. 득의만면한 미소를 짓고, 이제 육십삼 세가 된 그는, 아직도 피가 홍건하고 시체가 여기저기 널브러져 있는 대궐 문을 들어섰다.

'이제까지는 잘됐다……. 자, 그러면 이제 어떻게 한다?'

창덕궁의 정문인 돈화문에서 왕의 침소인 대조전까지는 약 100미터 정도 된다. 대원군은 사인교에 높이 올라앉아 대조전을 향하며, 마침내 성공했다는 기쁨과 흥분 속에서도 이제 아들인 고종을 만나 어떻게 행동할 것인지를 생각하고 있었다.

고종을 죽일 생각은 없었다. 그럴 생각이었다면 깨진 대궐 문을 바라보기만 하며 입궐의 지시를 기다리지도 않았으리라. 한때는 눈에 넣어도 아프지 않았던 아들을 죽일 마음도 없었지만, 정치적으로도 합법적인 집권을 위해 고종이 해줘야 할 일이 있었다. 하지만 구체적으로 그 일이 무엇인지는 아직도 정리되지 않은 채였다.

첫째, 명복이를 물러나게 하고 내가 대신 왕이 된다.

둘째, 명복이를 그대로 두고, 예전처럼 막후에서 나라를 다스린다.

셋째, 명복이 대신 준용이를 옥좌에 앉힌다.


거듭 생각해봐도, 첫번째 대안은 아무래도 실행하기 어려워 보인다. 예전에도 친위세력이 든든치 못해 전권을 장악하기가 힘들었다. 지금 병사들의 불만을 자극해서 터뜨린 물결을 타고 여기까지 왔지만, 그들을 믿고 정상적인 통치를 할 수는 없다. 지금까지는 오랑캐들과 수교하는 일 때문에 꼬장꼬장한 선비 놈들이 마지못해 곁에 서주었지만, '아들의 왕위를 빼앗고 임금이 되었다'며 또다시 화살을 쏘아댈 것이다. 이제는 힘을 잃었지만 궁중에는 아직 늙은 구렁이 조 대비도 있고, 아마 죽은 것 같지만 아직 살아 있을지도 모르는 불여우 중전도 있다. 이들이 밀지(密旨)라도 내리는 날에는 방방곡곡에서 근왕(勤王)을 빙자한 역도들이 창궐할지 모른다. 또한 바깥 사정도 살펴야 한다. 청나라와는 대체로 친하지만, 아버지가 아들의 왕위를 빼앗았다고 하면 그것을 명분으로 군사를 일으킬지도 모른다. 이번에 자기네 앞잡이가 죽을 뻔한 왜놈들이나 왜놈들 뒤에 있는 양놈들도 주의해야 하고…….

두번째도 어려운 이야기다. 부자관계가 이렇게까지 험악해진 마당에, 아무래도 명복이가 전처럼 고분고분 말을 듣진 않을 것이다. 지금 당장은 어쩔 수가 없어 굴복해도 언젠가는 또 딴 짓을 할지 모른다. 목숨을 빼앗을 것까지야 없지만, 왕권을 계속 갖게 해서는 안 된다. 그러면 결국 세번째를? 서열로 보면야 명복이보다 왕이 될 자격이 더 있지만, 맏이인 재면이는 아무래도 틀렸다. 어리석을 뿐 아니라 고집이 있어서, 나를 돕는가 싶다가 또 딴마음을 품기도 하고, 잘못하면 제 아우보다도 불효할 놈. 하지만 그놈이 아이 하나는 잘 두었거든? 준용이. 이제 열세 살이니 명복이가 왕위에 오를 때와 비슷하다. 똑똑하고 착실해서 꼭 어릴 때의 명복이 같기도 하고. 이 귀여운 놈에게 명복이가 왕위를 선양(禪讓)하는 형식으로 해서 새 임금을 세운 다음, 할아버지인 내가 막후에 앉아야겠다. 직접 떳떳하게 나라를 다스리지 못한다는 게 한이지만, 어쩔 수가 없지 않은가…….

대조전 앞에서 사인교를 내리고 전(殿) 안으로 성큼성큼 걸어 들어가며, 대원군은 아마 이 정도로 생각을 정리했을 것이다. 오랜만에 얼굴을 마주한 부자 사이에는 잠시 어색한 침묵이 흘렀다.

"……아버지께서 이렇게까지 하실 줄은 몰랐습니다."

"허허, 무슨 말씀이오? 나는 대궐에 변고가 생긴 것을 듣고, 어떻게든 도움이 되고자 달려왔을 따름이오."

"그런가요? 이전의 불장난이랑 재선이 형님 일은 누가 꾸민 변고였던가요?"

"……주상이 어떻게 알고 계시는지 몰라도 이 늙은이는 그런 천벌받을 짓과는 아무 관계가 없소이다. 다만…… 나도 이 나라 사람으로서, 잘못된 일은 바로잡아야 한다고 여길 뿐."

"아, 그러십니까? 그러면 어디 들어보지요. 무엇이 잘못되었고, 어떻게 바로잡아야 하는지."

부자간의 비밀회담은 한동안 이어졌다. 그리고 놀랍게도, 회담이 끝난 후 합의된 결론은 고종의 왕위를 유지한다는 것이었다. 적어도 당분간은. 이때 고종이 어떤 근거를 들어 어떻게 노회한 아버지를 설득했는지는 알 수가 없다. 하지만 그는 분명 최악의 상황에서 최고의 협상력을 발휘했다. 당시 대원군의 입장에서는, 아무 일도 없었다는 듯 다시 고종의 막후로서 권력을 행사하는 모습은 결코 바람직한 것이 아니었을 테니까.

아무튼 당장 칼자루를 쥔 쪽은 대원군이었다. 군란 바로 다음날, 대원군의 권력을 뒷받침하기 위한 조치가 취해졌다. 고종의 형 이재면이 호조판서에다 선혜청 제조를 맡고, 또한 훈련대장까지 맡아 경제와 군사 두 부문을 모두 장악했다. 또 종친 계열의 이회정이 예조판서를 맡고, 대원군의 심복 중 하나로 오랫동안 실각해 있던 조병창이 좌참찬에 기용되었다. 대원군이 대궐에 무상 출입하도록 하며, 그때 대원군에게 어떤 예법을 취해야 하는지를 정해서 관료들에게 공포했다.

또한 '잘못된 일을 바로잡는' 조치도 연이어 취해졌다. 통리기무아문과 별기군이 사라지고 예전의 의정부-육조 관제와 오군영 체제로 복귀했으며, 고종이 폐지했던 삼군부도 부활했다. 고종이 측근정치를 위해 활용했던 별입시 제도는 폐지되었다.

6월 14일에는 '중전의 장례를 치른다'는 결정이 내려졌다. 대원군은 시체들 틈에서 명성을 찾았으나 결국 찾을 수 없자 매우 불안해하면서도, '이 여우가 죽지 않았다면 죽은 것으로 만들어버리면 된다'라고 생각했다. 그래서 시신 없이 왕비의 예복만 가지고 장례를 치르도록 한 것이다.

뭇 백성들이 국상에 입을 흰 갓과 망건을 새로 장만하느라 분주한 모습을 굽어보며, 운현궁의 대원군은 흐뭇해했을 것이다. 그리고 온갖 무리를 해서 되찾은 권력을 다시는 내놓지 않겠노라 결심했을 것이다. 하지만 그것은 섣부른 꿈이었다. 그의 꿈을 산산조각 낼 충격은 국내가 아니라 나라 바깥에서 왔다.

하나부사 공사가 하마터면 죽을 뻔하고 일본인 서른두 명이 살해되자, 일본은 군함 네 척, 수송선 네 척과 일본군 1개 대대(천오백 명)를 제물포에 파견했다. 그리고 군란 주모자를 엄벌하라, 일본인 피살자 가족에게 배상하라, 일본이 입은 재산상 피해보상금과 병력 파병 비용을 지불하라는 등의 요구를 했다. 대원군이 이를 거절하자 일본 측은 '전면전'까지 운운하며 강력히 협박했다. 그러자 이번에는 청나라에서 군대를 파병했다.

청나라의 파병 과정에 대해서는 다소 논란이 있다. 정교(鄭喬)는 당시 텐진(天津)에 머물러 있던 어윤중과 김윤식이 군란 소식을 듣고 청나라에 파병해달라고 요청했다 하고, 최남선이나 이선근은 명성황후가 이홍장에게 비밀리에 파병을 청했다고 한다. 하지만 어윤중 등이 독단적으로 파병 요청이라는 엄청난 결정을 했을 리는 없으며, 명성황후의 요청설 역시 아무런 근거가 없다. 당시 자신의 생존이 발각되는 날이면 정말로 목숨이 없어질 처지였던 명성이 멀리 청나라에까지 손을 쓸 만한 여력이 있었을 것 같지도 않다.

결국 청나라의 독자적 결정에 따른 파병으로 보아야 한다. 중국 기록에 따르면 당시 이홍장은 김윤식에게 의견을 묻기는 물었다. 하지만 그것은 '왕이 버젓이 있는데 병사들이 반란을 일으키고, 그 틈을 타 제멋대로 권력을 차지하는 일이 정당한가, 정당하지 않은가?'였다. 그런 질문에 '정당합니다'라고 대답할 사람이 누가 있겠는가? 이홍장은 '정당하지 않습니다'라는 대답을 듣자마자 '이를 바로잡아야 한다'며 파병을 결정했다.

오장경, 마건충, 정여창 등이 이끄는 청나라 군대는 7월 12일에 서울에 입성했다. 사천오백 명에 달하는 이들은 한 달 전까지 고종이 기우제를 지내던 남산 밑의 남단(南壇)에 잠시 머물렀다가, 훈련도감이 있던 동별영(東別營)에 옮겨 주둔했다. 종묘 옆쪽의 동별영은 창덕궁까지 약 육백 미터 정도밖에 떨어지지 않은 곳으로, 마음만 먹으면 순식간에 궁궐을 습격, 점령할 수 있는 위치였다. 오장경 등은 입성하자마자 운현궁을 방문해서 대원군에게 깍듯이 예를 표했다. 대원군은 다음날 답례로 동별영을 방문했다. 하지만 그들은 대원군의 인사를 받는 둥 마는 둥 하더니 곧바로 그에게 총칼을 들이댔고, 방에 가둬버렸다. 당시 훈련대장으로 사실상 병권을 쥐고 있던 이재면이 강력히 항의하자, 마건충은 대원군 문제를 담판 짓자며 이재면과 남별궁(南別宮)에서 만나기로 하고는, 이재면이 약속에 응해 나타나자 그마저 가둬버렸다. 그러고는 오군영 병사들이 주로 모여 살던 왕십리와 이태원으로 병력을 출동시켰다. 청나라 군대는 퇴근해서 느긋이 쉬고 있던 조선 병사들과 그들의 가족을 몰살했다. 갓난아기조차 살려두지 않았다. 조선 땅에서 외국 군대가 그토록 참혹한 대살육을 벌인 것은 병자호란 이후 이백사십오 년 만이었다. 한 달 전, 대원군의 사주를 받아 궐문을 부수고 고관들을 죽이며, 왕비까지 죽이기 위해 대궐 안을 미친 듯이 헤집고 다녔던 병사들. 그들은 자기 아이를 품에 안은 채 죽어가면서 그날의 일을 후회했을까?

청군은 대원군을 엄중히 에워싼 채 마산으로 호송, 7월 17일 밤에 대기 중이던 증기선에 태워 톈진으로 압송했다. 이후 대원군은 톈진에서 삼 년여 동안 볼모 생활을 하게 된다.

병사들을 선동하여 사상 초유의 하극상 사태까지 일으키며 기어 코 다시 거머쥔 정권치고는 너무도 어이없이 내줘 버린 대원군. 그가 너 무 안이했던 것일까? 하지만 본래 대원군과 청나라의 사이는 각별했다. 그는 집권 당시에도 만동묘를 없애고 청나라 돈을 수입하는 등 다방면으 로 청나라에 밀착하는 정책을 취했다. 그랬던 만큼 설마 청나라가 자신을 납치하리라고는 생각지 못했을 수도 있고, 어쩌면 더 나아가 임오군란 자 체도 청나라와의 모종의 협의의 산물이었을지도 모른다. 그런 밀약의 존 재를 뒷받침할 증거는 없으나, 임오군란이 일어나기 직전 체결된 조미수 호통상조약에서 청나라의 강력한 요구에도 불구하고 '조선은 청나라의 속국이다'라는 구절이 조약문에 포함되지 않은 점, 또한 청나라에 간 조 선 사신이 '이제는 종전처럼 예부(禮部)를 통하지 않고, 다른 나라들처럼 총리기무아문을 통해 외교하고 싶다'는 뜻을 밝혀 '이제 조선은 청나라와 대등한 자주독립국이지, 신하 나라가 아니다'라는 메시지를 전한 점 등 이 당시의 청나라를 일약 긴장시킨 사실은 틀림없다. 중국은 한왕조 이래 한반도에 적대적인 세력이 들어서는 일을 무엇보다도 꺼렸다. 나당동맹 에 의한 고구려와 백제의 멸망, 거란의 고려 침공, 요동을 둘러싼 명나라 와 조선의 초기 신경전, 임진왜란 당시 명나라의 대규모 파병, 그리고 병 자호란 모두 중국이 안정되려면 먼저 한반도 쪽의 근심을 없애야 한다는 노선에 따른 일이었다. 그런데 이제 조선이 전통적인 사대관계를 깨고 자주국임을 주장하며, 그 배후에는 일본과 미국, 영국 등이 있다고 할 때 청나라로서는 가만히 앉아 있을 수가 없었다. 이때 임오군란이 우연히 터져 개입 명분을 만들어준 것이라면 청나라 입장에서는 참으로 고마운 행운이었던 셈이다.

그런데, 과연 우연이었을까? 정권을 되찾지 못해 속을 태우던 대원군에게 청나라가 접근하여 음모를 꾸몄을 가능성이 다분하다. 대원군으로서는 본래 청나라와 친했고, 군란 과정에서 일본을 자극하게 될 텐데 그 뒷감당을 하려면 청나라의 힘이 필요하다고 생각했을 것이다. 그렇게 의심하자면 청나라의 파병조차 대원군과 이홍장의 사전 각본에 따른 것이었다고도 생각할 수 있지만, 대원군으로서도 외국의 군사력이 대규모로 국내에 들어오는 일은 바라지 않았을 테니 거기까지는 지나친 의심일 수 있다. 아무튼 그랬기에 대원군은 청나라 장군들을 추호도 의심 없이 대하고, 그만 어이없이 납치되고 만 게 아니었을까.

"조선은 중국의 속국으로 먼 옛날부터 예의로 섬겨왔다. 그러나 최근 권신(權臣)들이 실권을 잡아 국정을 사가(私家)에서 농단하더니 마침내 올해 6월의 변고가 있게 되었다. 이 변고를 들으신 황제께서는 곧바로 파병의 명을 내리셨다. 대원군을 중국으로 부르셔 일의 진상을 직접 물으시고, 이 변고의 괴수들은 엄히 징벌하도록 하셨다. (……) 아! 중국과 조선은 임금과 신하의 관계이므로 한 집안과 같다. 본 제독은 황제의 명령을 받들어 이 땅에 왔으니, 황제 폐하의 지극히 어진 마음을 살펴 군법으로 다스릴 것이다. 너희는 이를 믿어야 하리니, 특별히 절절하게 타이르는 바이다."

대원군을 배에 실어 보내버린 다음 청나라 군대가 서울의 곳곳에 붙인 대자보에는 청나라가 어떤 뜻에서 파병을 하고 납치를 했는지가 분명히 드러나 있었다. '조선은 청나라의 신하이며, 감히 독립 따위를 꿈꿔서는 안 된다'는 것이었다. 동별영의 주둔군은 더욱 강화되고 분화되어, 하도감, 남단, 염초청(焰硝廳), 삼군부를 비롯해 서울·경기 일원의 스무 개나 되는 곳에 청나라 군대가 주둔했다. 그중에서 삼군부를 본거지로 삼은 원세개(袁世凱)는 이토 히로부미(伊藤博文)가 등장하기 전까지 구한말의 조선 정치를 한 손에 쥐고 흔드는 막강한 외국인이 된다. 일본은 청나라의 기세 앞에 한발 물러섰지만 실속은 챙길 만큼 챙겼다. 8월에는 조선 정부와 제물포조약을 맺어 앞서 대원군에게 요구했던 임오군란 관련 배상 요구를 모두 관철시켰고, 개방의 규모도 확장하도록 했다. 청나라 역시 '조청상민수륙무역장정(朝淸商民水陸貿易章程)'을 맺어 청나라에의 개항과 치외법권 인정 등 불평등조약을 강제했다. 청나라는 한편으로 과거의 화이론적 사대질서를 유지 강화하고(과거에는 비록 조선이 중국을 신하로서 섬기지만 그것은 명목상이었고, 조선의 통치권은 완벽하게 조선 조정에 있었다. 그러나 이제 청나라는 주둔군의 총칼을 앞세워, 조선이 일본과 제물포조약을 맺는 과정도 일일이 감시하고 간섭했다. 조선 측 전권 대표였던 김홍집은 고종이 아니라 마건충의 지시를 받으며 조약에 임해야 했다), 아울러 근대적인 제국주의적 국제질서까지 조-청 관계에 지우려 한 것이다.

　　아무튼 대원군이 눈앞에서 사라짐으로써 고종은 즉위 후 최대의 위기를 넘겼다(군란 직후의 상태가 오래 지속되었다면 대원군이 고종 폐위를 재추진했을 수 있다). 8월에는 피신해 있던 명성황후도 청나라 군대의 호위를 받으며 궁궐로 돌아왔다. 그러나 임오군란은 고종의 치세에 하나의 먹줄을 거칠게 그어버렸다. 임오군란 이후는 임오군란 이전과 근본적으로 달랐다. 조선과 전 세계 사람들이 왕이 휘하 군인들의 항명을 막지 못하고 정권을 내주는 것을, 왕비 한 사람조차 지킬 수 없었던 것을, 마침내 외국 군대의 만행이 벌어지는데도 항의 한 마디 제대로 못 하는 것을 똑똑히 보았던 것이다. 이로써 국내에서의 고종의 리더십에 대한 평가는 결정적으로 실추된다. 외국에서도 조선의 독립적 발전 가능성은 무시되고, 오직 제국주의 열강 앞의 먹잇감으로만 여겨지게 된다. 대원군의 꺼질 줄 모르는 야심의 불꽃. 그 불꽃이 옮겨 붙은 불길 속에서, 조선은 소용돌이치는 19세기 말을 슬기롭게 헤쳐 나올 기회를 영영 잃어버리고 말았다.

보통의 역사서는 이 시기를 '친청(親淸) 수구파의 집권기'라고 규정한다. 또는 '부활한 민씨 세도기'라고도 한다. 청나라의 압력 아래 마치 훗날의 친일파처럼 청나라에 붙어 아부하는 자들만 거들먹거릴 수 있었는데, 그들은 곧 청나라의 도움으로 정권을 되찾은 민씨 일파였다. 게다가 그들은 민족자주성을 팔아먹었을 뿐 아니라 개화 세력을 억압하고 역사의 수레바퀴를 되돌리려 했다는 것이다.

그러나 그것은 공평한 판단이 아니다. 당시 고종과 조선 정부가 청나라의 부당한 압력에 노골적인 저항을 하지 못했음은 사실이다. 하지만 마냥 비굴하게 굴종한 것은 아니었고, 개혁에의 노력을 접은 것도 아니었다. 청나라는 1882년 11월에 자국에서 세관 관리로 오래 일한 독일 출신의 묄렌도르프(Paul Georg von Möllendorf)를 보내, 통리아문(統理衙門) 참의(參議)로서 외교 및 세관 업무의 고문으로 쓰도록 했다. 조선 역사상 최초로 관복을 입은 서양인이 된 묄렌도르프는 분명 청나라를 위해 조선의 외교 활동과 무역 활동을 감시하는 역할이었다. 하지만 고종은 특유의 은근하고 꾸준한 설득술을 발휘, 그가 점점 청나라보다는 조선의 입장에서 움직이게 만들었다. 그의 노력으로 1883년에는 영국·독일과의 수교가 이루어졌고, 1884년에는 이탈리아·러시아와의 수교가 성사되었다. 특히 러시아와의 수교는 청나라가 매우 꺼리던 일이었기에, 이홍장은 해가 바뀔 때 묄렌도르프를 해임해버렸다. 그러나 고종은 그의 후임으로 외교 고문이 된 데니 역시 포섭하여 조선의 국익을 위해 애쓰게끔 만들었다. 데니는 오 년 동안 조선에 머물며 청나라의 억압에 맞서 미국이 조선의 힘이 되도록 노력했으며, 고종의 가장 신임하는 '외국인 친구'가 되었다.

고종은 당시 서양 열강 중에서 미국을 가장 신뢰했는데, 때로는 노골적일 정도의 친미적 움직임을 보이며 한편으로 청나라를 견제할 발판을 마련하고, 한편으로 중단되었던 개혁에 다시 불길을 지피려 했다. 1883년 6월에 미국 공사의 부임에 대한 답방 사절 형식으로 미국에 파견된 민영익, 홍영식, 서광범 등은 미국을 두루 돌아보며 정치제도, 산업기술 등을 익혔을 뿐 아니라 유럽까지 건너가 외교와 학습을 하고 돌아왔다. 또한 1882년 7월에는,

"이제부터 서북인(西北人), 송도인(松都人), 서얼(庶孽), 의원(醫院), 역관(譯官), 서리(胥吏), 군오(軍伍) 들에게도 차별 없이 중요한 관

직을 준다. 오직 재주에 따라 선발할 것이다."

라고 선언했다. 조선왕조 내내 차별대우를 받았던 출신들의 설움이 한꺼번에 풀린 것이다. 이 조치로 이범진, 이조연 같은 서얼이나 김학우, 안경수 등 몰락양반 또는 평민 출신들이 등용되어 이후 정치사에서 중요한 역할을 맡는다. 위정척사 이념에 젖은 수구파(그렇다. 이들이야말로 진정한 수구파였다. 임오군란 이후 기세가 꺾여 뒷공론에만 열중하던 그들이 아닌 김홍집, 김윤식, 어윤중, 민영익 등 당시 요직에 올라 있던 '온건개화파' 인사들을 친청파 내지 수구파라고 부르며, 흔히 '급진개화파' 또는 개화파와 날카롭게 대립한 것처럼 설명하지만, 그것이야말로 고종의 개혁 역량을 폄하하고, 친일적이던 급진개화파의 역할을 치켜세우려 했던 식민사관의 유산인 것이다)는 이를 놓고 '민비가 피난 갈 때 도와준 이범진에게 특혜를 주려고 한 것'이라며 폄하했다. 하지만 그것은 분명한 개혁 의지에서 나온 광범위한 개혁이었고, 하나 둘씩 서울로 모여들던 서양인들에게 '조선 국왕은 개화의 의지가 분명하다'는 인상을 주기 위한 조치이기도 했다.

이처럼 고종의 저항이란 청나라와 정면으로 맞서기보다 뒤로 몰래 손을 써서 미국과 독일, 러시아 등의 세력을 끌어들임으로써 세력 균형이 이루어지도록 판을 짜는 방식이었다. 이는 임오군란 이후 사정이 딱해질 때마다 고종이 취하는 전형적인 난국 타개 방식이었으며, 일찍이 청나라의 황준헌이 전해준『조선책략』의 구도를 그대로 써서 청나라의 족쇄에서 풀려나려는 것이기도 했다. 이는 분명 적의 세력이 막강할 때 쓰는 실리 위주의 상책이었고, 적에게 자신을 '대화가 되는 상대'로 보임으

주간지『뉴스페이퍼』(1883년 9월 29일자)에 실린,
민영익 일행이 미국 아서 대통령을 공식 접견하는 모습을 그린 그림.

로써 일단 암살되거나 폐위당하는 최악의 상황을 모면할 수 있는 보신책이기도 했다.

하지만 맹점도 있었다. 고종의 그런 태도는 속이 깊지 않은 사람들의 눈에는 나약함과 우유부단함으로만 비쳤다. 그것은 임오군란으로 크게 손상된 고종의 리더십을 더욱 약화시켜, 가뜩이나 믿을 만한 친위세력이 없는 그의 처지를 갈수록 외롭게 만들었다. 그리고 그렇게 당장은 납작 엎드렸다가 기회를 봐서 뒤통수를 치는 수법을 연거푸 쓰다 보면 더 이상 상대가 속지 않게 된다. 분명 을사조약 전후의 일본은 고종을 전혀 신뢰하지 않으며, 확실한 수단만이 자국의 이익을 보장해준다고 생각했다.

그리하여 고종의 친위세력이 될 수도 있었을 일단의 청년 관료들, 이른바 '급진개화파'는 고종을 믿지 못하고 극단적인 방법을 선택하고야 만다. 이들의 리더 격인 김옥균은 일본에 머무르던 중 임오군란 소식을 듣고는 "국부(國父: 대원군)께서는 완고한 면이 있으되 정대(正大)한 정치를 하신다. 그런데 주상 전하께서는 총명하시지만 과단성이 없으시다!"라고 소리쳤다고 한다. 고종의 개혁 리더십을 근본적으로 신뢰하지 못하고 있었던 것이다. 김옥균은 홍영식, 서광범, 서재필, 윤치호, 유길준 등과 함께 일본을 오가며 메이지유신의 사상에 깊이 매료되었으며, 특히 후쿠자와 유키치(福澤諭吉)에게 큰 영향을 받았다. 후쿠자와는 일본 근대화 시기의 대표적인 사상가로서, 일본이 살아남으려면 철저히 서구를 본받으며 아시아적 전통에서 탈피하는 탈아입구(脫亞入歐)를 추구해야만 한다고 역설했다. 김옥균 등도 이에 동조하여, 조선이 서도서기적인 급진적 서구화를 통해 하루바삐 서양 국가들과 같은 모습이 되어야 하며,

그러기 위해서는 개혁을 가로막고 있는 청나라를 몰아내고 개화의 선구자인 일본의 뒤를 따라야 한다고 굳게 믿었다. 따라서 동도서기를 지향하며, 청나라의 부당한 간섭은 분명 잘못되었지만 서양 열강들이 저마다 남의 땅을 집어삼키려 혈안이 되어 있는 가운데 전통적 맹방인 중국과의 유대관계 자체는 끊지 말아야 한다고 보았던 고종과, 어윤중·김홍집·민영익 등은 의견이 갈릴 수밖에 없었다.

하지만 그런 의견 차이가 결정적이지는 않았다. 온건개화파 중에서도 어윤중은 청나라를 완전히 배척해서는 안 된다는 것 외에는 급진개화파와 입장이 거의 비슷했다. 한편 급진개화파인 유길준의 경우는 '양절체제(兩截體制)'라 하여, 서양 열강에는 대등한 국가로 상대하되 청나라에는 기존의 화이론적 주종관계를 그대로 가져가는 외교노선을 추구하고 있었다. 결국 두 세력의 극단적인 대립이란 존재하지 않았고, 대립이 있다면 그것은 주로 지나치게 친일적인 급진개화파의 태도에서 빚어지는 것이었다.

대원군의 손에 살해된 민승호의 양자로서 명성황후의 총애를 받고 있던 민영익은 한때 김옥균, 서광범 등과 활동하며 급진개화파에 동조하는 듯했다. 그래서 김옥균도 그가 정권과 자신들 사이에 다리가 되어줄 것을 기대했으나, 1884년 중반부터 그가 냉정한 입장으로 돌아서면서(세력 균형 체제 수립을 위해 러시아를 끌어들이자는 민영익의 주장을 김옥균이 절대 반대해서 빚어진 일이었다) 낙심하게 된다. 더욱이 1883년에 호조참판으로서 재정난을 해결하겠다며 일본에 갔다가, 의외로 기대했던 차관을 얻지 못한 채 귀국한 김옥균을 묄렌도르프가 맹비난하며

"당오전(當五錢)을 발행할 것이냐 말 것이냐가 문제가 아니다. 저 김옥균 같은 사람부터 몰아내는 게 조선의 급선무다"라고 나오자 그는 더욱 불안해진다. 그런 가운데 1884년 10월 12일, 고종과 김옥균 사이에 중요한 밀담이 오고 간다.

"전하! 지금 천하의 대세는 갈수록 험악해져만 갑니다. 나라 안의 사정도 위태롭고 곤란하기가 더욱 심해져만 갑니다. 전하께서는 이런 일을 익히 아실 것이오니 구태여 다시 말씀드릴 필요는 없겠사오나, 그래도 신이 자세한 내용을 다시 한 번 아뢰고자 하오니 들어주시겠나이까?"

"좋다. 말해보아라."

김옥균이 나중에 일본에서 망명 생활을 하며 지었다는 회상록 『갑신일록』에 의하면, 김옥균은 마침 주위에 아무도 없기에 고종과 이렇게 밀담을 시작했으며, 청나라와 프랑스가 전쟁에 돌입하기 직전이라는 점, 청나라와 일본 사이도 심상치 않다는 점, 최근 십 년 동안 서양이 동양에 대해 적극적인 침략 정책으로 돌아섰기 때문에 지금 안일하게 대처하다 보면 큰 낭패를 면치 못할 것이며 그중에서도 러시아의 위협이 가장 심각하다는 점을 고종에게 아뢰었다고 한다. 그리고 묄렌도르프가 청나라를 위해 정치를 오도하고 있다는 것, 고종의 주위에 들어앉은 '친청파 간신배들'을 물리치는 일이 시급하다는 것 등을 고하고 있는데…… 갑자기 침실의 문이 열리더니, 너무나도 친숙한 사람의 모습이 스윽 나타났다고 한다. 명성황후였다.

"옆방에서 경의 말을 내내 듣고 있었다. ……그렇게 형세가 절박하다면, 어떤 묘안이 있는가?"

명성황후를 앞에 두고, 김옥균은 계속해서 '일본과 청나라가 조만간에 전쟁을 벌일 것이며, 그러면 우리나라는 전쟁터가 되고 말 것이다. 전쟁을 피하려면 청나라의 압제에서 벗어나 독립해야 한다. 그런데 청나라의 사냥개 노릇을 하는 신하들 때문에 독립이 어렵다'는 이야기를 했다. 이에 명성은 이렇게 말했다고 한다.

"그 말은 혹시 나를 의심하는 것인가……? 하지만 국가 존망이 걸린 문제에 어찌 나와 같은 일개 아녀자가 나서서 큰일을 그르칠까? 경은 아무 의심 없이 생각하는 계획을 이야기하라."

김옥균은 밤새도록 고종 부부에게 '독립 계획'을 설명하며, 고종의 친필로 쓰고 옥새를 찍은 밀칙(密勅)까지 받고는 명성이 베푸는 주안상을 받은 다음 물러나왔다고 『갑신일록』에는 적혀 있다.

그러나 우리는 고개를 갸우뚱하지 않을 수가 없다. 김옥균이 아뢴 '독립 계획'이란 불과 엿새 후에 일어난 갑신정변에 대한 것이었음이 틀림없다. 그것은 '청나라의 사냥개'인 고관들을 제거하려는 정변이었고, 실제로 민태호-민영익 부자와 민영목 등 중요한 민씨 척족 인사들이 암살 대상이었다. 그런데 그런 내용을 다름 아닌 명성황후 앞에서 '밤새도록' 설명했다니?

명성이 자신이 아끼고 아끼는 민영익을 비롯한 '처가 식구들'을 도륙하려는 계획을 낱낱이 듣고도 '국가 존망이 걸린 문제'이니 엿새 동안 입을 다물고 있었으리라고는 도저히 생각할 수 없다. 더구나 그녀는, 또 고종도 기본적으로 세력 균형론자였다. 청나라의 횡포는 괘씸하지만, 청나라 대신 일본에 전적으로 의존하는 것이 '독립'이며 '나라를 구하는 일'이라는 생각에 선뜻 동의했을 것 같지도 않다. 그들은 어디까지나 청나라, 일본, 미국, 러시아 등의 힘을 적절히 배치하고는 그 가운데서 생존을 모색하려고 했다.

'밀칙'을 받았다는 부분도 이상하다. 아직 황제가 아니었던 고종의 지시를 '밀지(密旨)'가 아니라 '밀칙(密勅)'으로 표현한 점도 그렇지만, 그런 것을 받았다면 거사를 치르자마자 전면에 내세우며 자신들의 행동을 정당화했어야 할 텐데, 이후 고종의 밀칙에 대한 이야기는 한 마디도 나오지 않는다. 고종과 밀담한 후 정변 당일까지 홍영식, 박영효 등 동지들과 모의하는 과정에서도 밀칙 이야기는 없다. 또한 김옥균은 민영익 등의 태도가 심상치 않다면서 '혹시라도 우리의 계획이 누설된 것이 아닌가?' 하며 걱정하는 모습까지 보인다. 본인 입으로 민씨들의 중심인물에게 계획을 낱낱이 누설했다면서!

물론 『갑신일록』은 김옥균의 일방적인 기록이므로 본인에게 유리하도록 사실을 왜곡해 썼을 가능성도 있다. 그런데 고종과의 밀담 내용은 『갑신일록』의 다른 내용들과도 모순된다. 최근 강범석 교수는 '『갑신일록』은 일본인이 조작한 위서다'라는 주장을 내놓았다. 후쿠자와 유키치가, 김옥균과 박영효가 작성한 갑신정변의 회고록을 취합하고 자신의 견해를 섞어 『조선 경성 반란 시말』이라는 책을 썼고, 누군가가 이를 적당히 손봐서 김옥균의 『갑신일록』으로 펴냈다는 것이다.

정말 일본에서 뭔가를 노리고 『갑신일록』을 조작했는지는 좀더 검토해야겠지만, 김옥균이 남긴 초고를 정리하면서 초고에는 없던 기록이나 심지어 다른 사람의 기록이 섞이고 앞뒤가 맞지 않게 되었을 가능성은 충분하다. 애초 『갑신일록』은 정식 인쇄물로 나오지 못한 채, 필사본 형태로 이리저리 돌려 보고 베껴 보던 책이었다. 그리고 여러 사람을 거치면서 필사본마다 내용의 차이가 생겨났기 때문에 1910년 이후에 나온 지금의 인쇄본은 어떻게든 편집 과정을 거쳐야 했을 것이다.

실제 면담은 아마도 이랬으리라. 김옥균이 고종에게 청일전쟁의 가능성에 대해 열심히 설명한 다음 이른바 친청파를 제거해야 한다고 말을 꺼내려는 참에, 엿듣고 있던 명성이 모습을 드러냈을 것이다. 이때가 『갑신일록』상에는 분명 김옥균이 대안을 한참 이야기하는 중이었는데 명성의 첫마디가 "그렇게 형세가 절박하다면 어떤 묘안이 있는가"였음도, 원래 명성의 등장 시점은 아직 갑신정변 계획을 내놓지 않았을 때였음을 짐작게 한다. 김옥균의 입장에서 명성은 시해는 차마 못 해도 결단코 배제해야 할 정적 집단의 괴수다. 게다가 고종에게 애써 사정하여 '둘만의 밀담' 자리를 만들어 비밀계획을 토로하려 했는데, 의외로 명성이 옆에서 엿듣고 있었음을 알게 된 김옥균은 강한 배신감과 실망감을 느꼈을 것이다.

'안 되겠어……! 역시 이 임금은 믿고 따를 사람이 못 된다. 한낱 아녀자에게 국가 존망이 걸린 문제를 간섭하게 하다니. 하마터면 큰일을 치를 뻔했다.'

이렇게 생각한 김옥균은 계획에 관해서는 입을 다물고 그냥저냥 원론적인 이야기만 늘어놓다가 자리를 파했을 것이다. 그리고 동지들과 만나 '왕에게는 기대할 것이 없다. 왕과 왕비를 볼모로 잡고 거사를 단행해야 한다'는 주장을 했을 것이다.[4] 만약 그 자리에 명성이 나타나지 않았다면(그래서 정변 계획이 정말로 누설되었다면), 또는 명성이 없는 상황에서 고종이 김옥균의 뜻을 일단 수용하는 자세를 보여주며 '그래도 섣불리 과격한 행동을 하면 일이 잘못될 가능성이 크다. 임금인 나를 믿고 당분간 기다려라'라고 했다면 갑신정변은 일어나지 않았을지도 모른다. 그리고 역사는 전혀 다른 방향으로 흘러갔으리라.

김옥균이 고종에게 고한 대로, 당시 갑신정변을 주도한 급진개화파는 일본과 청나라의 대결이 임박했다 믿고 있었다. 청나라와 프랑스의 전쟁은 현실이었으며, 그해 8월부터 교전이 시작되고 있었다. 김옥균은 '청나라와 일본이 전쟁을 하면 결과가 어찌 될지 잘 모른다. 그러나 일본과 프랑스가 합세해서 청나라를 공격한다면, 청나라가 당해내지 못할 것'이라고 주장했다. 뿐만 아니라 일본의 우방이며 '해양 세력'의 주인공들인 영국, 미국까지 반 청나라 전선에 선다면? '썩어빠진 봉건국가 청나라의 종말이 올 것이다.'

실제로 김옥균은 정변 직전 영국과 미국 공사들을 만나고 다니면서 자신들의 계획을 내비치고는 지지를 부탁했다. 당시 미국의 푸트(L. H. Poote) 공사와 영국의 애스턴(W. G. Aston) 영사는 '섣부른 행동은 위험하다'고 하면서도 대체로 동조하는 자세였으며, 특히 푸트는 '나가사키에 우리 군함이 정박하고 있다'면서 은근히 군사적 지원까지 약속했다고 『갑신일록』에는 적혀 있다. 하지만 미국 측 문서를 보면 그가 정변에 반대하며 김옥균을 열심히 말렸다고 하는데, 어느 쪽 이야기가 진짜인지는 모르지만 당시 정변 주도 세력이 일본만이 아니라 영국이나 미국의 지원까지 염두에 두고 있었음은 분명하다.

'선진 4개국'이 협력하여 청나라를 공격한다면 청나라는 이번에야 말로 멸망할 것이다. 그런 마당에, 조선이 지금처럼 청나라에 밀착한 채로 남아 있어서는 안 된다. 아니, 청나라와의 관계를 끊고 4개국과 함께 청나라를 공격해 중국을 '문명개화'시키는 주역으로 나서야 한다! 1884년 10월 17일의 갑신정변은 이런 의도에서 시도된 쿠데타였다.

정변의 주역 중 하나인 홍영식이 총판(總辦)을 맡고 있던 우정국(郵征局) 개국 축하연 자리. 암살 목표인 민영익, 민병석, 한규직 등이 참석하고(따라서 '명성황후에게 낱낱이 토로한' 거사 계획이 알려지지 않았음이 분명하다), 묄렌도르프와 청나라, 미국, 영국, 일본 공사들도 한 자리에 모였다. 공사 대리인 시마무라 히사시(島村久)는 자리를 오가며 김옥균, 홍영식 등과 일의 진행에 관해 귓속말을 주고받았다. 행동에 참여한 인원에는 일본인과 중궁전 궁녀들도 있었다. 본래는 창덕궁 옆 별궁에 불을 지름으로써 거사의 막을 올리려 했으나 생각대로 되지 않자, 허겁지겁 우정국 북쪽 민가에 폭탄을 터뜨려 불을 놓으면서 갑신정변이 시작되었다. 밤 10시경이었다.

민영익이 먼저 불을 끄려고 뛰쳐나오다가, 기다리고 있던 자객들의 칼을 맞았다. 피를 쏟으며 쓰러진 그를 묄렌도르프가 들쳐 업고 달아났다. 사경을 헤매던 그를 살려낸 사람이 미국인 선교사 앨런이었고, 이를 계기로 앨런은 한국 근대사에서 중요한 역할을 맡게 된다.

민영익의 친아버지인 민태호는 아들만큼 운이 좋지 못했다. 그와 민영목, 조영하는 모두 임금이 피신한 경우궁으로 허겁지겁 들어서다가 난자되어 쓰러졌다. 한규직과 이조연은 일단 경우궁까지는 들어왔으나

갑신정변을 일으킨 개화당 인물들(1884).

나가는 길에 목숨을 잃었다. 고종과 명성은 그때 경우궁에서 김옥균과 일본 공사 다케조에 이치로(竹添進一郎)에게 붙잡혀 있었다. 처음 우정국에서 불길이 치솟자마자 김옥균은 창덕궁으로 달려가 급박하게 다그쳤다. "큰 난리가 났으니 여기 계셔서는 안 됩니다. 우선 경우궁으로 옮기시고, 일본 공사에게 호위병을 보내달라고 하십시오!" 명성황후가 '일본뿐 아니라 청나라 쪽에서도 호위병을 보내라고 하라'고 하자 김옥균은 '물론입니다'라며 거짓말을 했다. 그리고 고종이 다급히 써준, "일본 공사는 들어와 나를 지켜라(日使來衛)〔『갑신일록』에는 이 문구가 '日本公使來護

朕'으로 나오는데, '밀칙'의 경우처럼 황제만이 사용하는 '짐(朕)'이라는 글자가 들어가 있다. 따라서 이 역시 『갑신일록』이 일본인의 손으로 조작된 증거라고 한다)"라는 메모를 근거로 다케조에가 일본군 이백 명을 이끌고 와서 조선인 사관생도 쉰 명과 함께 경우궁을 안팎으로 에워싸도록 했다.

당시의 경우궁 상황이 정확히 어떠했는지는 알 수 없으나, 매우 살벌하고 혼란스럽게 돌아가고 있었음은 분명하다. 정교는 『대한계년사(大韓季年史)』에서 임금을 지킨답시고 들어온 병사들이 임금을 눈앞에 두고도 무례하게 떠들고 거리낌 없이 행동하는 것을 보다 못한 내관 유재현이 호통을 치자, 그를 마구 베어 그 자리에서 죽여버렸다고 한다.

임금이 '안 돼! 그를 죽이지 말아라. 죽이지 말란 말이다!' 하고 여러 번 외쳤으나 그들은 아랑곳하지 않았다. 피가 벽에 흩뿌려지고, 처절한 비명소리에 임금은 귀를 틀어막았다.

김옥균 등은 다시 고종 부부를 경우궁보다 조금 남쪽에 있는 계동궁으로 옮기도록 했는데, 그들도 유재현 참살 사건을 비롯한 무질서한 상황이 염려된 나머지 다시 질서를 다잡기 위함이었거나, 혹시라도 있을지 모르는 청나라 군대의 습격에 대비하려는 의도였을 것이다. 그리고 새 내각을 짰다. 영의정에 이재원, 좌찬성에 이재면, 병조판서에 이재완, 평안감사에 이재순을 임명하는 등 대원군 일파가 크게 두드러졌고, 당시 십오 세였던, 대원군이 사랑하는 손자 이준용에게도 '세마(洗馬)'라는 정9품의 관직이 주어졌다. 정변의 주역들은 좌의정에 홍영식, 형조판서에 윤웅렬, 병조참판에 서재필 등이 오르고, 박영효와 서광범이 각각 좌포도대장과 우포도대장을 맡아 경찰권을 장악했다. 김옥균은 예전에 맡았던 호조참판을 다시 맡았다.

여기서 뜻밖이라 여겨지는 점은, 정변에 참여하거나 도움을 준 흔적이 전혀 없는 대원군 일파의 급부상이다. 정변파는 이후 발표한 개혁정령 제1조에 "대원군을 최대한 빨리 모셔오도록 한다"라고 명시하여, 친대원군적인 입장을 다시 분명히 했다. 앞서 보았듯 김옥균은 고종보다 대원군의 결단력과 리더십을 더 높이 평가하기는 했다. 하지만 고종보다 훨씬 보수적인 대원군과, 조선에서 가장 개혁적이라는 급진개화파가 손을 잡는다? 쉽게 납득되지 않는 구도다. 정변 주역들이 전반적으로 너무 나이가 젊어서(가장 연장자인 김옥균이 삼십오 세, 홍영식은 삼십일 세, 서광범은 이십칠 세, 박영효는 이십오 세였다) 이들만으로 내각을 구성했을 경우 반발이 크리라는 점을 따졌을 수 있다. 또한 원체가 소수세력인지라 다른 정파와의 연합이 절실했는데, 민씨 일파와 가장 사이가 나쁘면서 당시 가장 권력에 목말라 있었던 정파인 대원군 일파가 선택되었을 수 있다. 이들이 장기적으로는 고종을 폐위시킬 생각을 하고 있었고, 그 대안으로 가장 그럴듯한 이준용을 포함해 주요 종친 인사들을 쥐고 있는 대원군과의 관계를 돈독히 할 필요성도 고려되었을지 모른다. 하지만 이런저런 이유에도 불구하고, 이 '젊은 진보주의자들'이 '늙은 수구' 대원군과 결탁했다는 사실은 후일 정권을 잡기 위한 '정통 민주 세력'과 '군부 쿠데타 세력'의 결탁만큼이나 당혹스럽고 지지받기 어려운 일이었다.

정변 세력은 10월 18일에 미국, 영국, 독일 공사들을 초청해 경운궁의 고종과 접견할 수 있도록 했다. 이들에게 고종의 무사함과 정변의 순조로움을 확인시키고 지지를 얻어내기 위해서였을 것이다. 김옥균은 『갑신일록』에서 "영국 영사의 태도는 어쩐지 수상해 보였으나 미국 공사는 우리에게 우호적이었으며, 전하의 편안하심을 확인하고 크게 다행스러워했다"라고 적었다. 하지만 푸트 미국 공사 본인은 보고서에서 "왕이 매우 불안하고 초췌해 보였으며, 분을 간신히 삭이고 있는 듯해 염려스러웠다"라고 적고 있다.

10월 19일, 정변 사흘째가 되던 날, 김옥균 등은 14개조의 정강정책을 대내외에 공표한다.

하나, 대원군을 최대한 빨리 모셔오도록 한다. 청나라에 조공하는 허례(虛禮)를 폐지한다.

하나, 문벌을 폐지하고 인민의 평등권을 인정하여 재능에 따라 인재를 등용한다.

하나, 전국의 지조법(地租法)을 개혁하여 간사한 관리(奸吏)를 근절하며, 빈민을 구제하고 국가재정을 넉넉하게 한다.

하나, 내시부를 폐지하고 그중에서 재능 있는 자만을 선별해 등용한다.

하나, 전후의 간사한 관리와 탐관오리로서 죄상이 심한 자를 처벌한다.

하나, 각 도의 환상미(還上米)를 영구히 면제한다.

하나, 규장각을 폐지한다.

하나, 시급히 순사(巡査)를 두어 도적을 막는다.

하나, 혜상공국(惠商公局)을 폐지한다.

하나, 전후에 유배 또는 금고형에 처해진 자를 다시 조사하여 석방시킨다.

하나, 4영을 합쳐 1영으로 하고, 영 가운데서 선별해 근위대를 급히 설치한다.

하나, 일체의 국가재정은 호조에서 관할하고 그 밖의 재무아문은 폐지한다.

하나, 대신과 참찬은 날마다 합문(閤門) 안의 의정소에 모여 정령을 의논, 집행한다.

하나, 정부의 육조 외에 불필요한 관청을 모두 폐지하며, 대신과 참찬이 이를 심의해 처리한다.


이 정강정책을 두고 갑신정변을 '한국사 최초의 자주적 근대화 시도'라거나 '부르주아 시민혁명'이라고 평가하는 경우가 많다. 그만큼 혁신적이었으며 근대국가로 탈바꿈하려는 청사진을 담고 있었다는 말인데, 과연 그럴까?

정말 근대(서구)적인 체제라면 무엇보다 개인의 천부인권을 보장해야 한다. 그리고 그에 따라 헌법을 만들고, 국민의 참정권과 의회제도를 마련하며, 모두가 법 앞에서 평등하게 변호인의 도움을 받으며 재판받을 수 있도록 사법절차를 바꾸고, 재산권을 보장하는 제도가 갖춰져야 한다. 그런데 이 정강정책에는 그런 내용이 보이지 않는다. '문벌을 폐지하고 인민의 평등권을 인정'한다는 언급이 있으나 이는 모든 국민의 평등을 선언한 것이라기보다, 지역이나 신분에 따르지 않고 오직 재능으로만 관료를 선발한다는 원칙으로 보인다. 그것은 이미 앞선 고종의 개혁에 따라 시행되고 있었다. 지조법을 개혁하고 환곡을 폐지한다는 것도 당시 민생 문제와 직결된 사안으로 중요한 개혁안이었지만 이미 여러 차례 검토된 것으로, '근대적'·'부르주아적' 개혁이라고 볼 수는 없다. '국가재정을 호조에서 관할한다'는 것을 근대적인 재정제도의 도입으로, '대신과 참찬이 의정소에 모여 정령을 의논, 집행한다'를 입헌군주제의 실시로 해석하는 경우도 있지만 아무래도 무리한 해석이다.

본래 조선 초기에는 국가재정을 호조에서 관할했고, 이후 여러 곡절을 거쳐 선혜청을 비롯한 보조기관들의 재무 관련 권한이 커지기는 했지만 호조가 재정을 관할한다는 원칙은 그대로 남아 있었기에, 이것을 파격적인 개혁이라고는 말할 수 없다. 의정소 부분도 국왕과 소수의 측근끼리 또는 세도가문의 대표자들끼리 밀실에서 주요 정책을 결정하던 최근의 관행을 없애고, 공개적이고 공식적인 정책 심의 체제로 돌아가자는 뜻으로 보아야 할 것이다. 개화파가 발행을 주도했던『한성순보』에 입헌군주제를 소개하는 기사가 있다는 점을 미루어 당시 정변의 주역들이 입헌군주제를 염두에 두고 있었다고 볼 수는 있지만, 적어도 이 14개조 정강에서 그 청사진이 제시되었다고는 보기 어렵다.

'간사한 관리와 탐관오리를 처벌한다', '유배 또는 금고형에 처해진 자를 다시 조사해 석방한다' 등은 환곡 폐지 등과 함께 민심을 얻기 위한 정책으로 보이며, '혜상공국을 혁파한다'는 이중의 의미를 가지고 있었다. 혜상공국이란 본래 대원군 집권기에 전국의 부보상들을 위해 설치한 부보청에서 발전한 것으로, 단합된 부보상들의 인력과 재력은 상당했으므로 정권을 지탱하는 하나의 보루가 되었다. 고종은 대원군 실각 후이 부보상 조직을 확고히 접수했기에, 임오군란이 일어났을 때 대원군이고종을 곧바로 퇴위시키지 못한 이유에 어쩌면 부보상들의 봉기 가능성이 들어 있을 수도 있다.[5] 이는 나중에도 이어져, 고종 편에 서서 독립협회와 대립하는 황국협회가 바로 부보상들의 조직이었다. 그런데 이제 혜상공국을 혁파한다면 강력한 왕권의 지지기반을 없애는 것이며, 또한 경제적으로 조선의 상권을 무섭게 장악해가고 있던 일본 상인들의 걸림돌을 치워주는 것이기도 했다(『갑신일록』을 보면, 김옥균 등은 정변을 일으키며 일본의 군사력뿐 아니라 경제력에도 의존했다. 새로 정부를 이끌어가는 데 필요한 오백만 달러를 조선에서 사업하는 일본 상인들에게 거둬서 마련하려 했다. 혜상공국 혁파는 그들에게 보답으로 주는 선물이었을것이다).

이처럼 정변의 주역들이 내놓은 정강만을 보면 그렇게까지 혁신적이고 시대를 앞서가는 대담함은 눈에 잘 들어오지 않는다. 여기서 의문을 지울 수 없다. 고작 이 정도의 개혁을 목표로 하면서, 그토록 여러 사람을 해치고, 국왕 부부를 볼모로 잡고, 외세를 끌어들이면서까지 혁명을할 필요가 있었을까? 청나라 대신 일본에 의지하고, 고종 대신 대원군을받드는 것 말고, 보다 근본적이고 역사적인 혁명의 목표가 있었어야 하지않을까? 하긴 이들이 아무리 이상에 불타는 젊은이들이었다고 해도, 하루아침에 모든 것을 바꾸기는 어려움을 알았기에 더 근본적인 개혁은 나중의 과제로 미루었을 수도 있다.

하지만 어차피 마찬가지였다. 14개조가 전부였든, 후속 개혁안이 또 있었든 상관이 없었다. 14개조를 발표하고 하루 만에 모든 것이 물거품이 되었기 때문이다. 10월 19일, 정변 세력은 조 대비와 고종 부부의 요청을 받아들여 다시 창덕궁으로 돌아간다. 나중에 서재필이 회상한 대로라면 민영환을 통해 명성황후와 청나라의 원세개가 비밀 연락을 주고받고 있었고, 청나라 군대가 습격하려면 계동궁보다 훨씬 넓어서 그만큼 수비의 밀도가 낮아지는 창덕궁이 더 유리하다는 판단에서 그처럼 요청한 것이었다. 아무튼 그 중요한 시기에, 불과 사흘 동안 두 차례나 왕실 가족의 처소를 옮기게 한 것은 정변 주체들의 판단력이나 상황 장악력에 문제가 있었음을 보여준다.

원세개는 이미 우의정 심순택 명의로 조선 조정에서 개입 요청을 받아두고 있었다. 그는 천오백 명에 달하는 병력에게 출동 준비를 시키고, 다케조에 영사에게 '병력을 즉각 철수시켜라. 그렇지 않으면 무력을 사용하겠다'고 통보했다. 한동안 고민한 다케조에는 김옥균에게 '철수하겠다'고 말했다. 정변 주역들에게는 청천벽력이었다. 오로지 일본의 힘만 믿고 여기까지 왔다고 해도 과언이 아닌데, 갑자기 병력을 빼겠다고? 다케조에는 원세개의 통보에 대해서는 입을 다물며, '우리 일본 병사들에 대한 일반 민심이 좋지 않다. 이대로라면 우리가 궁을 지키고 있는 것이 당신들의 일에 오히려 해를 끼칠 수도 있다'고 변명했다. 그래도 '제발 사흘만 더 있어달라'는 김옥균의 애원에 마지못해 다케조에 본인은 머물렀지만, 뒤로는 병력을 순차적으로 빼돌리고 있었다.

　10월 20일, 원세개는 천오백의 병력을 셋으로 분산해서, 창덕궁의 정문인 돈화문과 옆문인 선인문, 단봉문으로 진입시켰다. 일본 병력은 이미 거의 보이지 않았고, 오십 명에 불과한 사관생도들만이 총을 들었다. 그러나 천오백 대 오십의 싸움이 제대로 될 리가 없다. 임오군란 때에 이어서 다시 피와 살이 튀는 아수라장이 되고 만 창덕궁에서, 김옥균 등은 탈출을 결심하고 볼모인 왕실 가족을 찾았다. 그러나 명성황후는 이미 세자 내외를 데리고 궁궐을 빠져나간 뒤였다. 조 대비와 왕대비 역시 찾을 수 없었고, 고종이 호위병 몇 명만 데리고 부리나케 창덕궁 뒤의 비원을 달리는 것을 겨우 붙잡을 수 있었다.

　"전하! 전하! 전하! 어디로 가십니까? 저희가 모시겠습니다. 어서 이쪽으로 오시옵소서!"

　"그만둬라! 나조차 죽이려느냐? 나는 대비께로 가겠다!"

　"지금 여기는 완전히 생지옥입니다! 자칫하면 전하께서도 변을 당하실 수 있사오니, 어서 저희와 함께하옵소서!"

　겨우겨우 고종의 신병을 확보했지만, 함께 있던 다케조에는 이제 완전히 틀렸다는 눈치였다. 김옥균은 인천으로 가자고 말했다. 고종을 볼모로 한 채 인천을 통해 일본으로 가려는 생각이었던 것 같다. 하지만 고종은 '내가 호락호락 따라갈 줄 아느냐? 꿈도 꾸지 마라. 그리로 갈 바에는 차라리 여기서 죽겠다'며 막무가내였다. 다케조에도 뜻하지 않게 조선의 왕을 일본으로 납치하는 일의 주역이 될 엄두는 나지 않던지, '저렇게 안 가시겠다는데 우리가 어쩌겠느냐'고 손사래를 쳤다. 그리고 잠시 총격

전이 벌어지고 나자,

"이쪽에 전하께서 계시는데도 총을 쏘지 않소? 우리 일본군 때문이오. 그러니 전하의 안전을 위해서라도 우리는 더 이상 함께 있지 않겠소."

이렇게 잘라 말하는 것이었다. 김옥균 등은 이제 더 이상 방법이 없음을 알았다. '원세개와 친분이 좀 있는' 홍영식과, 도승지를 맡고 있던 박영교 등만이 고종 옆에 남아서 청나라 군대에 투항하고, 김옥균, 박영효, 서재필 등은 다케조에를 따라 일본으로 망명했다. 청나라 군대는 고종을 넘겨받고는 홍영식 등을 그 자리에서 사살해버렸다. 갑신정변 '3일 천하'의 끝이었다.

사흘 동안의 정변. 그러나 그 상처는 컸다. 이 사흘 동안 벌어진 일은 고종이 그동안 무진 애를 써서 겨우 만들어놓거나, 혹은 만들고자 했던 세 가지 균형을 여지없이 깨뜨렸다.

먼저 '국제적 균형.' 청나라의 과도한 영향력을, 일본뿐 아니라 러시아, 미국, 영국, 독일 등의 힘을 두루 끌어들여 억제하고 세력 균형을 추구하려 했던 고종의 구상은 이로써 헛수고로 끝났다. 청나라의 위세는 갑신정변으로 더욱 대단해졌다. 그것은 이로써 '조선 총독'과 같은 입지를 굳힌 원세개가 1885년에 고종에게 내놓은 의견서인 「적간론(摘奸論)」에서 뚜렷이 드러난다.

우리 상국(上國)은 너희 나라를 보호할 권리와 책임을 가지고 있다. 그리하여 임오년과 갑신년에 너희 나라에 벌어진 난리를 평정해주지 않았더냐?


청나라가 옛 화이론적 질서에서의 명목적인 종주국을 넘어서 제국주의적인 종주국임을 다시 한 번 강조하는 것이었다. 일본 역시 가만히 있지 않았다. 이웃나라의 쿠데타 시도에 개입해서 결과적으로 여러 대신을 죽이고 국왕의 생명마저 위험하게 만들었으니 백배사죄해도 모자란 것이 원래 그들이 취해야 할 태도였다. 사실 일본도 처음에는 저자세로 나왔다. 하지만 불과 몇 달 만에 다시 고자세로 바뀌게 된다. 갑신정변 직후 성난 민중이 일본 공사관을 불태우고 몇몇 일본인을 학살한 사건이 일본 국내에서 문제가 되면서 '도대체 우리 정부는 뭐하는 거냐? 조선 문제 하나 제대로 해결 못 하고!' 등의 압력을 해결해야 했으며, 때마침 청나라는 청불전쟁에서 패배하는 바람에 기가 많이 죽어 있었던 것이다. 일본은 이를 기회로 보고, 조선 측과 협상하여 조선 정부가 일본 정부에 사과하고 배상금을 지불하며 일본 공사관 재건축비를 부담한다는 등의 한성조약을 체결했다. 이를 묵인한 청나라는 삼 개월 뒤(1885년 4월 18일) 일본과 텐진조약을 맺어 각자의 주둔군을 조선에서 철수시킬 것과, 조선이 어느 한쪽에 파병을 요청하면 상대국에 통보한 다음 파병하고, 문제가 해결된 후에는 곧바로 철수한다는 데 합의했다. 고종은 청나라에 여러 나라를 대응시키는 가운데 주체성을 찾으려 했는데 이제는 청나라와 일본 두 나라만의 판이 된 데다, 그들 사이의 견제와 균형은 조선 정부를 전혀 무시한 채 이루어지고 있었다.

둘째, '국내적 균형.' 이미 말했다시피 온건개화파와 급진개화파의 견해 차이는 그다지 크지 않았고, 그들은 모두 강화도조약 이후 고종이 적극적으로 해외 문물을 받아들이면서 수신사, 영선사, 신사유람단 등을 통해 길러낸 신진들이었다. 정변 주역이 내놓은 14개조 정강을 보면, 그들 사이에 진지하게 논의하고 타협하는 과정이 있었다면 그 정도의 개혁이 결코 불가능하지도 않았을 것이다. 그런데 이처럼 피를 부르는 정변으로 급진파는 역적의 오명을 쓰고 모습을 감추었으며, 온건파는 개화 운동 자체에 질려버렸다. 게다가 목숨이 왔다 갔다 하는 상황을 겪으면서 '일단 내 몸 하나 지키고 보자', '임금은 우리를 보호해줄 수 없다. 일본이든 청나라든, 힘이 있는 쪽에 붙어야 한다'는 등의 옹졸한 사고방식을 갖게 되었다. 이들이 정변을 통해 이렇게 극한 대립을 하고 '타락'할 것이 아니라, 근대적인 정당정치의 틀 속에서 진보와 중도를 대변하며 생산적인 경쟁을 벌이면 좋지 않았을까? 그럴 수는 없었을까? 진작에 그런 자리를 마련해줄 생각과 의지를 보여주지 못한 고종에게 일단 책임이 있었다. 하지만 여러 서적을 통해 근대 정당정치를 배우고, 직접 미국과 유럽까지 다니며 정치 현장을 보고 돌아와서도 그들이 극복한다던 전통적인 붕당정치적 방식, '소인의 당을 내몰고 군자의 당이 집권한다'는 방식에만 머물러 있었던 개화파도 문제였다.

마지막으로 궁궐 내부의, 은밀한 곳에서의 균형도 깨졌다. 원세개의 병사들에게 창덕궁이 짓밟히면서 정변이 마무리되던 날, 명성황후는 고종의 곁에 있지 않았다. 아들인 세자와 세자빈만 데리고 먼저 궁궐을 빠져나가 있었다! 고종과 그녀는 이십여 년 동안 결혼생활을 하며, 단순한 남편과 아내를 넘어 뜻이 잘 통하는 친구이자 동지로 지내왔다. 그러나 생사를 오가는 위기 상황에서, 그녀는 고종과 마지막까지 함께한다는 선택을 외면했던 것이다. 임오군란 때도 이 부부는 따로 행동했지만, 그때는 명성이 왕비의 처소인 교태전에 머물러 있다가 난리를 만났으므로 대조전의 고종과 합류할 경황이 없었다. 하지만 이번에는 김옥균 등이 혼자 달아나는 고종을 뒤늦게 보고 붙잡았다는 기록에서도 알 수 있듯, 명성이 마음만 먹었다면 함께 행동할 수도 있었다. 그러나 자신과 자식의 목숨이 급했던 나머지 서둘러 빠져나간 것이다. 워낙 다급했던 상황이었으므로 이해할 만도 하지만, 고종은 깊은 실망감을 금할 수 없었으리라. 그 증거로, 부부가 힘을 합쳐 대원군을 실각시키고 친정을 시작한 이래 한동안 중전하고만 남녀관계를 갖던 고종이(유일한 예외는 나중에 귀인이 된 궁녀 장씨였는데, 그다지 심각한 사이는 아니었던 것으로 보인다. 그녀는 의친왕 이강을 낳고 바로 궁궐에서 나갔다) 다시 다른 여인을 가까이하기 시작한다. 영친왕 이은을 낳고 순원황귀비가 되는 상궁 엄씨였다. 그 반발로 명성은 세자 이척에게만 정성과 열정을 쏟아, 그의 행동 하나하나까지 일일이 간섭하고 염려하는 '과보호 엄마'가 되어버린다. 고종과 명성은 여전히 중요한 국사를 의논하며 함께 서양 외교관들을 접견하는 등 매사에 협력했지만, 두 사람의 인간적인 유대감은 많이 퇴색해 있었다.

"그 일에 대해서는 생각하고 싶지도 않다……."

한동안 갑신정변 이야기가 나올 때마다 고종이 보인 반응이었다. 정말로 그랬을 것이다. 그 사흘 동안에 그가 아껴왔던 많은 것이 깨지고 짓밟히고 사라져버렸으니까. 참담한 경험을 거듭해서 겪어야 했던 고종. 겉으로는 특유의 인자하고 온화한 미소를 지으며 사람을 대하는 고종이었다. 그러나 그가 마음에 입은 상처는 가볍지 않았다. 그리고 갈수록 커져갔다.

# 5장_ 멸망의 서곡

1884년에서부터 1894년까지, 즉 갑신정변부터 동학운동 이전까지의 십 년을 흔히 '잃어버린 십 년'이라고 한다. 청나라와 민씨들의 폭압 속에서 왕은 아무 일도 하지 못하고, 겉으로는 평화로웠으나 나라가 안으로 곪으면서 부국강병을 위한 노력은 없이 세월만 헛되이 보냈다는 것이다.

실제로 이 기간 동안 괄목할 만한 개혁 활동은 없었다. 조선 총독처럼 위세 당당했던 원세개의 잦은 간섭으로 고종은 대담한 정책을 펼치기가 어려웠고, 그를 보좌할 세력도 미비했다. 구세대 정치인들은 죽거나 은퇴하고, 위정척사 정신을 아직도 고수하던 유림은 '타락한' 조정을 외면했으며, 개화파는 갑신정변 이후 역도의 오명을 쓰고 망명하거나 기를 못 펴던 상황에서 이제야말로 민씨들의 약진이 두드러졌다. 이들은 공정성을 잃어버린 과거(科擧)를 민씨 일문의 관계 진출 수단으로 활용했을 뿐 아니라, '급제 장사'도 했다. 황현은 "초시(初試)를 매매하기 시작할 때에는 이백 냥 또는 삼백 냥을 받았다. 오백 냥을 달라면 혀를 내밀었다. 갑오년(1894)에 가까워져서는 천 냥으로도 거래되었다"라고 적고 있다. 지방관직과 하급 중앙관직이 뇌물로 매매되고 있음도 당연했다. 고종은 이런 상황을 대충은 짐작하고 있었으나, 어찌 됐든 믿을 만한 세력은 민씨들이 대부분이고, 그들은 이미 자신에게 대가 없는 충성을 하지 않는다는 사실을 알고 있었기에 묵인했다. 그래도 결국은 참다 못해 1889년 3월에,

"요새 듣자니, 온 나라에 협잡질이 들끓는다 한다. 함부로 관직을 칭하거나, 돈으로 관직을 사서는 백성들을 갈취하고 있는데도 이를 감시하고 단속해야 할 자는 내버려둘 뿐 아니라 오히려 함께 한몫 보려고 한다니 어찌 백성과 나라가 편안할 수 있겠는가. ……이런 폐단이 다시 알려지면 결코 가만히 두지 않을 것이니, 부디 반성하고 조심하도록 하라."

이런 윤음(綸音)을 내려 경계했지만 소용이 없었다. 임오군란과 갑신정변 이후 고종의 권위는 그만큼 추락했던 것이다. 얼마나 임금이 우습게 보였으면, 지체 없이 아뢰어야 할 지방 수령의 보고나 상소문까지 중간에서 차단되거나 몇 달씩 늦게 올라오기 일쑤였다. 지방의 혼란과 부패를 보고 피를 토하는 심정으로 상소문을 써 올렸던 뜻있는 선비들은 아무리 기다려도 아무 응답이 없자 '이 임금은 틀렸구나!' 하며 국정 쇄신의 기대를 접었다.

이때는 두 차례나 변란을 겪은 뒤인 데다 기근과 역병이 뒤따랐다. 게다가 당오전을 남발하여 물가가 하늘을 찔러 백성들이 편안히 살 수가 없었다. 도적떼가 벌건 대낮에 민가를 약탈하고, 난민이 벌떼처럼 일어났다. 조정에서는 여러 민씨들이 권력을 농단하고, 사사로운 인연으로 사람을 기용하며, 대놓고 뇌물을 받았다. 국운이 기울고 외세는 막을

도리가 없었으니, 민씨가 정권을 쥔 이래 나라의 재앙이 극에 달했다.

정교가 『대한계년사』에서 당시의 시대상을 이처럼 지탄할 정도였다. 하지만 이 십 년 동안 고종이 마냥 손을 놓고 있었던 것도 아니고, 진전이 아주 없었던 것도 아니다.

개화파 때문에 참담한 일을 겪었지만, 고종은 개화를 포기하지 않았다. 1886년에 한국 최초의 근대식 교육기관인 육영공원(育英公院)을 창설했다. 같은 해에 최초의 근대식 사립학교라고 할 수 있는 아펜젤러(H. Appenzeller)의 교습소에 '배재학당(培材學堂)'이라는 친필 현판을 내려주었고, 1887년에는 스크랜턴(M. Scranton)의 교습소에 '이화학당(梨花學堂)'이라는 현판을 내렸다. 역대 왕들이 서원에 친필 현판을 내려주며 사립 유학 학습기관을 후원했듯, 고종은 개화 학문을 배우는 학교를 후원했던 것이다. 특히 이화학당은 한국사 최초의 여성 교육기관이었기에 그 의미가 컸다. 또한 1885년에는 앨런의 건의를 받아들여 최초의 서양식 의료기관인 광혜원(廣惠院, 얼마 후 제중원(濟衆院)으로 개칭되었다)을 설립했다. 이 밖에 1886년에 수력화약공장(水力火藥工場)을, 1889년에 기선회사(汽船會社)를 설립했으며, 1887년에는 상공회의소, 조폐창, 기기창이 설립되었다. 이제 서울에서 푸른 눈의 외국인들이 오가는 모습은 그렇게 놀랄 일도 아니었고, 여기저기에 교회가 세워져 기독교 예배가 이루어지고 주일학교까지 문을 열었다. '서양 오랑캐는 결코 이 땅에 발을 들여놓아서는 안 되며, 천주교는 하늘이 무너져도 안 된다'는 위정척사의 기운이 왕성했던 임오군란 당시만 해도 상상도 할 수 없는 일

고종이 배재학당(培材學堂)에 친히 내린 현판(1886). 독립기념관 소장 사진.

이었다.

또한 고종은 1885년 5월에 내무부를 설치해 군국기무의 중요 업무를 처리하게 했다. 이는 일본의 실질적 최고 부처였던 내무부를 본뜬 듯하며, 왕의 직속기관으로 운영되었다. 제중원, 기기국, 전환국 등이 모두 이 내무부의 외부아문으로 편입됨으로써 고종은 내무부를 통해 개화 사업을 체계적으로 추진할 수 있었다. 갑신정변 후 청나라에 아부하는 인물로 변해버린 김윤식 등의 대신들이 자리 잡고 있는 의정부를 피해 왕의 직접통치를 모색한 것이기도 했다.

그러나 개혁, 그리고 자주의 가장 큰 걸림돌은 뭐니 뭐니 해도 청나라였다. 청나라는 고종이 두 번의 변란을 겪고도 청나라에서 독립하려는 의지를 꺾지 않은 것으로 여겨지자, 1885년 8월에 억류 중이던 대원군을 돌려보냈다. 대원군은 원세개가 직접 이끄는 청나라 군대의 호위를 받으며 제물포에 도착, 당당하게 서울로 입성했다. 고종은 그동안 마지못해 '대원군을 송환해달라'는 뜻의 사절을 청나라에 몇 차례 보냈지만, 본심은 딴판이었다. 그래서 이제는 정말로 쳐다보기도 괴로운 아버지가 돌아오자 그가 도착한 제물포에 달랑 내시 한 사람만 보냈으며, 숭례문에서 열린 환영식에 나가기는 했으되 대원군에게 따뜻한 말 한 마디 안 건넬 정도로 냉담한 태도를 보였다. '입궁하여 잔치라도 함께……'라는 말을 기대하고 있던 대원군에게 말없이 등을 돌려 돌아가 버렸기 때문에, 대원군은 분을 삭이며 운현궁으로 가야 했다. 운현궁에는 대원군을 '호위'하기 위해 고종이 보낸 병사들이 둘러 있었는데, 당연히 호위를 빙자하여 그를 가둘 병사들이었다.

그런 냉대는, 아직도 식지 않은 대원군의 야심을 한층 부채질했다. 그래서 1886년에 원세개와 짜고 쿠데타를 일으켜, 손자 이준용을 대신 왕위에 앉히려는 음모를 꾸민다. 그들은 운현궁과 왕궁에 불을 놓고는 그것을 핑계로 청나라 군대를 대거 입궁시켜 거사를 치르려 했다. 갑신정변을 본뜨려 했던 셈인데, 사전에 계획이 누설됨으로써 불발로 끝났다. 그러자 원세개는 이번에는 조선을 아예 청나라에 병합시켜 속국이 아니라 일개 지방으로 만들어버리려 했다. 이를 위해 한반도와 가까운 여순항에 주둔 중이던 청나라 병력에 비상대기령이 떨어지고, 청나라가 자랑하는 북양함대 역시 발해만에서 남하해 강화도로 접근했다.

하지만 이를 눈치챈 일본이 강력히 반발하며 전쟁도 불사하겠다고 나섰고, 일본과 우호관계인 영국 역시 좌시하지 않을 것임을 표명했다(영국은 러시아의 남하를 경계하여 1885년 4월부터 거문도에 함대를 정박시키고 있었는데, 청나라에 대항해 이 함대를 동원할 뜻도 있음을 전했다). 여기에다 청나라 세력을 견제하고자 고종이 가장 공을 들여 끌어들이려 했던 러시아가 조선 병합 반대론에 적극적으로 뛰어들었다. 이렇게 되자 청나라는 병합 계획을 포기할 수밖에 없었다. 이 모든 움직임은 비록 고종이 적극적으로 주도하여 이루어진 것은 아니었으나, '청나라에 맞서 일본, 미국, 영국, 러시아, 독일 등 여러 나라의 힘을 이용해 세력 균형을 이룬다'는 고종의 구상이 마침내 이루어져, 바람 앞의 등불 같던 조선의 생명이 구제받은 것이었다. 아직도 청나라와 원세개의 위세는 대단했지만, 고종으로서는 작은 승리를 거둔 셈이다. 그래도 미련을 못 버린 원세개는 1889년에 고종 암살을 시도하고, 1890년에 조 대비가 숨을 거두자 그 조문 사절 문제로 조선 정부와 날카롭게 대립하며 고종을 궁지에 몰아넣으려 했다. 하지만 고종은 역시 정보력을 발휘해 암살 계획을 사전 탐지함으로써 원세개의 계획을 무산시키고, 조문 사절 문제에서는 겉으로 청나라에 공손한 태도를 보여 말썽의 소지를 없앰으로써 일이 커지지 않게 무마하는 등 효과적인 대응을 해냈다.

그러나 고종이 이처럼 어렵사리 자기 자신과 국가의 안전을 도모하느라 여념이 없는 사이, 내정의 폐단은 곪아 터져가고 있었다. 1885년부터 1893년까지 전국에는 서른두 차례의 크고 작은 민란이 일어나, '도저히 이대로는 못 살겠다. 죽든 살든 갈 데까지 가 보자'는 민심을 알렸다. 그리고 마침내 1894년 2월, 민중의 한과 분노는 둑을 넘었다. 못 가진 자들의 외침이, 바야흐로 역사를 바꾸기 시작했다.


1860년에 최제우가 창시한 동학(東學)은 그 이름에서도 보다시피 천주교(서학)에 맞서 동양 고유의 사상과 가치를 지킨다는 의지, 그러면서도 위정척사와는 달리, 짧게는 수십 년 동안의 세도정치 체제, 길게는 수백 년 동안의 성리학 체제가 민중에게 강요한 온갖 모순을 척결한다는 의지를 품고 있었다. 다시 말해서, 외세의 간섭 없이 스스로의 힘으로 스스로의 정의를 실현한다는 민중의, 민중에 의한, 민중을 위한 이념이자 운동이었다.

그러므로 최제우가 지은「포덕문(布德文)」에서는 당시 제1차, 2차 아편전쟁으로 중국이 유린당하던 상황을 염려하며 "순망치한(脣亡齒寒)이라 했으니, 저쪽이 무너지면 다음은 우리일 것이다. 어떻게 보국안민을 할 것인가"라 밝혔고, 이후에도 외세의 개입을 무엇보다 경계하며 "일본과 서양을 쫓아내 멸하고 우리의 거룩한 도를 깨끗이 하자(逐滅倭洋 澄淸聖道)"라 외치고 있었다. 그리고 한편으로 탐관오리들을 탄핵하고, 과거제도와 세제의 문란을 개탄하며, 노비제도나 과부의 수절 강요 같은 비인간적인 관습 역시 매섭게 비판했다.


공경대부에서 지방의 수령들까지, 모두가 나라의 위태로움은 아랑곳없이 오직 사리사욕에 눈이 멀었다. 과거시험장을 장사치들의 좌판으로 만들었으니, 나라의 인재를 등용하는 자리가 자기 호주머니를 채우는 자리가 되었다.

백성의 고혈을 짜낸 세금은 대부분 국고가 아닌 개인의 창고로 들어가 버리고, 나라 빚은 날로 늘지만 아무도 관심이 없다. 소수의 뻔뻔스러운 이기심, 사치 퇴폐 풍조가 극에 달하니, 그 때문에 다수의 힘없는 백성은 어육(魚肉)이 된다. (……)

우리는 초야의 무지렁이 백성이다. 그러나 임금의 땅에서 먹고 임금이 내린 옷을 입고 사는데, 오늘날 나라가 망하는 꼴을 어찌 두고만 볼

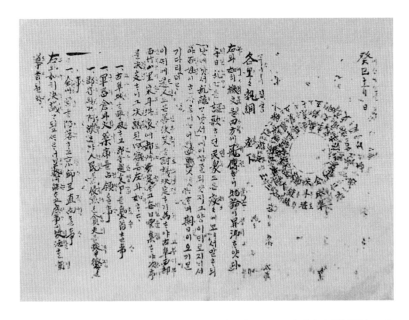

고부 군수 조병갑의 학정에 항거하여 봉기할 것을 약속하고 전봉준 등 20여 명이 작성한 통문(1893).
주모자가 누구인지 알 수 없도록 사발 모양의 원을 중심으로 둥글게 서명했으므로
'사발통문'이라고 한다. 독립기념관 소장 사진.

것인가. 온 나라의 백성이 마음을 하나로 하고, 서로 뜻을 모아, 이제 정의
의 깃발을 올린다. 이제부터 우리는 보국안민을 위하여 살아도 같이 살고
죽어도 같이 죽으리라…….

  1894년 2월 15일, 전봉준이 전라남도 고부군 관아를 습격, 온갖
패악을 부리던 조병갑을 내쫓고, 그의 손과 발이 되어 백성을 괴롭혀온
향리들을 처벌한 다음 올린 「호남창의소(湖南倡義疏)」의 일부다.
  그런데 사실 무장봉기는 동학의 본래 사상에서는 꺼리는 일이었

다. 최제우와 그의 뒤를 이은 최시형은 모두 교화가 널리 퍼져 사람의 마음이 하늘의 마음과 일치하면 태평한 세상이 저절로 이루어진다는 '무위이화(無爲而化)'를 강조하며, 포교에만 힘쓸 뿐 정부의 박해에 저항하지 말라고 교도들에게 지시했다. 그래서 전봉준이 봉기했을 때도 최시형은 '전봉준은 국가의 역적, 사문의 난적(斯文亂賊)이다!'라고 성토하며, 한동안 자신이 직접 관리하는 충청도의 북접을 봉기에 참여하지 못하도록 엄중히 단속했다.

그러나 조선 조정은 동학을 서학과 마찬가지의 '이단 사설'로 여겨 주모자가 잡히는 대로 형장으로 보내는 가혹한 탄압을 계속해오면서, 서학에 대해서는 외세의 압력에 굴복해버렸다. 그래서 천주교 탄압을 거두었을 뿐 아니라, 서양의 '코쟁이'들이 버젓이 교회를 세우고 선교를 하며 조정 대신들과 나란히 궐에 출입하도록 내버려두고 있지 않은가? 게다가 지금의 왕은 코쟁이들이 세운 학교에다 친필 현판까지 내려주며 우대하고 있지 않은가? 여기까지는 그래도 참을 만하다. 서학을 허용할 양이면 동학 역시 자유롭게 풀어줘야 이치에 맞을 텐데 동학에는 여전히 이단의 굴레를 씌우고, 교조 최제우를 신원(伸冤)해달라는 간절한 호소조차 거듭 묵살하고 있다!

동학교도로서는 분통이 터지는 현실이 그들의 집단행동을 부추겼고, 1892년 11월 전라도 삼례집회에 이어 1893년 3월에는 이만오천 명의 교도들이 충청북도 보은에 모여 대규모 집회를 열었다. 놀란 고종은 어윤중을 선무사(宣撫使)로 보내 그들을 달래는 한편, 병력을 파견하여 '우선 설득하되 끝까지 듣지 않는다면 힘으로라도 해산시키라'고 지시했다. 결국 보은의 동학교도들은 한 달 만에 해산했으나, 근본적인 문제 해결은 이루어지지 않은 채 시간만 가다가 마침 그해 가을 큰 흉년이 들었다. 전국에서 세금을 줄여달라는 요청이 빗발쳤는데, 고부의 조병갑은 이를 거부할 뿐 아니라 농민을 강제 동원해 쌓은 만석보(萬石洑)의 수세를 내라고(지은 첫해가 되는 그해에는 면제하기로 약속했었다) 독촉하니, 조병갑의 행패로 아버지를 잃은 동학의 남접주(南接主) 전봉준을 중심으로 성난 민심이 모여들어 마침내 봉기가 일어났던 것이다. 종교운동에다 민중운동이 합쳐져 일어난 대폭발이었다.

　　생각해보면 동학운동은 대규모의 무장투쟁으로 번지기 전에 막을 수 있었다. 천주교도 용인한 마당에, 동학이 특별히 반체제적인 주의주장을 앞세우지도 않는데 계속 이단시하며, 갈수록 불어나는 교세를 인정하지 않고 탄압으로 일관한 것은 형평성에도 어긋날뿐더러 파급 효과를 고려하지 않은 부적절한 정책이었다. 또한 동학이 단지 종교운동으로만 남지 않고 일반 민중의 불만을 규합해서 무서운 폭발력을 갖게 된 까닭은, 그동안 안동 김씨, 풍양 조씨, 대원군, 고종 친정기에 계속된 지방행정의 문란과 부정부패의 만연에 견디다 못한 일반 백성의 원한과 분노에 있었다. 고종은 국내적으로나 국제적으로나 온통 적들에 둘러싸여 자기 자신과 국권을 지키고자 정신이 없기는 했다. 아무리 그래도 지방이 그렇게 도탄에 빠지도록 놔두어서는 안 될 일이었다. 고부 봉기의 원인을 제공한 조병갑만 해도 이미 탐관오리로 지목되어 한 차례 징계를 받은 사람이었다. 그러나 힘 있는 가문(풍양 조씨)의 일원이라는 이유로 복직되어 다시 백성을 괴롭힘으로써 결국 도화선에 불을 붙이고 말았던 것이다. 고종은 대원군이나 원세개의 눈치만 살피기에 급급할 게 아니라 한계에 달한 백성의 눈치부터 살펴야 마땅했다. "나라에는 백성이 가장 중요하다. 종묘사직이 그다음이며, 군주는 가장 가볍다." 어린 신출내기 군주 시절 경연 자리에서 귀가 닳도록 들었을 맹자의 이 말, 이미 재위 31년에 이르고 있던 고종은 그것이 그냥 케케묵은 이야기일 뿐이라고 생각했을지 모른다. 그러나 아무리 개화가 이루어지고 중화와 오랑캐의 구별이 없어지고 전차와 열차가 다니는 세상이 되었다고 해도, 그 말은 결코 흘려들어서는 안 될 교훈을 담고 있었다. 진정으로 개화된 세상에서는 더욱 중요한 교훈을.

고부 봉기를 무마하고자, 고종은 조병갑을 체포해 올리도록 하고 이용태를 안핵사(按覈使)로 임명해 파견했다. 안핵사란 민심을 수습하고 사건의 진상을 조사하는 특별 임무를 맡은 관리를 말한다. 그러나『실록』에는 그가 "무리가 많은 것을 보고 두려워하여 병을 핑계 대고 나서기를 꺼려하면서, 도리어 이 기회를 이용하여 백성의 재물을 약탈하니 민심이 더욱 격화되었다"라고 적혀 있다. 그런데 대체 '두려워하여 나서지 않는다'와 '백성의 재물을 약탈한다'가 어떻게 연결될 수 있는지 의문이다. 다른 기록에는 그가 매우 강압적으로 수사를 했으며 그 과정에서 죄 없이 끌려가 치도곤을 당하는 일이 많았고, 혐의를 벗기 위해 부득이 뇌물을 바치거나, 심지어 부녀자가 성폭행을 당하는 경우도 있었다고 한다. 아무튼 사태를 진정시키려 보낸 안핵사의 활동이 오히려 불에 기름을 부었음은 분명하다. 전라북도에서도 태인의 동학교도가 봉기했고, 전라도뿐 아니라 경상남도 김해에서도 「호남창의소」에 호응하여 김해부사 조준구를 몰아냈다. 이들은 마침내 '일본과 서양을 쫓아내 멸하고 우리의 거룩한 도를 깨끗이 하자!', '서울로 쳐들어가 더러운 세도가들을 없애버리자!' 등의 구호를 외치며 단순한 봉기 집단에서 농민군으로 바뀌어 출정했다.

먼저 남쪽으로 한 바퀴 돌았는데, 영광·함평·무안·나주 등은 수령들이 농민군이 오기도 전에 달아나 버려 간단히 점령되었다. 그리고 다시 3월 말에는 전주를 향해 북상을 시작했다. 여러 고을의 무기고를 털어 무기를 장비하고 병력도 불어난 농민군의 기세는 등등했다.

일이 이렇게까지 커지자 고종은 결국 농민군을 무력으로 토벌한다는 결정을 내렸다. 그리고 자신과 명성황후의 신임을 한 몸에 받고 있는 장위영 영관 홍계훈을 초토사(招討使)에 임명한 다음 팔백 명의 정예병과 야포 두 문, 기관포 두 문을 갖추어 출정시켰다. 이들은 청나라 북양함대 소속인 화륜선을 타고 군산에 도착, 전주로 행군했다.

병인양요와 신미양요가 대원군 집권기의 일이었음을 감안하면, 이는 고종이 재위 중 시도한 최초의 대규모 군사력 동원이었고, 또한 마지막 동원이 될 터였다. 그런데 제압해야 할 대상이 일본군도, 청군도 아니고 자신이 '자식처럼 돌봐야 마땅한' 일반 백성들이었음은 참으로 얄궂은 일이었다. 고종은 이렇게 동학을 용납하지 않고 무력으로 진압한다는 결정을 내렸을 뿐 아니라, 외국 군대의 개입을 주도적으로 추진하기도 했다. 아직 봉기가 일어나지도 않았던 1893년 3월 25일, 그는 어전회의에서 청나라 군대의 파병을 요청하는 일을 적극 검토해야 한다고 나섰다. 대신들이 한결같이 만류하는데도 '청나라도 태평천국의 난 때 영국군에게 의뢰해서 난을 진압한 일이 있으니, 우리도 그렇게 하면 되지 않겠는

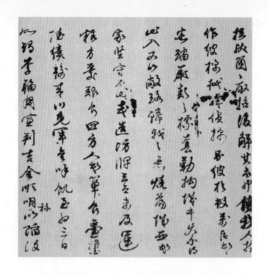

동학운동 진압을 위해 파견한 초토사 홍계훈(洪啓薰)에게,
고종이 그곳의 상황 및 동태를 묻고 답하는 글(1894). 독립기념관 소장 사진.

가?'라고 반문하는 모습에 우리는 당황할 수밖에 없다. 이것이 과연 고종의 말인가? 그는 이제껏 어려운 가운데서도 온갖 지혜를 짜내 청나라의 영향력에서 벗어나려고 하지 않았던가? 그런데 오히려 자진해서 청나라의 개입을 불러오려 하다니?

하지만 고종에게도 변명거리는 있다. 당시 동학당은, 아니 적어도 전봉준과 그 동지들은 대원군과 결탁하고 있다는 의심이 짙었다. 고부 봉기가 있기 전에 교조의 신원을 빌미로 서울에 전국의 동학교도를 집결시키고는 그 힘으로 궁궐을 점령한 뒤 대원군의 손자 이준용을 왕위에 앉히려 한다는 소문이 돌았는데, 이것이 진짜였는지 헛소문에 불과했는지는 모르나 고종으로서는 충분히 경계할 만했다. 또한 전봉준은 1893년 2월경에 서울로 올라가 운현궁을 방문한 일이 있다. 이때 두 사람이 무슨 이야기를 나누었는지 역시 확실하진 않지만, 모종의 밀약이 있지 않았을까 하는 의심이 당시에나 지금에나 많다. 동학군은 출정하면서 '4대 강령'을 발표했는데 그중에 '충효를 온전히 한다'는 구절이 있었고, 농민군의 '규율 12개조'에도 '불효한 자는 죽인다'는 구절이 있었다. 일반적인 효도의 문제가 당시의 급박한 상황에서 그렇게 중시될 문제였는가를 생각할 때, 그것은 바로 '불효자 고종'을 응징하고 대원군을 옹립한다는 뜻을 담고 있었을지도 모른다.

또한 청나라 군대의 개입을 고려한 점도, 고종을 줏대 없는 사람으로만 생각할 것이 아니다(당시에나 지금에나, 그렇게 보는 시각이 많지만). 분명 임오군란과 갑신정변 이후 드세진 청나라의 압력에서 고종이 벗어나려 발버둥친 점은 사실이다. 하지만 1890년대에 들어서면서 사정이 조금 달라졌는데, 바로 일본의 태도가 강경해진 점이었다. 일본은 갑신정변 실패 이후 일단 조선에서의 청나라의 우위를 인정하고 한발 물러서 있었다. 그러나 1889년 흉년 때문에 조선 정부가 곡물의 해외 유출을 금지하는 방곡령(防穀令)을 내리자, 그 때문에 자국 무역상들이 타격을 받은 일본이 강력하게 항의를 해왔다. 이 이후 조선과 일본 사이의 기류는 급속도로 냉각되었고, 일본에 망명해 있는 김옥균 등 갑신정변 주도 인물들을 넘겨달라는 조선의 요청을 일본이 거듭 거부하면서 그런 냉기는 더욱 짙어졌다. 일본이 뭔가 꾸미고 있고, 조선에서 제2의 정변을 추진 중이라는 관측이 국내외에서 나왔다.

그러므로 고종은 어차피 동학운동 때문에 외세의 군사개입을 피할 수 없다면 차라리 '속국' 관계를 유지하고 있는 청나라에게 파병을 요청함으로써, 일본까지 병력을 상륙시켜 조선 땅이 전쟁터가 되는 일을 피해보자고 생각했을 법하다. 그리고 국제 문제를 떠나, 동학군이 내세운 목표대로 서울에 진입해 정부를 전복하는 일은 막아야만 하는데, 그것이 허약할 대로 허약해진 조선 정규군만으로 가능할지 걱정스럽기도 했을 것이다.

그리고 그 걱정은 곧 사실로 나타났다. 가장 믿음직한 지휘관에게 최정예병력을 붙여 보냈음에도, 대부분 녹슨 칼이나 농기구 따위로 무장한 농민군에게 패배하고 말았던 것이다. 관군은 신식 훈련을 받았고 최신 무기를 갖추었다. 그러나 병력 면에서 크게 열세인 데다 그나마 행군 도중에 탈영병이 속출하여, 농민군과 마주쳤을 때는 출정했을 당시의 절반밖에 남지 않았다. 남아 있던 병력도 사기가 말이 아니어서, 황룡촌 전투에서 조금 전황이 불리해지자 곧바로 달아나 버렸다. 고종은 국내외의 세력 균형에만 신경을 쓰다가 민심을 잃어버렸을 뿐 아니라 국방력도 제대로 기르지 못했던 것이다. 전주성에는 동학군의 깃발이 올랐고, 낙심천만한 고종은 이제 청나라 군대밖에 믿을 수 없다는 뼈아픈 결론에 도달했다.

그러나 그것은 섣부른 결론이었을지 모른다. 동학군이 전주성을 함락시킨 날이 1894년 4월 27일, 조선 정부가 청나라 군대의 파병을 요청한 날이 4월 30일이었다. 이에 청군 천오백 명이 5월 8일 아산에 도착했고, 이어서 부산과 인천으로 북양함대의 군함들이 진입했다.

전주가 동학군에게 점령된 후 병력을 재집결시킨 홍계훈은 성안의 동학군과 공방전을 벌였으며, 5월 3일에는 완산 전투에서 대승을 거두었다. 이때 동학군의 주요 지휘관인 김순명이 전사하고 전봉준도 다리 부상을 입음으로써 동학군 지도부는 당황했다. 이로써 관군과 동학군 사이에 협상이 진행되어, 마침내 청군이 상륙한 5월 8일에 정부는 동학군이 내세운 '폐정개혁안'을 받아들이고 동학군은 전주에서 물러나기로 하는 '전주화약'이 체결된다.

물론 전주 점령이 풀렸다고 해서 정부에 대한 동학군의 위협력이 사라진 것은 아니었다. 하지만 단 며칠만 더 상황을 지켜보았더라도 자진해서 외국 군대의 개입을 초래하는 일은 없었을 것이다. 고종은 나름대로 발 빠른 대응을 함으로써 문제가 심각해지기 전에 서둘러 마무리지으려 취했던 파병 요청이었으나, 그것은 결과적으로 신중한 대응만 못했다. 최악은, 청나라를 먼저 끌어들임으로써 막고자 했던 일본의 군사개입을 저지할 수 없었다는 점, 아니 그 때문에 오히려 군사개입이 촉발되었다는 점이었다.

갑신정변 이후 청나라와 일본이 맺은 톈진조약에는 청나라나 일본 중 어느 한쪽이 조선의 요청에 따라 파병할 경우 상대국에 '통보한다', 그리고 사태가 진정되면 '즉각 철수한다'라고 되어 있었다. 분명 두 나라 중 어느 쪽도 일방적으로 조선을 군사적으로 지배하거나, 조선에서 양국이 군사적으로 충돌하지 않도록 서로 조심한다는 내용이다. 따라서 청나라 군대가 먼저 조선에 진입한 이상 일본은 사태가 끝날 때까지 개입할 수 없고, 동학군이 해산하거나 제압되면 청나라 군대도 철수하리라고 고종은 계산했을 것이다.

하지만 일본은 톈진조약의 내용을 '청나라나 일본 중 어느 한쪽이 조선에 파병하면 다른 쪽도 파병한다'로 해석했다. 말도 안 되는 억지 해석이었으나 이를 내세워서 일본군 사천여 명이 부산과 인천에 상륙했다. 그뿐이 아니었다. 먼저 들어온 청군이 아산에 주둔한 채 사태를 관망하는 사이에 서울로 진격하여 용산과 만리동에 진을 치고, 서울의 요해처마다 병력을 주둔시켜 청나라 군대나 조선 관군의 진입을 봉쇄해버렸던 것이다.

고종과 원세개는 놀라서 '톈진조약 위반이다!', '만국공법(국제법)에 따르면 적국이 아닌 이상 다른 나라의 수도로 군대를 진입시킬 수 없다!'는 항의를 했으나 소용이 없었다. 전주 화약으로 동학군이 해산했다는 점을 들어 '사태가 진정되었으니 톈진조약에 따라 즉각 병력을 철수시켜야 한다'고도 했지만 역시 마이동풍이었다. 일본 공사 오토리 게이스케(大鳥圭介)는 '애당초 이런 난리가 난 원인은 미개하고 부패한 조선의 통치체제에 있다. 조선이 내정개혁을 하지 않는 이상 철군할 수 없다'고 주장했다. 마치 21세기의 이라크에서 '대량살상무기'가 발견되지 않자 '사담 후세인의 폭압적 불량국가체제를 교체하고 이라크를 참다운 민주국가로 만드는 것이 전쟁 목표'라고 했던 미국의 주장처럼.

많은 역사책에서 이 시기의 조선에는 정말로 내정개혁이 필요했으며, 고종은 임시방편으로 동학군에게 폐정개혁안 수용을 약속했지만 그것은 동학군을 해산시키기 위한 기만일 뿐이었고 개혁에 나설 의지도 힘도 없었다고 한다. 그래서 일본의 강요로 갑오경장을 해야만 했다는 것이다. 하지만 사실은 그렇지 않다. 고종은 동학교도들이 대원군과 연계되어 있다고 의심했고, 그들을 '비적'이라 폄하했다. 하지만 그 '비적'이 일어난 이유는 바로 잘못된 체제와 부패한 관리들 때문임을 통감하고 있었다. 이제껏 고종은 내부 문제를 상대적으로 등한시해왔다. 국제 문제가 더 급박하다 여겼기 때문에, 그리고 두 차례의 정변 이후 전처럼 국왕으로서의 권위로 신하들을 부릴 수가 없어서 그들이 어느 정도 사복을 채우는 일을 눈감아줘야만 했기 때문이었다. 하지만 그 결과 이제 총체적 위기가 닥쳐왔다. 따라서 일본이 요구하든 말든 내정개혁을 추진해야 한다는 의식이 있었고, 그렇게 했다.

"오늘날 나라 살림이 궁색하고 백성의 살림이 곤궁하여 점점 어려워져 마침내 수습이 안 될 지경에 이른 것은, 그때그때 미봉책으로 얼버무림으로써 기강이 해이해지고, 잘못된 제도의 폐단이 만성화되어도 고치지 않음으로써 위와 아래가 모두 안일에 빠진 결과다. 나는 지금 두려운 마음을 품고 정신을 바짝 차리고 있다. 늘 만사를 경계하고, 잠자리에 들었다가도 몇 번씩 일어나며 다시 숙고하고 마음을 가다듬어 계획을 점검하고 있다. 따라서 낡은 정치를 일신하려는 뜻을 담아 지시하는 것이니, 모든 신하들도 마땅히 깊이 반성해야 할 것이다. 그리고 나의 뜻을 받들어 실천에 옮기는 데 힘을 다하여야 할 것이다."

1894년 6월 11일, 고종은 이러한 하교와 함께 교정청(校正廳)을 설치하여 매일 쉬지 않고 개혁안을 만들었다. 그 결과 얼마나 많은 개혁이 추진되었을까? 말하기가 쉽지 않다. 탐관오리의 색출과 징계, 기강의 일신 외에 각종 잡세(雜稅)의 폐지 등이 우선 거론되었는데, 그것은 동학교도들의 폐정개혁안 중 '탐관오리의 죄상을 자세히 조사하여 처리할 것'과 '명목 없는 잡세를 일절 폐지할 것'에 부응한다고 볼 수 있다. 하지만 그 밖에 노비제도의 폐지나 토지의 균등 분배 등은 거론되지 않았고, 따라서 그 개혁의 진정성을 폄하하는 사람들도 있다.

하지만 사실 그처럼 근본적인 성격을 갖는 개혁 문제는 거론하려야 거론할 틈도 없었다. 교정청이 설치된 지 겨우 열흘 만에(1894년 6월 21일), 일본군이 전격적으로 경복궁을 점령해버렸기 때문이다. 시위대와 가벼운 충돌이 있었으나 상대가 안 된다는 것을 깨달은 고종은 '총을 버려라! 개죽음을 하지 마라'라고 지시했다. 임오군란 이후 세번째로 조선의 궁궐이 외국 병사들의 군홧발에 짓밟히던 순간, 이 사태의 주역인 오토리 공사가 또 한 사람의 주역과 함께 위세등등하게 입궁하여 고종의 눈앞에 나타났다. 고종은 이미 일본군이 궁궐을 점령할 때부터 그 사람이 누구인지 짐작하고 있었다. 대원군이었다.

---

"많이 놀라셨을 듯합니다. 송구합니다만, 문안드리러 왔습니다."

『왕조실록』과 『승정원일기』는 이때 고종이 대원군과 무슨 이야기를 나누었는지는 기록하지 않았다. 다만 오토리 일본 공사와의 대화만 적고 있는데, 대원군과 주고받은 말은 차마 기록할 수 없는 고도로 정치적인 이야기라서, 아니면 노골적인 험담이었기에 기록에서 빠지지 않았을까. 아무튼 만국공법이고 이웃나라에 대한 예의고 다 팽개치고는 총칼로 남의 나라 국가원수를 위협하고 있으면서, 오토리는 천연덕스럽게 말을 꺼냈다.

"다치지는 않았소."

속이 부글부글 끓다 못해 증발해버리고 있었을 고종도 천연스레 대답했다. 하지만 말에 뼈가 있었다. '다치지는 않았다. 아직 몸이 멀쩡한 것 말고는 완전 엉망이다. 네놈들 때문에!'

"이왕 이렇게 되었으니, 이제부터는 우리의 충언을 받아들여 개화에 힘쓰십시오. 그러면 두 나라의 관계가 전보다 훨씬 돈독해질 것입니다."

"……좋은 말씀이오. 두 나라가 서로를 자기 나라처럼 여기면서 신뢰를 쌓아나간다면, 진정으로 서로 돕고 의지하는 관계가 될 것이오."

'관계가 돈독해져? 너희 나라가 이렇게 함부로 취급당했더라면 너희는 어떻겠느냐?'

"전에 아뢴 다섯 조목을 시행하시면 아주 좋을 것입니다."

"우리는 옛 법과 제도를 갖추고 있소……. 하지만 당신들이 말하는 다섯 조항이라는 것도 매우 좋소."

"옛 법과 새 법을 모두 써서 국정의 근본으로 삼는다면 무궁한 번창의 기반이 될 것입니다."

여기서 '다섯 조항'이란 일본이 6월 초에 요구해온 이른바 내정개혁안으로, 중앙과 지방의 행정제도를 개편하고 새로운 인물을 등용할 것, 재정 업무를 정리하고 부를 축적할 원천을 개발할 것, 법제를 정돈하고 형법을 개정할 것, 민란 진정과 치안 유지에 필요한 효과적 군사제도를 수립할 것, 교육제도를 확립할 것 등이었다.

고종은 일본이 뭐라고 하지 않아도 개혁을 하려 하고 있었다. 그러나 일본은 교정청에서 진행되는 개혁 작업을 지켜보지도 않고 무력을 앞세워 정변을 일으키고는, 그 명분으로 자신들의 내정개혁안을 내세우고 있는 것이다. 그리고 그들의 요구는 단지 내정개혁만이 아니었다.

"이제부터 모든 일반 업무는 먼저 대원군에게 결재를 받으라. (……) 군무(軍務) 역시 마찬가지다."

오토리와 대원군이 물러간 다음, 대신들을 소집한 고종은 이렇게 지시했다. 일본은 고종을 굴복시켰을 뿐 아니라 대원군이 세번째로 정권을 잡도록 해주었다. 어쩌면 이것은 오래전부터 이어져온 음모의 산물이었을지 모른다. 청나라에 실망한 대원군이 조선에서 전세 역전을 노리고 있던 일본과 몰래 결탁하고, 다시 대원군과 전봉준 등이 결탁함으로써 동학운동이 시작되고, 그것을 빌미로 일본군이 진주한 것은 아닐까? 대원군이 청나라와는 오랫동안 밀착했어도 일본, 서양과는 적대적인 입장에 있었음을 볼 때 그것은 대단한 '변절'이었다. 권력만 잡을 수 있다면 못할 것이 없다는……. 그리고 동학교도 역시 일본은 극히 혐오했는데, 이는 결국 대원군의 세번째 권좌도 이내 흔들리게끔 한다. 아무튼 대원군은 다시 한 번 권력을 잡는 데 성공하여, 아들 고종을 허수아비로 앉히고 모든 국사를 관장했다. 그리고 민영준, 민형식, 민응식 등 민씨 고관들을 숙청하고는, 김홍집을 영의정으로 세운 뒤 그를 수장으로 하는 군국기무처(軍國機務處)를 설치했다. 기무처의 고문은 오토리였다.

여기서 왜 대원군이 전처럼 고종을 퇴위시키고 손자 이준용을 대신 내세우려 하지 않았는지는 의문인데, 아마 일본과 일본의 만행에 대한

국내 여론이 워낙 좋지 않은 상황에서 왕까지 갈아치운다면 반발이 대단할 것을 염려했기 때문일 것이다. 고종이 그 능란한 처세술을 다시 한 번 발휘하여, '대원군에게 전권을 쥐어주는 것보다 어느 정도 여지를 남겨두는 게 좋다'는 식으로 일본 측을 설득했을지도 모른다.

이제 일본은 전격적으로 달성한 조선에서의 우위를 지키기 위해 청나라와의 한판 승부에 나서야 했다. 그리고 그 싸움에서도 상대가 전열을 정비할 틈도 없이 선제공격을 하려 했다. 경복궁을 점령한 이틀 뒤인 1894년 6월 23일, 일본군은 청나라 군대의 주둔지인 아산만으로 군함을 보내 그곳에 정박하고 있던 청나라 함선(명목상 영국 상선이었으나, 실제로는 청군이 사용하고 있었다)을 격침시켰다. 이에 어쨌든 자국이 연루된 영국이 나서서 화해를 종용하여, 일단 청·일 양국의 대화가 시작되었다.

당시 청나라의 실권자였던 이홍장은 엄격히 따져서 청나라의 전력이 일본을 누르지 못한다는 사실을 알고 있었다. 그래서 되도록 전쟁을 피하고자 '조선을 둘로 나누어 북쪽은 청나라가, 남쪽은 일본이 지배하자'고 제안했지만 일본에게 거부당했다. 하마터면 반세기도 전에 남북 분단이 될 뻔했던 제안이 무산되자 이홍장은 러시아에 도움을 요청했다. 하지만 계속 극동에서 세력 확장을 노려온 러시아는 이 기회에 청나라의 힘을 빼려는 생각에 응하지 않았으며, 이에 영국이 중앙아시아에서 청나라가 러시아를 견제해주는 조건으로 청나라와 동맹을 맺을 뜻을 밝혔지만 러시아와의 제휴에 미련이 있던 이홍장은 이를 거절했다. 이렇게 이홍장의 외교가 헛바퀴를 도는 사이 일본은 함대를 조선에 추가 파견했으며, 6월 30일에 정식으로 청나라에 선전포고했다. 청일전쟁의 시작이었다.

청일전쟁이 시작될 무렵 대부분은 청나라가 이기리라 점쳤다. 유일하게 비관적인 입장이었던 이홍장도 청나라가 일본을 압도하기 어렵다고 여겼지, 일본에 참패하리라고는 생각하지 않았다. 하지만 그렇게 되었다. 원인은 흔히 서태후가 군자금을 멋대로 빼돌려 자신의 여름 궁전을 꾸미는 데 썼기 때문이라고 하지만, 그것은 원인이래야 여러 원인 중 작은 하나에 지나지 않았다. 근본적으로 당시의 청나라 군대는 규율도 훈련도 엉망이었고, 전쟁 수행에서도 도무지 손발이 맞지 않았다. 서태후-이홍장 진영('후당(后黨)')을 불신하고 견제하는 광서제-옹동화 진영('제당(帝黨)')의 태도 때문에 청나라는 총력전을 펼칠 수가 없었고, 각성(省)의 군대가 팔짱을 끼고 있는 사이 사실상 이홍장 휘하의 북양군만이 일본과 싸웠으나 그나마 조정의 간섭과 통제 때문에 번번이 실책을 저질렀다. 반면 바야흐로 군국주의의 독주(毒酒)에 취해가고 있던 일본은 '천황에서 사병까지' 일치단결하여 효율적이고 효과적으로 전력을 구사했다.

일본 육군은 개전 초부터 서울 방면에서 북진을 시작, 8월 16일에 평양을 함락시켰다. 9월에는 일본군이 압록강을 넘어 중국 본토를 공략했다. 한편 일본 해군은 황해해전에서 청나라 북양함대를 격파한 다음 10월 24일에 중국 본토의 여순항을 점령하고 위해위(威海衛)를 공격했다. 그 뒤로는 일본의 일방적이고도 싱거운 승리가 이어졌으며, 마침내 1895년 3월 23일, 청나라가 일본의 조건을 모두 받아들여 시모노세키조약을 맺음으로써 청일전쟁은 끝이 났다. 조약 제1조는 "조선은 완전한 자주독립국임을 확인한다"였다.

이렇게 임오군란 이래 십삼 년 동안 계속된 청나라의 제국주의적 지배, 아니 어쩌면 나당동맹 이래 천 몇백 년 동안 계속된 중국에의 사대 관계가 마침내 끝나가는 동안, 서울의 경복궁에서는 또다시 정변이 일어나고 있었다.

일본-대원군-동학군이라는 미묘한 결합관계는 대원군이 일본의 힘으로 정권을 잡고부터 삐걱거리기 시작하더니, 청일전쟁이 시작될 때는 완전히 결렬 상태에 처해 있었다. 일본은 쿠데타의 명분도 있는 데다 조선을 더 효과적으로 지배하기 위해 동학군의 소탕과 구체제의 개혁을 추진했으며, 그것은 곧바로 전주화약 이후 호남 각지에서 자치 활동을 벌이고 있던 동학군의 재봉기를 불러왔다.

대원군 역시 일본이 못마땅했는데, 궁극적으로 고종을 퇴위시키고 손자 이준용을 보위에 앉히려는 그의 뜻을 일본이 계속 거부했을 뿐 아니라, '정 그러면 중전이라도 우선 폐위시키자'는 주장 역시 어느 정도 검토하는 듯하더니 결국 수용하지 않았기 때문이다. 더욱이 대소 사무를 자신에게 결재시킨다는 고종의 선언에도 불구하고 얼마 후부터는 군국기무처의 고위직들이 은밀히 고종의 지시를 따르기 시작했고(김가진 등 과거 별입시로서 고종의 친신이었던 인물들이 대표적이었다), 일본이 그것을 굳이 저지하지 않자 불안감이 더해갔다.

그리하여 대원군은 1894년 말부터는 은밀히 청나라 및 동학군과 내통하며 반일 공작을 해나갔다. 당시 평양에 본거지를 두고 있던 청나라 군대가 남하하고, 호남을 중심으로 하는 동학군이 북상하여 서울을 점령하고 일본군을 축출한다는 계획까지 세웠다. 그러나 그의 불운은 평양에서도 호남에서도 일본군을 당하지 못했다는 점, 그리고 그런 그의 움직임을 일본 측에서 포착했다는 데 있었다.

일본은 고종과 협상을 시도했다. 그 결과 대원군을 몰아내고 고종이 정권을 되찾는 대신 일본의 '감독' 역할을 인정하고 그에 따라 개혁을 추진하며, 박영효·서광범·윤치호·서재필(홍종우에 의해 암살당한 김옥균을 제외한, 이른바 '갑신오적') 등 갑신정변 실패 후 일본에 망명 중이던 친일적 개화파 지도자들을 사면하고 그들을 귀국시켜 각료로 기용한다는 선에서 합의가 이루어졌다. '감독' 역할이 무엇을 의미하는지는 곧 오토리를 대신하여 부임한 이노우에 가오루(井上馨)가 주조선 일본 공사이자 동시에 재정 고문을 맡음으로써 분명해졌다. 외교관인 동시에 상대국의 국정에 관여할 수 있는 직책이란 비상식적인 것으로, 일본은 당시 이집트에서 영국 대사가 대사 겸 고문으로 통제권을 행사하던 것을 본떠 이런 체제를 만든 것이다. 따라서 고종은 명목상 군주로서의 전제권을 되찾았으나, 정책을 수립하고 추진하는 데는 일본 공사의 감시와 통제를 받지 않으면 안 되었다. 이런 굴욕에다 왕조의 정치관행상 '그 본인뿐 아니라 삼족(三族)을 멸해 마땅한' 역모의 수괴들이 천연덕스럽게 도성을 활개 치고 다니며 국정에까지 관여하게 한다는 것은 고종 본인과 조선왕조, 그리고 조선이라는 나라의 치욕이 아닐 수 없었다.

그러나 고종은 의연했다. 지금은 무슨 굴욕이든 참자. 견디자. 욕지기가 나올 것 같은 인간들에게 웃음으로 인사하고, '참 다루기 쉬운 놈'이라는 인상을 심자. 그리고 기다리자⋯⋯. 기다리다 보면 언제고 기회는 온다. 아무리 강해도 영원히 강할 수는 없고, 운명은 승리자의 오만을 오래 참아주지 않는 법이니까. 아버지의……, 그리고 한때의 나의 오만 역시 그 대가를 치르지 않았던가. 지금은 강한 힘에 저항하지 않으며, 그 힘을 빌려 할 수 있는 일을 한다. 바로 아버지의 미친 듯한 야망을 다시 한 번 좌절시키는 일. 그리고 언젠가는 저들에게도 당한 대로 갚아주리라. 아직 철부지였을 때부터 열심히 읽었던 춘추전국시대의 영웅들이 바로 그렇게 처신하고, 그렇게 승리하지 않았던가. 힘이 모자랄 때면 남의 가랑이 밑을 기기도 하고, 시궁창에 뛰어들어 먹을 감는 등 미친 흉내를 내가며 끝끝내 살아남아서, 마지막에는 역사의 승리자로 기록되지 않았던가.

"……그렇습니다, 전하. 그렇게 하셔야만 합니다. 끝까지 살아남으셔야 합니다."

고종은 옆을 보았다. 그곳에 그녀가 있었다. 중전 민씨. 사랑하는 여인은 따로 있었으나 웃어른들의 뜻에 따라 부부가 되어, 친구처럼 동지처럼 사반세기를 함께 살아왔다. 사실 저 갑신년의 난리 때에는 그녀에게 실망했었다. 상황이 급박했음을 모르지 않지만 그래도 마지막 순간 자신과 함께 있지 않고 세자 내외만을 챙겨 달아났다는 점이 못내 마음에 남았었다. 그래서 다시 다른 여자들을 가까이 했고……. 지금도 그녀를 바라보는 시선에 남자로서의 눈길은 별로 없지만, 그래도 누가 뭐래도 그녀는 자신의 소중한 반려, 평생의 동지다. 그리고 현명하고 당당한 이 나라의 국모다…….

갑신정변 때와는 달리, 최근 일본군의 경복궁 점령 사태 때 명성황후는 고종의 곁을 떠나지 않았다. '여기는 위험하니 건청궁으로 가라'는 고종의 말에 '아닙니다. 끝까지 전하 곁에 있겠습니다' 하며 고종의 손

을 꼭 잡았다는 명성황후. 덕분에 그녀에 대한 고종의 신뢰는 많이 회복
되어 있었다. 그리고 그들은 언제나처럼 한밤중의 침전에 나란히 앉아 머
리를 맞대고 앞으로의 계획을 의논하며, 무슨 일이 있어도 끝까지 살아남
자는 다짐을 하는 것이었다.

그리고 그들의 가장 가까운 '가족'이면서 동시에 최대의 '숙적' 대
원군은 다시금 권좌에서 내려와 거처인 운현궁으로 무거운 걸음을 옮기
고 있었다. '두고 보자, 왜놈들. 두고 보자, 민씨 계집……!' 그가 아끼고 아
끼는 손자 이준용이 동학당과 손을 잡고 역모를 꾸몄다는 사실(사실이
아니었을 수도 있다)이 탄로 나면서, 이준용은 귀양을 가고(원래는 사형
이었다. 그러나 대원군의 부인인 부대부인 민씨가 궁궐 앞에 엎드려 눈물
로 호소하고, 서울에 있던 각국 공사들이 관대한 처분을 건의했기에 유배
형으로 감형되었다), 자신은 모든 권력을 잃고 궁궐에서 쫓겨나게 된 것
이다. 이제는 칠십오 세의 노인으로, 구부정해진 어깨에 말로 다 못할 원
한과 좌절을 가득 싣고 떠나가는 그의 뒷모습을 멀리서 바라보며, 고종은
이번에야말로 아버지의 꿈을 영영 좌절시켰다고, 다시는 난장판이 된 궁
궐 한복판에서 아버지의 일그러진 미소를 노려보는 일이 없을 거라고 스
스로에게 말하고 있었다.

이처럼 고종이 굴욕적이나마 또다시 승리를 거두는 사이에, 온 나
라는 신음하고 있었다. 그가 돌봐야 할 백성들이 죽어가고 있었다.


평양과 그 주변 일대는 시체들로 가득하다. (……) 소, 말, 그리고
사람의 시체가 아무 데나 널브러져 있어서 지옥의 광경과도 같다.

일본과 청나라의 평양 전투가 끝나고 한 달 뒤쯤 그곳을 방문한 선교사 새뮤얼 모펫(Samuel A. Moffet)이 진저리를 치며 쓴 글이다. 하지만 그 시체는 청군도, 일본군도 아니고 대부분 조선인 양민의 시체였다. 당시 청나라 군대가 평양에서 오래 버티지 않고 퇴각해버려서 일본군은 별 피해 없이 입성했으며, 그 뒤에 야만적인 약탈을 자행했다. 무법천지가 된 가운데 수없이 많은 사람들이 자신이 왜 죽어야 하는지도 모른 채 죽어갔다. 그 시체들은 일 년이 지날 때까지 다 치워지지 않은 채로 있었고, 시체가 부패하며 일으킨 전염병으로 또 많은 사람들이 생명을 잃었다.

청일전쟁 도중 이처럼 두 나라의 다툼에 애꿎게 휘말려 죽어간 조선 사람은 수없이 많았는데, 그것이 전부가 아니었다. 일본군과 정면으로 싸워 처참하게 죽어갈 운명의 사람들이 있었다.

1894년 10월 말, 약 삼만 명의 동학군이 공주로 진격했다. 상대는 일본군과 '그들을 보조하는' 관군 약 오천 명. 일본군은 이미 평양 전투를 승리로 마무리지은 8월부터 동학군 토벌에 힘을 쏟고 있었다. 특히 부산에 상륙한 미나미(南) 소좌 휘하 일본군은 낙동강을 따라 북상하며, 동학군이 활동하는 것으로 보이는 마을을 모조리 불태우고 없애버리는 초토화 전술을 펼쳤다. 충청도에서도 9월 천안군 세성산에서 일본군의 섬멸전으로 사백여 명에 가까운 동학군이 몰살당했다. 이렇게 되자 그때까지도 전봉준과 그가 이끄는 남접의 노선을 반대하던 북접에서도 전봉준을 돕기로 결정, 공주로 진격 중인 동학군은 전봉준이 이끄는 남접과 손병희가 이끄는 북접의 연합 병력이었다.

병력에서 훨씬 앞서고 사기도 높았던 동학군. 그러나 이번에 그들

동학의 남접주 전봉준은 전라도 순창에서 체포, 서울로 압송되어 1895년 음력 3월에 처형당했다(1894).

이 싸운 상대는 지난번 전주를 함락시킬 때 물리쳤던 '얼치기 군대'가 아니었다. 전술, 화력, 군사훈련, 규율, 모든 면에서 근대적이었으며, 피도 눈물도 없는 잔인성마저 갖추고 있는 살인기계들이었다. 공주 부근 우금치에서 밤새 벌어진 전투의 결과 온 산에는 동학군의 흰옷 입은 시체가 널려 있었다. 일본군-관군 측에서는 부상자조차 나오지 않았다. 나흘 밤낮을 힘껏 싸웠으나 결국 패배한 동학군은 사방으로 흩어져버렸다. 전봉준은 11월 중순에 패잔병들을 끌어 모아 다시 전투에 나섰으나, 또 패배했다. 11월 말의 태인 전투에서도 패하자 결국 전봉준은 동학군 해산을

일본군이 동학도를 호송하는 장면을 담은 사진(1894~1895).

선언했다. 그리고 순창에 숨어 있다가 12월 초에 체포되었다. 그는 이듬해 음력 3월에 처형되지만, 그를 따르며 새로운 세상을 꿈꾸었던 사람들의 최후는 그보다 빨랐다. 그리고 더 비참했다.

　일본군과 관군은 호남 일대를 돌며 동학교도를 색출하고 살육하는 과정을 반복했다. 일본군에게는 '포로를 남기지 말라'는 일본 본국에서의 지시가 내려와 있었다. 특히 12월 17일에서 18일 사이에 충청북도 보은에서는 한꺼번에 이천육백 명의 동학교도가 학살당했다. 대부분은 총살도 아니었다. 일본군이 찌르는 총검에 가슴이 뚫리고, 휘두르는 개머리판에 머리가 깨졌다. 일본 군인들은 동학교도들을 잔인하게 죽이고 고문하는 장면을 사진에 담아 본국에 자랑스럽게 보냈고, 그림엽서로까지 만들었다. 모두가 20세기 초에 세계 각지에서 벌어질 무시무시한 대량학살의 예고편과도 같았다.

1894년, 저무는 한 해와 더불어 조선왕조는 사실상 멸망했다. 물론 공식적인 수명은 아직 십사 년하고 몇 달이 남아 있었다. 하지만 왕조를 내내 지탱해온 정신, 원칙, 혼(魂)은 이제 죽어버린 것이다.

서경성(평양) 밖에는 불길이 일어나고,
안주성 밖에는 연기가 치솟네.
그 사이를 오가시는 우리 이(李) 장군님,
창생(蒼生)을 구제하소서.

고려 말, 이런 민요 속에서 '권문세족의 탐학에서나 외적들의 침략에서나 만백성을 구제하겠다'는 뜻을 내세우며 역성혁명을 일으켜 나라를 세운 이성계. 그러나 오백 년이 지난 이제 그 약속은 지켜지지 못하고 있었다. 일시적으로 힘이 모자라는 정도가 아니라, 체제 자체가 파멸했던 것이다. 더 이상 왕권으로 탐관오리를 제어할 수도, 국법으로 외세를 물리칠 수도, 성리학으로 민중을 설득할 수도 없었다. 견디다 못한 민중이 '이 장군'의 대안으로 내세운 녹두장군, 전봉준의 목숨이 끝날 때 사실상 조선왕조도 끝났다. 그리고 백성들은 또다시 슬픈 민요를 불렀다.

새야 새야 파랑새야,
녹두밭에 앉지 마라.
녹두꽃이 떨어지면,
청포 장수 울고 간다.

이미 죽어버린 조선의 시체를 일본이 게걸스레 뜯어먹고 있었다. 이때부터 중앙에서는 왕이든 대신이든 늘 일본의 눈치를 보며(일시적인 국면 전환도 있었으나) 오랫동안 지켜온 법과 제도를 그들의 입맛대로 뜯어고쳐야 했고, 지방과 각 사회 부문에서는 일본 세력이 무방비로 침투해 들어갔다. 당시 조선에 나와 있던 서양 각국의 외교관이나 선교사들은 '조선은 명목상 독립해 있지만 일본이 사실상 지배하고 있는 곳이 한둘이 아니다'라고 쓰고 있다. 중추 생명 기능이 멈춘 신체의 세포를 세균이 빠르게 잡아먹듯, 일본 제국주의의 침략은 1910년에 비로소 시작된 것이 아니라 1890년대 중반부터 이미 본격화되었던 것이다.

그러면 당시의 고종은, 그가 가까스로 지켜낸 왕권은 무슨 의미였을까. 숨이 끊긴 조선의 피와 살이 일본의 뱃속으로 쓸려 들어가는 무참한 향연의 자리에서, 그는 간신히 조선의 뼈만 주울 수 있었다. 비참하고 처절했다. 하지만 그는 아직도 희망을 버리지 않았다. 온갖 수모를 참고 견딘 끝에 원수에게 이긴 춘추전국시대의 영웅들처럼, 자신도 언젠가는 그렇게 되갚아줄 것이다. 선교사들이 성경책에 써 있다며 들려준 '신의 뜻에 따라 되살아난 해골 골짜기의 해골'처럼, 지금은 메마른 뼈뿐이라도 언젠가는 살과 피가 돌아올 것이다. '내가 이렇게 살아 있는 한, 조선은 죽은 것이 아니다!' 그는 이렇게 믿고 있었다. 그것이 슬프게도 착각이라는 사실, 이미 사태는 그가 노력해서 극복할 수 있는 범위를 넘어버렸다는 사실을 깨닫기까지는 아직도 십여 년의 세월이 필요했다. 그리고 또 다른 참담한 비극이…….

# 6장_ 녹두꽃이 떨어지면, 배꽃도 떨어지고

멸망과 예속. 그 첫 걸음은 묘하게도 '독립'이라는 이름을 걸고 시작되었다. 1894년 12월 12일, 고종은 종묘에 나가 조상들의 위패 앞에 엎드려 절한 다음 나직한 목소리로 이렇게 고했다.

"감히 황조(皇祖)와 열성(列聖)의 신령께 고합니다⋯⋯. 저는 어린 나이로 조종(祖宗)의 왕업을 이어받아 지켜온 지 오늘까지 삼십일 년이 되었습니다⋯⋯."

고종은 일순 처연한 표정을 지었다. 말이 삼십일 년이지, 어디 왕다운 세월을 누린 해가 몇이나 되던가. 멋도 모르던 철부지 시절부터 자식을 둔 어엿한 장부가 될 때까지 무서운 아버지와 늙은 대비의 눈치를 보며 살았고, 그 뒤 가까스로 홀로서기를 했구나 싶자 온갖 음모와 변란이 잇달았다⋯⋯.

"⋯⋯그동안 오직 하늘을 공경하고 두려워하여 조종들이 세우신 법을 그대로 지켜, 딱한 형편을 여러 번 겪으면서도 남겨주신 위업을 그르치지 않았습니다. 이것이 어찌 저의 힘이겠습니까? 우리 조종께서 아끼시고 도우셨기 때문입니다. 우리 황조께서 나라를 여시고 후손들에게 물려준 지도 어언 오백삼 년이 됩니다. 저의 대에 와서 시운(時運)이 크게 변하고 문화가 개화하였습니다. 우방(友邦)이 진심으로 도와주고……."

고종은 불편했던지 작은 헛기침을 했다. 그리고 잠시 말을 끊었다가 계속 읽어 내렸다.

"……진심으로 도와주고 조정의 의견이 일치되니, 오직 자주독립만이 나라를 튼튼히 할 수 있다는 것입니다. 제가 어찌 감히 시운을 당하여, 조종께서 남긴 왕업을 보전하지 않겠습니까? 어찌 감히 분발하고 가지런히 하여, 선대의 업적을 더욱 빛내지 않겠습니까? 이제부터는 다른 나라에 의존하지 않고 국운을 융성하게 하여 백성의 복리를 늘려 자주독립의 기반을 닦을 것입니다……. 구습을 버리고 안일함을 떠나 조종의 큰 뜻을 받들어 따르는 한편, 세상의 형편을 살펴 내정을 개혁하여 오랜 폐단을 바로잡으려 합니다. 이에 14개 조목의 홍범(洪範)을 하늘에 계시는 조종의 신령 앞에 고하옵니다."

홍범 14개조란 요즘 일종의 헌법과도 같은 것으로 받아들여지는데, 사실 그 조목은 국가의 기본 이념을 담았다기보다 구체적 실천 강령을 밝힌 것이라 할 수 있었다.


하나, 청나라에의 의존을 끊고 자주독립의 기틀을 세운다.
하나, 왕실의 규범을 제정하여 왕위 계승 및 종친(宗親)과 외척(外戚)의 본분과 의리를 밝힌다.

하나, 임금은 정전(正殿)에 나와서 정무를 보되 직접 대신들과 의논하여 결정하며, 비빈(妃嬪), 종친, 외척은 정치에 관여하지 못한다.(……)

이 밖에 조세를 법정 세율에 따라 엄격히 징수한다, 국가 재정과 왕실 재정을 구분한다, 민법과 형법을 제정한다, 징병제를 실시한다, 문벌을 넘어 널리 인재를 등용한다 등은 근대적 체제 개혁의 성격을 갖고 있었고, 갑신정변에서의 강령과 동학교도들의 폐정개혁안, 그리고 고종이 자발적으로 설치했던 교정청의 개혁 정책들을 정리하고 재확인하는 한편 몇 가지를 더 추가한 것이었다. 하지만 맨 처음 '청나라에서 독립한다'를 못박은 점과 뒤이어 외척과 종친의 권한을 한정하고 '비빈, 종친, 외척은 정치에 관여하지 못한다'라고 한 점은 이 홍범 14조의 정치적 성격을 뚜렷이 드러내고 있다. 청나라에서의 독립, 그것은 다른 말로 하면 일본에의 예속인 것을. 그리고 그 방법은 영국이 이집트를 지배하듯, 허울뿐인 주권을 남겨두고 국가와 사회의 중추를 장악하는 것임을.

그리고 '비빈', '외척'도 '종친'도 정치에 관여할 수 없다고 한 규정은 명백히 명성황후와 대원군의 영향을 배제하겠다는 뜻이었다. 대원군은 이미 날개가 꺾였으니 이러나저러나 큰 차이가 없지만, 명성황후와 민씨 세력의 차단은 일본 입장에서는 중요했다. 그것은 일본이 고종 하나만 상대하면 된다는 뜻, 또한 고종의 대안도 친위세력도 모두 없앤 채 친일파 대신들을 통해 왕을 좌지우지하겠다는 뜻이었다. 고종과 명성이 그런 속셈을 모를 리가 없었다. 그러나 달리 방법이 없었기에 홍범 14개조를 승인하고, 왕의 이름으로 전국에 배포했다. 그 내용은 한문, 국한문 혼용, 한글 전용의 세 가지 방식으로 쓰여 있었다. 어찌 보면 한문을 읽는 소수계층 말고도 모든 백성들을 '국민'으로 대하며, 그들의 주권자가 비로소 말을 건다는 중대한 의미를 가진 선포였다. 하지만 그것이 외세의 손을 거쳐 이루어졌다는 점이 실로 유감스럽지 않을 수 없었다.

일본의 세력 침투는 숨 가쁘게 이루어졌다. 그들은 먼저 개혁에는 돈이 필요하다며 거액의 차관을 제공했다. 그러나 그것은 선심에서가 아니라, 그 담보로 조선 내의 이권을 장악하고(가장 먼저 항만 관세 전액이 담보로 설정되었다) 조선 정부의 행동을 얽어매려는 검은 심보로 제공된 것이었다. 앞서 청나라 역시 그런 식으로 차관을 들이밀었던 것이다. 그리고 '조선이 처음 개혁을 하니 뭘 제대로 하겠느냐'며 일본인 고문들을 억지로 중앙과 지방행정기구 곳곳에 불러 앉혔다. 정치·행정·경제 쪽의 침투에 그치지 않고 문화적 침투도 하기 위해 일본 고유의 불교인 니치렌(日蓮) 종파의 승려들로 하여금 조선에 와서 마치 기독교 선교사들처럼 학교를 세우고 교육을 시키게 했다. 한편으로 일본의 게이오의숙(慶應義塾) 등에 한국인 학생들을 유학하게 하여 미래의 친일파를 양성하려 했다.

그런데 1895년이 시작된 지 얼마 지나지 않았을 무렵, 이런 일본의 '조선 먹어치우기' 계획에 생각지 않았던 문제점이 발견되었다. 먼저, 그들이 자신들의 앞잡이로 믿었던 '친일파 대신들'이 의외로 녹록히 굴지 않았다. 갑신정변의 주역으로 역적의 오명을 썼다가 일본군의 경복궁 점령을 계기로 귀환하여 요직을 맡은 박영효, 서광범, 유길준, 윤치호 등의 행동이 통일되지 않았던 것이다. 유길준 등은 일본의 지시를 비교적 고분고분 받아들인 반면 서광범, 윤치호는 이완용, 이범진 등과 함께 미국에 의존하려는 '정동 구락부'에 가담했고, 박영효는 독자적으로 움직이면서 일본의 입장에 가장 반대하는 모습을 보이고 있었다. 일본에 머물던 시절 창씨개명까지 했던 박영효가 그렇게 태도를 바꾼 이유는 아무래도 왕실의 외척이 되는 사람으로서(그는 철종의 딸 영혜옹주(永惠翁主)와 결혼하여 금릉위(錦陵尉)라는 직함을 갖고 있었다) 일본의 무지막지한 강압과 침탈에 반발한 것이라 여겨지는데, 어쩌면 여기서도 은근히 사람의 마음을 녹이고 다독여서 자기편으로 만들기가 장기인 고종의 설득력이 작용하지 않았을까 싶다. 아무튼 이는 일본으로서는 당황스러운 일이었는데, 오히려 장기적으로는 이것이 고종과 조선의 처지를 더욱 어렵게 만드는 원인이 된다. 그 가능성은 또 하나의 '뜻밖의 일'이 현실화하면서 일단 불거져 나왔다.

그것은 바로 1895년 4월의 '삼국간섭'이었다. 시모노세키조약으로 청나라에게서 조선 독립 보장과 함께 요동반도를 얻어냈다고 희색이 만면했던 일본은 조약 체결 후 엿새 만에 러시아·프랑스·독일 삼국이 요동을 되돌려놓으라고 나오자 말문이 막혔다. 제국주의 전쟁사에서도 이런 일은 처음이었으므로 일본은 영국·미국의 지지를 호소하며 삼국에 강력히 항의했으나, 삼국 중 주역을 맡은 러시아가 함대까지 파견하며 으름장을 놓는 데는 어쩔 수가 없어서 삼천만 냥을 받는 조건으로 요동반도를 청나라에 되돌려주었다.

이런 뜻밖의 상황에 고종과 명성황후도 놀랐으며, 한편 희망을 발견했다. 더욱이 그보다 약간 앞서서 러시아로부터 '우리는 조선 편이다. 일본의 손아귀에서 벗어나게 해줄 테니 믿고 기다려라'라는 비밀 언질을 받은 터여서 그들의 희망은 더욱 부풀었다. 그 언질을 들을 때만 해도 반신반의했으나, 그렇게 기세등등하던 일본이 러시아의 위협에 꼬리를 내리는 모습을 실제로 본 이상 희망을 갖지 않는 게 이상했으리라.

그에 고종은 과감한 수를 썼다. 4월 23일, 대표적인 친일파 대신으로 군부(軍部)를 맡고 있던 조희연을 허락 없이 병력을 움직였다 하여 전격 해임했다. 이에 항의하여 총리대신 김홍집 이하 내각이 전원 사표를 제출하자 기다렸다는 듯 수리해버렸다. 그리고 일단 박영효에게 총리대신 서리(署理)를 맡겼다가 5월에는 학부대신이던 박정양을 총리대신으로 임명해 박정양 내각을 출범시켰다. 김홍집과 조희연이 물러나고 박영효를 내부대신에(그전까지는 탁지부대신 어윤중이 내부대신을 겸하고 있었다) 임명한 것을 제외하면 이전 내각과 차이가 없었으므로 큰 변화가 없는 것처럼도 보였다. 하지만 친미파의 대표인 박정양과, 반일적인 태도가 두드러지던 박영효를 '투톱'으로 내세운 점은 예사로 볼 수 없었다. 과거 '러시아를 끌어들여 청나라에 맞선다(引俄拒淸)'는 전략이 이제 '러시아를 끌어들여 일본에 맞선다(引俄拒倭)'로 바뀌었음은 누가 봐도 분명했다. 당시까지 조선의 고위관료들 중 미국과 러시아에 대해 관심을 가진 사람들은 대략 서로 겹쳤는데, 그들의 본거지인 '정동구락부'가 정가의 중심으로 떠올랐으며, 친미파라 할 수 있었던 이완용이나 이범진 등도 친러파로 색깔을 맞추어가고 있었다.

1895년 5월에는 '러시아가 일본에 다시 압력을 넣어, 조선에서 손을 떼도록 하려고 계획 중'이라는 말이 일본 정계를 강타했다. 이는 사실이었던 듯한데, 문제는 그 정보를 일본에 흘린 곳이 상트페테르부르크 주재 미국 대사관이었다는 사실이다. 개항 이래 영국과 함께 대체로 친일본적인 태도를 지켜온 미국은 청일전쟁 전후로 일본의 지나친 공세적 전략이 부담스러웠던지, 일본을 은근히 억누르는 자세를 보임으로써 고종의 또 다른 희망이 되어왔다(고종이 앨런과 데니, 헐버트 등 미국인들을 측근으로 포섭하면서, 이들을 통해 미국 정부에 연신 '러브콜'을 보낸 것도 작용했을 것이다). 그러나 이 결정적 순간에 일본에 우호적인 종전의 태도를 회복했던 것이다.

일본은 초긴장 상태에 빠졌다. 러시아 때문에 목구멍까지 삼켰던 요동도 뱉어냈는데, 이제는 조선까지 포기하라고? 그러면 대체 일본이 왜 청일전쟁을 치렀단 말인가? 무엇 때문에 조선의 정치 문제에 꾸준히 개입하며 일본 세력을 심기 위해 갖은 애를 썼단 말인가? 러시아의 강압적 태도에다 이에 편승한 조선 정부의 태도까지 '이대로 있을 수는 없다'는 일본의 각성을 불러왔으며, 이는 일본을 보다 공격적이고 무단적인 제국주의로 끌고 간다. 1895년 5월 중순, 일본 내각회의에서는 중대한 결정을 내리는데, '열강의 압력에 맞서 기존의 해외 진출 정책 기조를 전환한다'는 것이었다. 영국의 이집트 지배를 본뜬 '온건하고 신사적인' 지배보다, 직접적이고 총칼을 앞세운 노골적 강압정책이 채택되었다. 이에 따라 그달 말에 대만에 총독부가 설치되었고, 조선 정부에도 공작의 손길이 뻗친다. 5월 중순 박영효가 '역모 혐의'를 받고 일본으로 다시 망명한 사건이 그것이다. 이 사건은 학자들마다 해석이 다른데, 박영효가 계속해서 친일 노선을 띠고 있었으며 일본을 위해 고종 부부 암살을 시도했다가 발각된 것이라는 견해, 당연히 총리대신이 될 줄 알고 있다가 박정양에게 밀리자 불만을 품고 음모를 꾸몄다는 견해, 박영효가 내부대신이 되어 홍범 14조에 나온 그대로 명성황후의 정치 개입을 차단하려 하면서 두 사람 사이가 앙숙이 되고, 그 결과 박영효가 명성을 암살하려 했거나 거꾸로 명성이 누명을 씌워 박영효를 제거하려 했다는 견해 등이 그것이다. 하지만 어느 것이나 당시의 사정과 박영효의 행동의 앞뒤를 볼 때 설득력이 부족하다. 박영효 사건으로 고종이 내세웠던 '박씨 투톱'은 무너지고, 박정양 내각 자체가 무너지며 다시 김홍집이 친일 내각을 조직했다. 이를 볼 때 일본이 개입하여 박영효를 실각시켰다는 혐의가 짙으며, 실제로 고종은 박영효를 역적으로 규정하면서도 달아나는 길을 느슨하게 막도록 조치함으로써 사실상 그의 망명에 도움을 주었다.

아무튼 일본은 박영효 사건 뒤에도 고종과 명성황후의 '인아거왜'적 노선에 변화가 없음을 확인하고, 아껴두었던 승부수를 실행에 옮기기로 했다. 그 첫 포석은 7월에 이노우에 가오루 공사가 물러나고 대신 미우라 고로(三浦梧樓)가 신임 조선 주재 일본 공사로 부임한 것이었다. '신사적인 조선 지배론'을 대표했던 이노우에 가오루는 그 경력이나 정치적 비중을 볼 때 애당초 조선 공사 정도의 자리를 배정받을 사람이 아니었다. 그가 조선에 온 것은 공사인 동시에 고문으로서 사실상의 조선 통치자의 임무를 수행하기 위해서였다. 그런 그가 일본으로 돌아가고 미우라처럼 무식하고 난폭한 직업군인 출신자가 새로 부임했다는 것은 이제 일본이 조선에서 무슨 일을 벌이려 하는지를 시사하고 있었다. 그러나 고종과 명성은 그 흉조(凶兆)를 미처 깨닫지 못했다.

고종과 명성황후가 돌아가는 상황을 제대로 읽지 못했음은, 외교 감각은 누구보다도 뛰어나다는 그들이 아직 뒤바뀐 현실을 이해하지 못했기 때문이다. 그들은 아직도 상황을 고대 중국의 전국시대적인 틀에서, '병법(兵法)'의 차원에서 풀이하고 있었다. '적이 덤비면, 우리는 물러선다. 적이 돌아서면, 우리는 공격한다.' 그런 시각에서 이노우에 공사가 일본으로 돌아가기 직전 유난히 사근사근하게 굴었던 점과, 그와는 달리 교양 없고 일본에서의 지위도 낮은 미우라가 신임 공사로 왔다는 점은(게다가 그는 부임한 직후 겉으로는 아무 일도 하지 않으며, 공사관에 마냥 죽치고 앉아 불경만 외는 모습을 보여주었다) 일본이 러시아에게 겁을 먹고 뒷걸음질을 치는 것으로 읽힐 수밖에 없었다. 그래서 '적이 돌아서면 우리는 공격한다'는 병법의 지침대로 강경하게 몰아붙여야 한다고 생각했던 것이다. 그 궁극적 목표는 세력 균형을 통한 독립이었다. 지나치게 커진 일본의 영향력을 축소하고, 러시아와 미국의 영향력으로 균형을 맞춰 그 평형 상태에서 독립을 달성한다!

그러나 그런 인식의 틀은 예전처럼 한두 나라가 아니라 여러 나라가 제각기 견제하며 조선에의 영향력을 두고 다툴 때, 그리고 조선에 어느 정도나마 힘이 남아 있을 때 가능한 것이었다. 당시 조선에는 이미 자주국방을 할 힘이 없었다. 그리고 일본과 러시아라는 두 세력이 자웅을 겨루려던 참이었다. 앞에는 호랑이, 뒤에는 곰이 버티고 있다면 그것은 '힘의 균형을 맞춰 독립을 달성할' 상황이 절대로 아니다. 당시 고종과 명성은 신중에 신중을 기해야 마땅했다. 하지만 잘못된 인식에 빠져 '저자세'인 일본을 막무가내로 몰아붙였고, 그것이 결국 비극을 재촉했다.

을미사변을 일으킨 일본인 중 하나였던 고바야카와 히데오(小早川秀雄)는 이 사건의 회고록인 『민후조락사건(閔后殂落事件)』에서 "조선은 두 마리 용 앞에 놓인 여의주와 같았다. 따라서 우리 일본은 어떤 일이 있어도 조선을 러시아에게 빼앗길 수는 없었다. (……) 만약 사태를 방치하다가 러시아와 조선이 손을 잡게 되는 날이면, 조선은 러시아의 것이 될 수밖에 없었다. 그리고 그것은 조선 반도를 넘어서 동양 전체가, 그리고 대일본제국이 절체절명의 위기에 처함을 의미했다"라 적고 있다. 그만큼 당시의 일본은 절박한 심정으로 결의를 다지고 있었다. 그런 맥락에서 신사적인 외교관 이노우에 대신 다혈질의 극우파 미우라를 공사로 보낸 것인데, 고종과 명성은 어떻게 해서든 난관에서 벗어나려는 열망 때문에 냉정한 판단을 잃어버린 것이었다.

고종은 먼저 '최근 몇 달 사이에 내린 몇 가지 조치는 문제가 있었다. 그러므로 취소해야 할 것이다'라는 선언을 했다. 구체적인 거론은 없었지만, 일본과 친일파 대신들은 이를 홍범 14개조를 비롯한 경장 조치들로 이해했다. 그렇다면 그것은 '일본이 강요하여 마지못해 취한 개혁은 개혁이 아니다'라는 거부 표시일 뿐 아니라, '이제부터 개혁은 우리가 알아서 할 것이다. 너희 일본의 고문단이 있을 필요는 없다'라는 메시지라고도 볼 수 있었다.

이어서 일본의 경복궁 점령 사건 직후 숙청되었다가 중국으로 망명했던 '명성황후의 오른팔' 민영준이 귀국했으며, 민영익·민영달·민영환 등도 고위직에 진출했다. 특히 민영준은 궁내부대신에 임용되어 홍범

14개조의 '비빈, 외척은 정치에 참여하지 않는다', '국가 사무와 왕실 사무를 뚜렷이 구분한다'는 원칙을 깨고 전처럼 민씨 척족들로 친위 세력을 형성하는 선봉장을 맡을 예정이었다.

마지막으로 군사적인 쪽에서 일본의 영향력을 배제하려는 과감한 수가 나왔다. 훈련대를 해산하기로 한 것이다. 훈련대란 1894년에 이노우에 공사가 고문 자격으로 구식 군대인 오군영을 폐지하고 만든 군대였는데, 옛날 별기군은 상대도 안 될 정도로 일본의 영향이 강했다. 따라서 이에 대항하는 국왕 직속의 군대로 시위대를 새로 창설하고, 미국인 다이(John H. Dye) 장군에게 훈련 책임을 맡겼다. 그러나 훈련대는 규모 면에서 시위대를 압도했는데, 훈련대를 전격 해산시켜 유사시에 이들이 국왕 부부를 노리는 정변의 주역이 되지 못하도록 한 것이다.

이것은 미우라나 고바야카와 같은, 조선 내에서 활동하던 일본인들에게 '전쟁의 최후통첩'이나 마찬가지의 의미로 받아들여졌다. 게다가 그 후속 조치까지 추진되고 있다는 말이 들렸다. 김홍집을 비롯한 친일파 대신들 열한 명을 전격 해임한다, 아니 어쩌면 암살한다, 그리고 친러파와 친미파로 새 내각을 구성할 계획이 착착 진행되고 있다는 것이었다. 이것이 사실인지 아니면 소문일 뿐이었는지는 모르나, 적어도 당시 일본인들은 이를 당장 임박한 위협으로 여겼다. 그래서 고바야카와와 아다치 겐조(安達謙藏) 한성신보 사장, 시바 시로(柴四郎) 등은 긴급 모임을 갖고 '일이 급해졌다. 빨리 결행해야 한다. 여우사냥에 나서자!'고 외쳤다. 한편 미우라 공사는 일의 성공을 위해 두 사람의 조선인의 적극적 협력이 절실하다 여기고, 서둘러 이들을 포섭하기 시작했다. 그중 한 사람은 훈련대 제2대 대장이던 우범선, 그리고 다른 한 사람은 바로 명성황후의 숙적 중의 숙적, 대원군이었다.

당시 대원군은 어느 때보다 힘을 잃은 상태로, 운현궁도 아닌 서울 밖의 공덕리에서 칩거하고 있었다. 고종과 일본은 이준용 역모 사건으로 그를 꼼짝달싹 못하게 얽어맸으며, 예전처럼 청나라와 밀착했을 뿐 아니라 일본하고도 한때 손을 잡았다는 점 때문에 국민적 지지 또한 대부분 잃어버린 상태였다. 오십삼 세에 정권을 잃고, 절치부심하며 몇 차례나 재기를 시도한 지 어느새 스물두 해. 그동안 이룬 것은 없이 나이 칠십오 세라는, 당시로서는 '살아 있는 게 용한' 나이가 되어버렸다. 한편이 되어주었던 청나라와 동학 세력은 이미 종적이 없어졌고, 러시아나 미국과는 도무지 친교가 없으며, 일본은 그를 한 차례 이용하고 내버렸다. 누구보다도 미운 대상은 명성이었지만, 그는 공덕리에서 아무도 찾지 않는 쓸쓸한 삶을 보내며 모든 이들에 대한 증오와 원한만 한껏 키워가는 중이었다.

따라서 그는 누군가 손을 잡고 권력을 되찾자고 하기만 한다면 버선발로 달려올 참이었으나, 그 누군가가 일본이라면 떨떠름할 수밖에 없었다. 또다시 이용당하지 않으리라는 보장이 어디 있는가? 그러나 전부터 대원군과 친분이 있던 오카모토 류노스케(岡本柳之助) 공사관 주재 무관의 집요한 설득으로, 결국 일본과 대원군은 네 개 항에 합의함을 전제로 대원군의 재기와 민씨 일파의 숙청 과정에서 손을 잡기로 한다.

첫째, 대원군은 입궁한 후 사태를 정리하는 역할을 맡되 정치에 직접 관여하지는 않는다. 둘째, 김홍집 내각을 세우고, 기타 개혁파(친일파)를 기용한다. 셋째, 이재면과 김종한(이재면은 전부터 아버지의 야망을 도와온 대원군의 아들이자 고종의 형이며, 김종한은 친일적 성향의 고위관료였다)이 궁내부를 담당한다. 넷째, 이준용을 일본에 유학 보낸다.

대원군 측에서는 전처럼 '고종을 폐위시키고 이준용을 왕위에 앉혀 대원군이 섭정을 맡는' 구도를 주장했겠지만, 일본 입장에서는 고종까지 물러나게 할 경우 미국과 러시아의 반발이 격렬할 것이 우려되었을 것이다. 게다가 대원군이 일본을 못 미더워한 것처럼, 일본도 대원군을 믿지 못했다. 그래서 첫 조항에 '대원군은 정치에 직접 관여하지 않는다'는 내용을 넣고, 마지막에는 '이준용을 일본에 유학보낸다'고 하여 이준용이 나중에라도 쿠데타로 왕이 되는 일을 막는 한편 대원군을 통제할 인질을 확보하려 했다. 이처럼 합의 내용이 대원군에게 크게 불리했음에도 결국 합의했다는 것은 그만큼 대원군이 처해 있던 현실이 절망적이었기 때문으로 보인다.

일본의 포섭 대상이던 또 한 사람의 조선인, 우범선의 경우는 쉬웠다. 친일 성향이 뚜렷했던 그는 고종과 명성의 심복인 홍계훈이 자신의 상사인 훈련대장에 임명되고, 동료인 제1대대장 이두황 역시 홍계훈 계열이었으므로 전부터 자신의 입지를 불안해하고 있었다. 여기에 훈련대 자체가 없어진다고 하니 앞길이 막막했을 것이다. 따라서 '여우 사냥'에 훈련대 병력을 쓰도록 도와달라는 일본의 제의를 선뜻 승낙했으리라.

이렇게 해서 '사냥' 준비는 완료되었다. 본래 거사일은 8월 22일(양력 10월 10일)로 정해져 있었다고 한다. 그러나 훈련대 해산 결정이 예상보다 빠른 8월 19일에 이루어졌기에, 음모의 주모자들은 다급히 계획을 수정하여 8월 20일 밤에 일을 치르기로 했다. 그래서 당시 대원군은 생각 없이 공덕리 사저에서 잠들어 있다가, 별안간 들이닥친 일본 낭인들과 병사들에게 에워싸여 새벽의 서울 거리를 달리게 된다(대원군이 자다가 일본인들을 맞이했다는 점 때문에, 그는 억지로 끌려갔을 뿐 을미사변과는 무관했다고 보기도 한다. 그러나 그것은 갑자기 계획이 앞당겨지는 바람에 그랬을 듯하며, 여러 가지 증언과 증거, 정황을 미루어볼 때 대원군이 명성황후의 살해까지는 몰라도 폐위 음모에만큼은 적극 가담했으리라 보인다).

대원군의 가마가 공덕리를 나설 때가 새벽 3시였다. 이리하여, 고종의 생애에서 가장 긴 밤, 세계사를 뒤져봐도 가장 기가 막히고 처참하기가 짝이 없는 사변의 밤이 시작되었다. 이 밤에 정확히 무슨 일이 일어났는지는 알 수가 없다. 여러 증언이 세부적으로 제각기 엇갈리고 있기 때문이다.[6] 그래도 여러 자료를 비교 종합해보면, 대체로 이런 식으로 진행되었던 것 같다.

새벽 4시가 좀 넘을 무렵, 사변의 일당들이 경복궁 광화문 앞에 도착했다. 대원군, 우범선이 이끄는 훈련대원 약 칠백 명, 오카모토 류노스케를 비롯한 조선 주재 일본 공무원 약간 명, 고바야카와 히데오, 시바 시로, 아다치 겐조 등 일본인 '낭인(浪人)' 약 육십 명(이들은 낭인이라 하지만, 불량배나 칼잡이라기보다 신문기자, 소설가, 상인, 의사 등 민간 지식인들이 대부분이었다. 특히 이들은 자신의 행동이 '국익과 동양 평화를 위한 의거'라고 믿고 있는 경우가 많았다). 여기에 다소 늦게 일본군 수비대 및 순사 약 삼백 명이 합류했는데, 이들이 대원군 일행과 도중에 합류하려다 길이 엇갈렸고 그 때문에 계획보다 시간이 다소 지체되었다고는 하지만, 일본군이 이미 새벽 2시경부터 경복궁 주변에 배치되어 있었다고도 한다. 대원군이 이제 슬슬 먼동이 터오려 하는 어스름 속 살기등등한 병력 앞에서 연설을 했다.

"지금 간사한 무리가 궁궐에 똬리를 틀고, 왕의 눈과 귀를 가리고는 이 나라의 앞날을 어둡게 하고 있다. 이를 앉아서 보고 있을 수 없으니, 이제 간사한 무리를 물리치고 나라를 평안하게 할 것이다. 그대들이여, 전력을 다하라! 방해하는 자는 없애버려라!" 오카모토 류노스케는 통역을 마치고는 스스로 격앙된 목소리로 일본말 몇 마디를 덧붙였다. "여우를 베어라!"

이들은 먼저 경복궁을 둘러싸서 혹 명성이 달아나지 못하도록 했으며, 그 과정에서 몇몇은 담을 넘어 먼저 궁궐로 들어갔다. 이때 훈련대장 홍계훈이 휘하의 훈련대 병사들 약간을 데리고 현장에 도착했다. 그는 자신의 부하들을 알아보고 다급히 소리쳤다. "이게 무슨 짓이냐? 당장 무기를 버려라! 대체 누가 너희에게 출동 명령을 내렸느냐?" 그러나 훈련대인지 일본군 수비대인지는 몰라도 누군가 그에게 발포했고, 그 즉시 교전이 벌어졌다. 몇 안 되는 홍계훈의 병력이 상대가 될 리 없었다. 임오군란 때 명성황후의 목숨을 아슬아슬하게 구했던 홍계훈은 온몸에 칼과 총상을 입고 피투성이가 되어 쓰러졌다.

교전과 거의 같은 시기에 광화문이 열렸고, 대원군의 가마와 낭인들이 앞장서서 궁궐로 진입했다. 되도록 조용히 움직이라는 지시를 받았지만, 이쯤 되자 민간인 낭인들은 흥분을 이기지 못하고 괴성을 지르며 새벽녘의 조선 궁궐을 달렸다. 그들이 빼어 든 일본도가 시퍼런 빛을 발했다. 일본군 수비대와 훈련대는 먼저 대원군의 가마를 강녕전 쪽에 내렸다. 그리고 왕이 침전에 없음을 확인하고, 경복궁의 맨 뒤쪽에 있으며 왕과 왕비가 전통적 격식을 넘어 함께 기거하곤 하던 건청궁으로 내달렸다.

그들의 앞을 약 삼백 명의 시위대가 막아섰다. 하지만 교전은 오래 이어지지 않았다. 당시 시위대 병력은 군부대신 안경수의 지시로 상당수가 궁궐 밖에 나가 있었고(따라서 안경수도 음모에 가담하고 있었다고 추측하기도 하는데, 확실하진 않다), 시위대장 현흥택과 군사 고문 다이는 혼란통에 제각기 지휘를 하느라 명령이 통일되지 못했다. 결국 시위대는 전우의 시체를 뛰어넘어 퇴각했으며, 낭인, 일본군, 훈련대원 들은 거침없이 경복궁의 후미까지 돌진했다. 살의와 흥분으로 벌겋게 달아오른 그들의 일그러진 얼굴이 향원정의 잔잔한 연못에 비쳤다. 그리고 건청궁은 순식간에 겹겹이 둘러싸였다. 잠시 후, 그들 중 몇몇이 한번 심호흡을 하고는 칼을 번쩍 치켜든 채 건청궁의 대문을 박차고 들어갔다.

그때, 피에 주린 살인귀들도 잠시 멈칫하는 일이 일어났다. 건청궁 안쪽 옥호루의 문이 저절로 열린 것이다. 그리고 한 사람이 결연한 자세로 성큼성큼 걸어 나왔다. 고종이었다.

일부는 자신의 눈을 의심했다. 나약하고 온화하다고만 알려져 있던, 왕비의 치마폭에 싸여 왕 노릇을 못 하는 형편없는 사내라고 믿고 있던 조선의 왕이, 시퍼런 칼과 총을 들고 있는 자신들 앞에 자진해서 몸을 드러냈기 때문이다. 왕의 바로 뒤에는 사색이 되어 벌벌 떨고 있는 몇몇 내관들이 보였다. 왕의 얼굴 역시 하얗게 굳어 있었으나, 눈빛은 매서웠다. 그리고 시간이 얼어붙은 듯한 일순간이 지나자, 그는 감정을 한껏 억제한 목소리로 꾸짖었다.

"여기가 어디라고 너희가 감히 들어왔느냐? 너희가 바라는 것이 무엇이냐? 너희는……."

땀에 젖은 채 숨을 몰아쉬고 있는 칼잡이들의 얼굴을 하나씩 노려보던 왕의 말끝이 갑자기 흐려졌다.

'이들은…… 일본인……?'

잠시 어색한 침묵이 흘렀다. 궁궐 문을 부수고 들어온 폭도들 앞에 버티고 선 것은 고종의 생애를 통틀어서도 가장 용감한 행동의 하나였다. 하지만 무모한 용감함은 아니었고, 나름대로 계산이 있었다. 사정을 정확히 알려주는 사람이 없었기 때문에, 그때까지도 고종은 이 사태를 제2의 임오군란이라고 생각하고 있었다. 건청궁에 머물러 있던 상공부대신 정병하가 '해산 명령에 분개한 일부 훈련대원들이 단체로 항의하러 왔다가 소요가 일어난 것'이라고 말한 탓도 있었다(정병하 역시 한통속이었기 때문에 일부러 그렇게 말했다고도 하고, 정말로 사태를 잘못 파악하고 있었다고도 한다). 그렇다면 아무리 흥분이 극에 달했어도 조선의 병사인 이상, 임금의 용안을 눈앞에서 보면 수그러들 수밖에 없을 것이다. 고종은 임오군란 때와 마찬가지로 대원군이 배후에 있을 가능성도 짐작했다. 그렇다면 그때와 마찬가지로 자리에 가만히 앉아서, 뭔가 요구 조건을 들고 오는 아버지를 기다리면 된다. 아버지가 도착하기 전에 이들이 자신을 해치려 하지는 않을 것이며, 공연히 숨거나 도망치거나 흥분해서 대응하거나 한다면 도리어 이들을 자극하여 불상사를 빚을지도 모른다…….

고종이 건청궁에 돌입한 무리를 상대하는 사이에 명성황후는 보다 안쪽의 곤녕합(坤寧閤)에서 허겁지겁 궁녀의 옷으로 갈아입고 있었다. 이미 탈출할 시기는 놓쳤고, 이것이 제2의 임오군란이라면 일단 고종이 목표라 여겨지지만 그때처럼 명성의 목숨이 위험해질 가능성도 없지 않다. 따라서 일단 궁녀로 가장하고 궁녀들 틈에 숨어 있으면서 날이 밝기를 기다린다는 생각이었다.

그러나 폭도들의 핵심이 일본인들이었고, 목표가 고종이 아닌 명성이었다는 점 때문에 고종은 당황하지 않을 수가 없었다. 상황을 진작 알았더라면, 명성은 피신할 수도 있었을 것이다. 건청궁은 경복궁의 맨 북쪽 신무문과 가까이 있으며, 폭도들의 주력은 멀리 남쪽의 광화문에서부터 쳐들어오고 있었기 때문이다. 물론 이를 염려하여 사전에 일본군이 경복궁 주변을 에워싸기는 했지만, 병력의 전체 규모로 볼 때 효과적으로 막기는 어려웠을 것이다. 그리고 궁궐 밖에 나가 있던 시위대의 일부 병력이 신무문 쪽으로 접근 중이었다.

애당초 일본이 러시아의 위세에 눌려 '저자세'를 취하고 있다고 믿었기 때문에, 또한 정병하와 앨런의 잘못된 정보 때문에(앨런은 사변 며칠 전에 '일본은 확실히 기세가 꺾여 있으니, 당분간 걱정하지 않아도 될 것입니다'라고 고종에게 귀띔했다. 앨런은 이 일을 내내 후회했으며, 자신의 잘못된 조언이 왕비의 죽음을 불러왔다는 자책감에 쫓겨 열렬한 반일 외교에 발벗고 나섰다고 한다) 폭도들이 들이닥칠 때까지 명성은 건청궁에서 떠나지 않았고, 그것이 결국 그녀의 운명을 결정했다.

돌이켜보면 경복궁 후원으로 접근하는 폭도들을 막아섰던 시위대가 패배한 후 제각기 달아나지 말고 한 사람이라도 건청궁으로 달려가 상황을 제대로 고했으면 어땠을까 싶다. 시위대장 현홍택조차 그렇게 하지 못했는데, 그는 당시 일본군에게 사로잡혀 폭행을 당하고 있었다. 나중에야 엉망이 된 몸을 끌고 현장에 나타났으나, 이미 만행은 진행 중이었다. 군사 고문 다이와 러시아인 건축가 사바틴(A. Sabatin)도 어찌어찌 건청궁에 도달했지만 때는 늦어 있었고, 참혹한 현장을 먼 발치에서 지켜보는 것에 그쳐야 했다.

　　일본 낭인들과 병사들은 일단 왕을 장안당에 들어가게 하고는 그의 곁에 붙어 앉아 꼼짝도 못하게 했다. 그리고 한편으로 미친 듯이 옥호루와 곤녕합을 뒤지며 명성을 찾았다. 궁내부장관 이경직은 이들을 막으려다(또는 항복하려다) 살해당했다. 일부 기록에 따르면 일본인들은 중전을 알아보기 위해 한때 궁궐에서 일했던 여인을 데려와 명성의 초상화를 그리게 하여 낭인들에게 한 장씩 갖고 있도록 했으며, 또 그 여인을 사변 당일 동행시켜서 궁녀들 사이에서 명성을 지목하게 했다고 한다. 하지만 초상화를 그린 정도라면 모르되, 총탄이 빗발치는 전장으로 따라가서 나중에라도 삼족이 멸할 수도 있는 왕비 시해를 결정적으로 거드는 행동을 하는 여인이 있었을지는 의문이다. 이후 명성황후가 복권된 후에도 그 여인에 관한 이야기는 전혀 없는 것으로 미루어 현장에 동행하지는 않았을 것으로 보인다. 그러므로 암살자들은 중전을 당장 찾아내지 못해 애를 먹었던 것 같다.

　　초상화가 있다고 해도 대충 그린 그림을 가지고, 어스름한 새벽빛 속에 여러 궁녀들의 얼굴과 대조해서 알아보기란 어려웠으리라. '이미 도

1895년 10월에 명성황후가 시해당하는 장면을 그린 그림. 독립기념관 소장 사진.

망친 게 아닌가' 하는 말이 나왔다. 암살자들은 초조했다. 이미 동이 훤히 터오고 있었다. 조금만 지나면 궁 밖에 있던 시위대도 돌아올 것이다. 그보다 러시아와 미국을 비롯한 각국 공사들이 달려온다. 그전에 일을 마치지 못하면 도로아미타불이다! 초조함과 분노 때문에 일부 암살자들은 이성을 잃어버렸다. 그래서 일부는 밖으로 뛰쳐나가 경복궁의 여러 전각을 뒤지며 중전이 숨어 있는지 찾아 다녔고, 일부는 세자와 세자빈, 그리고 심지어 고종에게까지 '왕비를 어디 숨겼는지 말하라'며 무례한 행동을 했다. 세자빈은 일본인 낭인에게 발로 차이고 내동댕이쳐졌으며, 세자는 관을 떨어뜨리고 상투를 손으로 잡고 뒤흔드는 등 목불인견의 치욕을 당했다. 세자빈은 이 무시무시한 경험을 겪고는 그만 병이 들어 내내 자리보전을 하다가 죽었다고 한다. 왕과 왕자가 그 모양이니 궁녀들은 말할 것도 없었다. 정신을 잃을 때까지 때리고 얼러도 누가 중전인지 대는 사람이 없자, 악에 받친 낭인들은 궁녀들을 건물 꼭대기로 붙들고 올라가서 아래로 하나씩 내던져버렸다. 세 명의 궁녀가 이때 죽었다.

그래도 성과가 없자, 암살자들은 다시 궁녀들을 잡아놓은 곳으로 가서 한 사람 한 사람 얼굴을 붙들고 중전이 아닌지 확인 작업을 했던 것 같다. 이때 구석에 웅크리고 있던 궁녀 하나가 후다닥 일어났다. 끝끝내 공포를 억누를 수 없었던 명성이었다. 그녀는 복도로 달려 나가며 부르짖었다.

"세자, 세자, 세자!"

순간 번득인 일본도가 그녀의 발걸음을 붙들었다. 우르르 달려든 낭인들은 바닥에 쓰러진 그녀의 가슴을 짓밟고, 뭐라고 일본말로 욕지거리를 하며 칼을 휘둘렀다. 그녀의 단아한 이마에 두 줄기의 칼자국이 그어지며 뇌수를 터뜨렸다.

그래도 자신들이 죽인 여인이 명성황후인지 확신할 수 없던 암살자들은 반쯤 넋이 나간 세자를 끌고 왔다. '이년이 네 에미가 맞느냐'는 말에 세자가 뭐라고 대답했는지는 모르지만, 부들부들 떨며 눈물을 감추지 못하는 그 태도가 모든 것을 말해주었다. 하지만 일부 낭인들은 아직도 모른다며 피투성이가 된 명성황후의 시체에서 옷을 찢어내듯 벗기기 시작했다. 그러자 가슴에서 러시아의 황제에게 보내는 친서가 나왔고, 그것으로 더는 의심의 여지가 없었다. 이 사건을 일본 법무부에 보고한 이시즈카 에이조(石塚英藏)의 「에이조 문서」에 따르면 이미 인간 이하의 만행을 저지른 그들이 더 심한 짓을 했다는 설도 있다.

그들은 그녀를 나체로 만들고, 소위 국부 검사라는 짓을 했습니다. 그리고 마지막에 기름을 부워 태워버렸습니다. 참으로 글로 쓰기조차 꺼리는 짓을 저지른 것입니다.

이 문서의 표현을 토대로 일본 낭인들이 숨이 끊긴 황후의 시체를 범하기까지 했다는 설이 나왔는데, 확실하지는 않다. 아무튼 일국의 국모, 아니 보통의 여인이라 해도 죽어서까지 원한이 남을 만한 치욕을 안

프랑스 신부 아레베크가 찍은 명성황후의 국장 장면(1897).

긴 것은 틀림없다.

그들은 시체를 홑이불에 둘둘 말고는 옥호루 옆의 숲으로 떠메고 갔다. 그리고 휘발유를 끼얹은 다음 불을 질렀다. 그렇게 조선왕조 오백 년 역사상 가장 용감했고 가장 비범했던 여인이 재가 되어, 동터오는 경복궁 하늘 위로 사라져갔다.

이 모든 일이 벌어지는 사이에 고종은 장안당에서 발이 묶인 채 좌불안석이었다. 오전 8시를 전후해 대원군이, 그리고 미우라 공사가 들어와 고종에게 '중전을 폐위하고 정권을 넘기라'고 강요했다. 미우라는 고종에게 가기 전 명성의 시체를 마지막으로 확인했다. 고종은 반쯤 미친 듯이 되어 이렇게 소리쳤다고 한다. "내 손을 잘라라! 그리고 그걸로 이 문서에 서명을 해라!"

하지만 그는 바로 두어 시간 전, 생애의 마지막 말이 될 줄도 모르고 중전이 남긴 말을 기억했다. "부디 종사를 생각하셔야 합니다! 무슨 일이 있어도 살아남으셔야 합니다!"

그리고 다시 얼마 뒤, 참혹했던 밤은 가고 아침 해가 눈부신 가운데, 놀라움과 당황함을 감추지 못한 채로 고종 앞에 모여든 각국의 공사들 앞에서 고종은 억지로 입을 열었다. 그의 바로 옆에서는 미우라가 무시무시한 눈초리로 쏘아보고 있었다.

"……이 사변을 당하여, 일본의 시기적절한 보호 조치에, 짐은 진심으로 감사를 드린다……."

거기까지였다. 그의 인간성은 더 이상 견뎌내지 못했다. 왕은 그 말을 하자마자 고개를 풀썩 떨어뜨리고 통곡을 하기 시작했다고, 현장에 있었던 미국 공사관 샌즈(William F. Sands)는 적고 있다.

"흐으, 으흐흐. 어흐. 어흐, 크흐흐……."

아무도 말이 없었다. 일본 공사조차도 뭐라고 하지 못했다. 군주의 체면도 정치가의 계산도 내팽개친 채, 영혼 깊숙이에서 솟구치는 한과 슬픔으로 어깨를 흔들며 우는 왕을 모두들 마치 돌이 된 듯 바라보고만 있었다.

# 7장_ 제국에의 역습

"해산 결정에 불만을 품은 조선 훈련대원들과 시위대원들 사이에 충돌이 빚어졌다. 일본군은 이 충돌에서 조선 왕실 인사들을 보호하고 질서를 회복하려고 출동했을 뿐이다."

일본은 을미사변을 이런 식으로 호도하려고 했다. 그런 시나리오를 인정받기 위해, 사변 후 다시 구성된 김홍집 내각에 '이번 변란에 일부 평복 차림의 일본인이 끼어 있었다는 소문이 도는데, 사실인지 확인해주기 바란다'는 내용의 공문을 천연덕스레 보냈다. 새 내각은 거기에 응해, 외부대신 김윤식 명의로 '조사 결과 그 소문은 완전한 낭설이며, 일부 조선인들이 일본인처럼 옷을 입고 흉내를 낸 것에 불과함'이라고 답신을 보냈다.

하지만 다이, 사바틴이 전말을 지켜본 마당에 그런 얄팍한 호도책이 통할 리가 없었다. 미국의 앨런과 러시아의 베베르(K. I. Veber)를 중심으로 이 사건에 대한 일본과 조선 정부의 성명서나 조치를 인정하지 않는다는 움직임이 일었고, 진상 규명과 책임자 처벌을 요구하는 국제적 압력이 늘자 일본은 할 수 없이 '사건의 주모자 혐의를 받는 일본 낭인들'을 재판에 회부했다. 애초에 전문 칼잡이도 아닌 그들을 사건에 끌어들인 까닭이, 만약 일본은 전혀 무관하다는 변명이 먹히지 않을 경우 제2단계로 '일본 정부는 정말로 무관하며, 일부 공명심에 불탄 민간인들이 조선인들과 어울려 벌인 일'로 꾸며대려는 데 있었던 것이다.

미우라 공사도 소환되었다. 하지만 재판은 '증거 불충분'을 이유로 피고인들을 전원 무죄 선고했고, 이들 중 일부는 이후 일본 정계에 진출하기도 했다. 반면 조선 쪽에서는 사건의 종범(從犯)에 지나지 않았던 이주회와 박선, 윤석우에게 책임을 뒤집어씌우고 처형해버렸다. 이들 중 박선은 사건과 전혀 무관한 사람일 수도 있는데, 술에 취해서 "내가 그때 경복궁에서 말이야……" 하며 허풍을 떤 것을 근거로, 무죄임을 주장하는데도 불구하고 처벌당했다. 또한 훈련대 참위 윤석우는 명령에 따라 궁궐에 진입했다가, 명성황후의 불탄 시신의 잔해가 아무렇게나 굴러다니는 것을 보고 '연못에 던져버려라!'는 우범선의 지시를 어기고 잘 수습해서 오운각(五雲閣) 옆에 매장했다. 말하자면 오히려 중전에게 예의를 다한 셈인데, 억울하게 처형된 것이었다. 일본인은 죄가 있어도 풀어주고, 조선인은 없어도 목숨을 잃은 셈이다. 사변 후 백 년이 훨씬 지난 오늘날까지, 일본은 한일병합에 대해서는 '통석(痛惜)의 염(念)'을 운운하는 등 사과라고 볼 수도 있는 발언을 이따금 했지만 이 전대미문의 만행에 대해서는 아무런 사과도 배상도 하지 않고 있다.

미국과 러시아를 비롯한 각국 공사관이 '일본의 강요에 따른 것'으로 여기고 인정하지 않았던 조선 정부의 조치 중에는 중전 폐위 조칙이 있었다. 사건 하루 뒤, 고종은 "왕후(王后) 민씨가 자기의 친지들을 끌어들여 짐의 주위에 두고, 짐의 눈과 귀를 가리며, 백성을 착취하고, 짐의 정령(政令)을 어지럽히며 벼슬을 팔아 탐욕과 포악이 전국에 넘치니, 도적이 사방에서 일어나서 종묘사직이 위태로워졌다. (……) 짐이 이를 억제하고자 작년 12월에 종묘에 고하기를, '비빈, 종실, 외척이 정치에 간섭하지 않도록 한다'고 하여 민씨가 뉘우치기를 바랐다. 그러나 민씨는 악행을 거두지 않고 그 패거리와 시정잡배들을 궁궐에 끌어들여 짐의 동정을 살피고 대신과 짐을 이간질하며, 또한 짐의 군대를 해산한다고 짐의 명령을 위조하여 변란을 격발시켰다. 사변이 터지자 임오년과 같이 짐을 버리고 몸을 피해, 찾아도 나타나지 않았다. 이는 왕후의 작위와 미덕에 어긋날 뿐만 아니라 그 죄악이 넘치니, 선왕의 종묘를 받들 수 없는 것이다. 그러므로 짐은 할 수 없이 왕가의 관례를 삼가 본받아, 왕후 민씨를 폐하여 서인(庶人)으로 삼는다"는 조칙을 내렸다.

명성황후가 이미 숨진 사실을 애써 감추고 '달아나서 찾을 수 없다'고 한 이유에는 일반 백성들에게 명성황후와 왕실을 깎아내리려는 의도와, 시해 사건을 얼버무리려는 의도가 함께 있었다. 또한 그녀의 죽음을 발표하면 국장을 치러야 하는데, 그러면 민심이 들끓고 어떤 일이 벌어질지 두려웠기 때문에 먼저 폐서인을 하려 한 까닭도 있었다.

이 조칙을 발표하는 자리에 내부대신 박정양은 병을 핑계로 불참했고, 탁지부대신 심상훈은 서명을 거부하고 사직했다. 이 일로 이후의 사태에서 두 사람만이 무사하게 된다.

이 사변으로 일본은 러시아에 뒤지던 상황을 단숨에 만회하고, 다시금 친일 내각을 수립했다. 그리고 고종에게서 얼마 남지 않은 후원 세력을 빼앗고, 인간적인 의지처도 없애버렸다. 이는 결국 장기적으로 일본의 우위에 도움이 되었을 것이다. 하지만 당장은 반대였다. 세계사를 통틀어봐도 이웃나라의 궁궐을 짓밟고 들어가 왕비를 참살한 경우는 없었다. 더구나 말끝마다 '문명 개화'를 말하며 한국과 중국을 야만시하던 일본이 이따위 짓을 하다니! 약육강식의 논리를 당연시하는 제국주의에 익숙한 서구 열강도 이 사건에 넌더리가 나서, 국제적으로 반일 분위기가 조성되었다. 특히 그동안 일본의 후원자였던 미국과 영국이 냉랭한 태도로 돌아섰다.

그리고 그동안 고종의 정치에 대한 불만도 많고, 지방행정의 폐단에다 '음란하고 무도한 중전'의 부풀린 소문 때문에 '경복궁에 암여우가 살고 있다'는 대원군이나 일본의 선동에도 고개를 끄덕이는 경우가 많았음에도, 도가 지나쳐도 한참 지나친 이 만행은 전국의 지식인들과 일반 백성들을 삽시간에 반일론자로 만들어버렸다. 유인석, 이소응은 강원도에서, 김복한, 이계, 안병찬은 충청도에서, 기우만은 전라도에서 '의병'을 일으켰다. 이들 의병과 그 밖의 국민들은 각지에서 일본인들을 습격하며, '왜놈은 물러가라!', '중전마마를 살려내라!'라고 부르짖었다. 백범 김구가 치하포에서 '국모의 원수'라며 일본 군인 쓰치다(土田壤亮)를 살해한 때도 이때였다.

이로써 명성황후 민자영의 비참한 죽음은 고종을 더욱 외롭고 힘든 처지로 몰아넣은 한편, 멸망으로 치닫던 조선 말기의 역사에 두 가지의 새로운 희망을 남겨주었다. 러시아의 힘을 빌리는 것, 그리고 백성들의 힘을 이끌어내는 것이었다.

---

"이보시게. 잠깐 서봐."

"……네? 아, 네……."

"이게 뭔가? 흠. ……서양의 떡인가? 과자인가?"

"……치즈 수플레라고 합니다. 전하께서 하도 입맛이 없으시다 하셔서……."

"허허, 그래? 이왕이면 맛난 것은 내게도 좀 가져와 주시지 그러는가? ……난 늙어서 이도 다 빠졌다네. 주상은 아직 팔팔하잖은가? 그러니까 이런 건 내게 더 필요하다는 말씀이야."

이렇게 말한 대원군은 정말 이가 몇 개 남지 않은 입을 열며 킬킬, 하고 웃었다. 늘 매섭기만 한 그의 눈이 가늘어지며 주름살을 요란하게 피우고, 하얀 턱수염이 흔들렸다. 릴리어스 언더우드(L. S. H. Underwood)는 까닭 모를 공포감으로 하마터면 들고 있던 쟁반을 떨어뜨릴 뻔했다. 그녀는 황급히 인사를 하고 종종걸음을 쳐서 왕이 지내고 있는 강녕전으로 향했다.

고종은 그 참사가 있던 날 이후 건청궁을 떠나, 오랫동안 쓰지 않던 정식 침전인 강녕전에서 지내고 있었다. 그는 꼭 죽을 병에라도 걸린 사람처럼 보였다. 이제껏 궁궐이 습격당한 일도 여러 번이고 정변과 암살 위협도 몇 차례나 넘겼지만, 이번만큼은 그의 느긋한 성품도, 외유내강한 기질도 버티지 못했다. 그는 이미 내각에서 결정을 마친 상태에서 형식적으로 올라오는 결재 서류에 기계적으로 수결(手決)을 두는 외에 공식적인 자리를 최대한 피하며 침전에서 꼼짝도 하지 않았다.

식사도 제대로 하지 않았다. 숨을 이어갈 만큼만 먹었는데, 수라간에서 들이는 음식은 일체 거부하고 언더우드를 비롯한 몇몇 외국 공사와 선교사들이 만들어주는 음식만 입에 댔다. 분노와 굴욕감이 그의 식욕을 날려버렸고, 독살의 공포가 궁에서 만든 음식을 피하게 했다. 사실 그런 의구심은 근거 없는 것이 아니었다. 일본은 '여우 사냥'이 생각보다 오래 걸리는 바람에 하마터면 실패할 뻔한 이유를, 목숨의 위협을 받으면서도 누가 중전인지 끝내 입을 열지 않은 궁녀와 내관 들의 충성심에서 찾았다. 그래서 그들은 궁녀에서 무수리까지 궁중의 잡일을 보는 사람들을 모조리 교체하려는 작업을 진행 중이었다. 따라서 고종은 수라간에서 언제 무슨 짓을 벌이지나 않을지 마음을 놓을 수가 없었다.

그렇게 고통과 절망 속에서 나날을 보내는 고종에게 위로가 되어주는 사람은 몇몇 서양인들, 그리고 엄 상궁이었다. 갑신정변의 일로 고종이 명성에게 실망한 후에 가까이하게 된 엄 상궁은 그 뒤 명성의 질투를 이기지 못해 궁궐을 떠나 있었다. 하지만 이제 돌아와 고종 곁에 있는 것이다. 중전이 처참하게 죽어간 지 얼마 되지도 않았는데 다른 여인과 함께 지내는 일이 고종으로서는 죄스러웠을지도 모른다. 하지만 어쩌랴. 누구의 가슴에라도 얼굴을 묻고 울지 않는다면 당장 모든 것을 포기해버리고 싶은 것을. "무슨 일이 있어도 살아남으셔야 합니다!" 고종은 유언이 되어버린 명성의 마지막 말을 곱씹으며, 이것은 그녀의 뜻을 따르는 것이

영친왕의 모후인 엄비(嚴妃). 독립기념관 소장 사진.

라고, 분명히 그렇다고, 멍하니 혼잣말을 했다.

　　이처럼 고종을 꼭두각시로 만든 채, 김홍집 내각은 일본의 지시에 따라 '을미개혁'이라고 부르는 조치를 취해나갔다. 소학교를 설치하고 군제를 개편〔훈련대를 폐지하고 친위대로 개편했으며, 지방에는 진위대(鎭衛隊)를 두었다. 친위대 대대장이던 우범선, 그리고 이두황은 자신들의 입지를 위해 을미사변에 동참했으나 이 시점에서 버림받은 듯하다. 국내의 비판 여론이 심각했기 때문으로 보이는데, 야인이 된 이들은 이대로는 언제 맞아 죽을지 모른다고 여겨 일본으로 도망쳤다)하며, 우체사(郵遞司)를 설치해 갑신정변으로 폐지된 우정총국 대신 근대적 우편제도를 재도입한 것 등은 별로 문제 될 것이 없었다. 하지만 중국에서 독립했음을 재확인하고자 '개국(開國)', 이어서 '건양(建陽)'이라는 연호를 새로 정하고 음력을 양력으로 고치며, 서양과 똑같은 복식을 갖춘다며 상투를 자르고 망건을 폐지하며 서양 의복을 권장하는 조치(이른바 '단발령') 등은 오랜 풍습을 하루 아침에 바꾸는 조치였기에 반발이 엄청났다.

　　고종 32년 11월 15일(건양 원년 1월 4일), 고종은 초췌한 얼굴로 '이발'이라는 것을 하기 위해 자리에 앉아 있었다. 그는 '첫째 가는 조선인'이었기 때문에 단발도 맨 처음으로 해야 했다. 그의 옆에는 '짐이 머리를 깎아 신하와 백성들에게 솔선수범하니, 너희는 짐의 뜻을 잘 받들어 만국(萬國)과 대등하게 서는 대업을 이룩하게 하라'는 내용의 교지문과, '이제 머리카락을 자르면 위생에 이로우며 작업에 편리해진다. 대군주께서 부국강병의 정치를 위하여 솔선수범하셨으니, 모든 백성은 그 뜻을 우러러 실천하라……'는 내용의 정부 발표문을 미리 작성해서 들고 있는 친일 각료들이 서 있었다.

　　'단발이라……. 그래, 이런 일을 겪고 난 다음이니, 중이 되어도 좋고 두억시니가 되어도 좋다 싶군. ……하지만 이놈들, 어디 두고 봐라. 저희들 좋다고 벌이는 일이, 스스로 목을 조르게 될 테니.'

　　그런 듯했다. 일본이 단발령을 추진한 까닭은 전면적인 서양식 개혁이라는 메이지유신의 방식을 조선에 적용하는 것 외에 조선인들의 긍지를 꺾고 정체성 혼란을 가져오려는 의도, 그리고 서양식 의복과 이발 및 미용 수요를 일으켜 일본 상인들의 배를 불려주려는 의도가 섞인 것이었다. 하지만 이는 당장 무서운 반발을 일으킴으로써, 을미사변으로 촉발된 의병이 더욱 기세를 얻고 전국적인 반일의식이 들끓게 만들었다. 충주 관찰사 김규식이나 안산 군수 안욱상 등 몇몇 지방관들은 앞장서서 단발을 강제했다가 성난 백성들에게 잡혀 살해당했다. 학부대신 이도재는 단발령에 항의하며 사직했고, 최익현은 '널리 존경을 받으시는 선생께서 부디 머리를 솔선해서 깎아주시기 바란다'는 유길준의 제의에 '내 머리카락을 자르려거든 목부터 잘라라'라고 매몰차게 대답하고는 감옥에 갇혔다.

그때, 정동에 있던 미국 공사관에서는 한 사나이가 성난 소처럼 씨근거리며 동료들에게 볼멘소리를 내뱉고 있었다.

"빌어먹을 왜놈들! 아주 제 세상인 줄로만 안다니까. 내 이놈들을 당장에……."

농상공부대신을 지냈던 이범진이었다. 한편 눈을 지그시 감은 채 그의 말을 조용히 듣고 있는 사람은 전혀 무표정했다.

"그래도 보시오. 저놈들이 단발령을 내린 후로 온 천하가 콩 볶듯 시끄러워지지 않았소! 이런 민심을 타고 일을 벌이면 성공할 수 있어요! 하여간 왜놈들, 기고만장해갖고 생각 없이 상투를 자르라고 하니 이 꼴이지!" 이범진은 통쾌하다는 듯 말을 이었다.

"……그럴까요? 지금의 상황은 놈들이 예상한 대로일지도 모릅니다." 눈을 감고 있던 사람이 천천히 입을 열었다.

"그게 무슨 소리요? 이게 놈들의 예상대로라니?"

"연일 민초들의 일본인 습격이나 위협이 행해지고 있지 않습니까. 일본인들뿐 아니죠. 민초들 눈에는 서양인들도 한통속으로 보입니다. 저들은 일부러 민심을 자극해서, '조선은 외국인이 안심하고 지낼 수 없는 나라다. 일본이 못마땅해도, 일본과 일본군이 치안을 유지하도록 해야 한다'는 인식을 심어주고 있을지도 모른다는 것이죠."

"……흐음. 과연 그럴까? 지나친 생각 아니오?"

"그럴지도 모르죠. 하지만 지금의 불안한 상황이 저들에게 이 땅에 계속 많은 병력을 주둔시키는 명분이 되고 있음은 틀림없습니다. 원래대로라면 이 나라는 어엿한 독립국가이니, 궁중의 변란이 진정된 이상 군대를 물려야 하지 않습니까?"

"……그러고 보니 그렇군. 제기랄, 여우 같은 놈들! 그럼 우리는 이제 어쩌면 좋겠소?"

"의병이든 민란이든, 백성의 힘은 별 도움이 안 됩니다. 동학난 때를 보지 않으셨습니까? 이곳 아미리가(미국) 아니면 아라사(러시아)에 기대야죠. 그리고 그러려면 먼저 대군주 폐하의 신병을 확보해야 합니다."

"폐하의 신병을? 저들이 저렇게 철통같이 둘러싸고 있는데 무슨 수로 말이오? 지난번 일도 실패로 끝났잖소?"

"이렇게 해서 안 되면 저렇게 해야죠. 자, 이제부터 그 이야기를 해보십시다."

이렇게 말한 냉정한 표정의 사나이는 자리에서 일어섰다. 그가 바로 이완용이었다.

　　이범진이 말한 '지난번 일'이란 이른바 '춘생문(春生門) 사건'을 가리킨다. 1895년 10월 11일(음력), 이범진이 주도하고 이완용, 이윤용, 윤치호, 민상호 등이 협력하여 고종을 경복궁에서 빼내 미국 공사관으로 피신토록 하려는 계획이 실행되었다. 거사의 실무 담당자들은 시종원에 있었던 임최수와 지방군인 진위대 중대장을 지낸 이도철로, 휴직하여 집에서 지내던 이들을 미국 공사관에 있던 이범진 등이 접촉해서 거사를 진행하도록 맡긴 것이다. 친일 내각에 속해 있는 현직 관료들은 믿을 수 없었고, 친일 내각에 홀대받는 설움을 이용할 수 있으며, 미국 공사관에 숨어 지내는 처지의 이범진 등으로서는 현직 근무자와 접촉하기도 힘들었기 때문에 이들이 선택된 것이다. 역시 현직에서 밀려나 울분을 삼키고 있던 전 시위대 장교들인 이덕순, 김진호, 홍진길 등도 끌어들였다.

　　그러나 실질적으로 이들이 모을 수 있었던 사람들만으로는, 엄중히 경비되고 있는 경복궁에 진입해서 고종을 빼낼 수 없다고 생각되었다. 그래서 우범선, 이두황을 대신해 훈련대 대대장을 맡고 있던 이범래, 이진호를 포섭했다. 이들은 친미파에 속한다고 여겨졌기에 포섭을 시도한 것인데, 이것이 일을 그르쳤다. 두 사람이 일단 거사에 동참하여 훈련대 병력을 동원하겠다고 약속해놓고, 이를 군부대신 서리 어윤중에게 보고했기 때문이다. 여기서 어윤중은 고민에 빠진다. 왕년의 초기 개화파로서 청나라와의 관계를 끊는 것에 반대하여 수구파로 분류되었지만 급진파 못지않은 개혁 지향성을 가졌고, 동학운동이 본격적으로 일어나려 할 때 그들을 설득하는 역할을 맡아 '동학교도들의 입장을 이해할 만하다'고 동정적 태도를 표시했다가 한때 징계받기도 했으며, 지금은 친일 내각에 몸 담고는 그 뛰어난 업무능력을 살려 탁지부대신과 군부대신의 일을 맡아 보고 있으되 친일파로 분류되지는 않던 어윤중. 개화기의 전반기를 중도적 내지 이중적 존재로 살아온 그의 선택은? 또 한 번의 정변에 동참해야 하는가, 지금의 체제를 고수해야 하는가? 어떤 생각에서 고민을 끝내고 결론을 지었는지는 몰라도, 그는 결국 거사 내용을 내각에 폭로했다. 그리하여 춘생문 사건은 처음부터 실패로 끝날 운명인 채로 시작되었다.

　　내각의 문관들 중에도 이 거사에 참여하고 있는 사람이 있었다. 군부대신을 지내다가 을미사변 당시 시위대 병력의 상당수를 궁 밖으로 빼돌렸다는 의혹을 받던 안경수, 그리고 바로 이완용이었다. 이완용은 학부대신을 지내다 을미사변 후 친일 내각이 성립되면서 이범진, 이윤용 등과 함께 해임되었는데, 그들 중 유일하게 '사면'을 받아 중추원 일등의관으로 정부에 발을 걸치고 있었다. 어째서 오직 그만이 '호랑이 굴'이 된 정부로 돌아올 수 있었는지는 미지수인데, 그가 고종과 앨런을 비롯한 미국인들의 신뢰를 유독 많이 받고 있었다는 점(이완용은 육영공원 설립 후 첫 학생이 되었고, 초대 주미 공사관 참찬관으로 미국에 다녀와 친미파로 분류되었다. 앨런은 자신이 대해본 조선의 젊은 관료 중 그가 제일 명석하다며 칭찬을 아끼지 않았는데, 그런 칭찬은 나중에는 혹평으로 변한다[7]), 따라서 고종과 서구 인사들의 격앙된 태도를 달래줄 적임자였다는 점이 이유였을 것 같다. 이완용 혼자 정부로 돌아갔다 해서 친미-친러파의 본거지인 미국 공사관에서 그를 따돌린 흔적은 없는데, 아마 이완용은 '호랑이를 잡으러 호랑이 굴로 들어가겠다' 정도의 말로 동지들을 안심시

쳤을 것이다. 그러나 그 후의 행적에서도 드러나듯, 철저히 실리만을 따지는 영혼 없는 현실주의자였던 그가 과연 무슨 생각을 품고 친일 내각에 발을 디뎠는지는 알 수 없다. 하지만 분명한 것은, 춘생문 사건 당시 드러난 배신자는 이완용이 아니라 안경수였다는 사실이다.

안경수는 거사 당일 친위대 병력을 일부 동원해 경복궁으로 향하고 있던(동별영의 남만리를 윽박질러서 억지로 동원했다) '대군주 폐하 탈환대'의 후미에 있다가 잠시 급한 볼일을 본다며 몸을 뺐다. 그리고 외부대신 김윤식의 집으로 달려가 상황을 설명했다. 그 후 마침내 임최수 등이 경복궁에 도달했을 때, 원래는 내응에 따라 열려 있어야 할 건춘문(建春門)이 굳게 닫혀 있음을 보았다. 이들은 다시 북쪽으로 이동하여 일부가 담을 넘어 들어가 춘생문을 열도록 하고, 궁궐로 돌격하려 했다. 하지만 그 순간 잠복하고 있던 숙위병들이 일제사격을 가했고, 뜻밖의 기습에 '탈환대'는 사분오열이 되고 말았다. 이도철은 현장에서 잡히고, 일단 달아난 임최수 등도 동틀 무렵 붙들렸다. 11월 15일에 치러진 재판에서 이도철, 임최수는 사형, 나머지는 그에 준하는 처벌을 받음으로써, 극적인 국면 전환을 노렸던 '춘생문 사건'은 허무하게 끝나고 말았다.

"빌어먹을! 그 인두겁을 뒤집어쓴 여우새끼들 같은 배신자 놈들만 아니었어도……. 젠장, 대군주 폐하를 빼낼 뿐만 아니라, 눈엣가시 같던 김홍집이, 유길준이 등등 반쪽발이 놈들의 멱을 따주려 했건만……!"

다혈질로 소문난 이범진은 자신이 주도했던 춘생문 사건의 허무한 실패를 되씹으며 분을 삭이지 못했다. 그러나 여전히 침착한 이완용은 고개를 절레절레 흔들었다.

"어차피 배신이 없었어도 성사되기 어려웠을 겁니다. 대궐을 습격해서 군주를 노린다! 저들 일본인들이 줄곧 써먹은 수법 아닙니까? 임오년에도 일이 있었고 말씀이오. 따라서 같은 꼴을 당하지 않기 위해 얼마나 튼튼히 채비를 해두었겠소? 내가 전에 말했다시피, 그 일은 잘될 가능성이 희박했어요."

"제길! 그럼 대체 어쩌자는 거요?"

"밖에서 들어가 폐하를 모시고 나오는 일이 불가능하다면, 폐하가 안에서 나오시도록 해야죠."

"……? 그, 그게 무슨 소리요? 감옥에 갇혀 계시는 거나 마찬가지인 처지이신 폐하께서 어떻게 스스로 나오신다는 말이오?"

"진정하시고, 제 말을 좀 들어보십시오. 다 생각이 있습니다."

이완용의 냉혹한 눈빛이 번득 빛났다.

고종이 키운 개화파 지식인 관료의 제3세대라고 할 수 있는 이완용. 1세대인 어윤중과 김윤식은 소극적 친일파로 변했고, 2세대는 한 치 앞을 내다볼 수 없는 정국의 격변 속에서 누구는 죽고(김옥균), 누구는 망명하고(박영효), 누구는 적극적 친일파가 되고(유길준), 누구는 반 친일파가 된(윤치호) 이 시점에서 그의 진가가 마침내 드러날 때가 왔다. 1세대의 대표자인 어윤중이 신중함을 잃고 스스로를 파멸로 모는 선택을 한 동시에, 3세대의 대표자 이완용은 새로운 시대를 끌어갈 고삐를 손에 쥐었다.

1896년 2월 11일(양력)[8] 새벽. 막 동이 터오는 어스름 속에서 경복궁의 동문인 건춘문이 열렸다. 그리고 두 대의 가마가 조용히, 하지만 다소 잰걸음을 쳐서 문을 나와 새벽의 서울 거리로 사라졌다.

가마에는 궁녀가 타고 있는 것으로 되어 있었다. 아무도 그 사실 여부를 확인하려 하지 않았지만(벌써 몇 주 전부터 이 시간이면 되풀이되던 일이었으므로), 설령 누가 밖에서 들여다보았을지라도 새침한 표정으로 앉아 있는 궁녀만 볼 수 있었을 것이다. 하지만 가마를 세우게 하고 수색했다면, 그가 누구든 순간 당황할 수밖에 없었으리라. 앞 가마에는 왕세자가, 그리고 뒤의 가마에는 고종이 타고 있음이 드러났을 테니까.

하지만 왕과 세자를 태운 가마 두 대는 무사히 목적지에 도착했다. 정동의 러시아 공사관이었다. 이 일 직후에 러시아는 '조선의 군주가 피신을 요청해와 할 수 없이 받아들였을 뿐이며, 러시아로서도 전혀 의외의 사태'라고 공식 발표했으나, 그것은 마치 을미사변이 일본 정부와 무관하다는 말과 마찬가지로 눈 가리고 아웅 식의 발표였다. 고종은 몇 달 전부터 러시아의 전 공사 베베르, 신임 공사 스페예르(A. de Speyer)와 긴밀히 연락을 주고받으며 파천(播遷) 문제를 협의해왔다. 마침내 황제 니콜라이 2세의 결단으로 아관파천이 결정되자, 러시아는 그 전날인 2월 10일에 제물포에 정박 중이던 군함에서 수병 백오십 명을 전격 상륙시켜 서울로 진입했다. 혹시라도 일본이 러시아 공사관을 무력으로 공격할 가능성에 대비한 것이었다.

'궁녀의 가마를 이용한다'는 생각은 이완용과 엄 상궁에게서 나왔다고 한다. 사실 궁녀는 바깥 출입을 할 수 없는 게 궁궐의 원칙이다. 하지만 당시는 각종 원칙이 폐기되거나 해이해진 상태였고, 매일 아침마다 바깔나들이를 하는 궁녀가 바로 엄 상궁이었기에 일의 성사가 가능했던 것이다. 엄 상궁은 '직접 바깥에 나가 찬거리를 골라 들여오려 한다'는 명목으로 몇 주 동안 건춘문을 드나들었다. 처음에는 경계하며 가마를 수색하기도 했지만, 말 그대로 찬거리를 사오는 데다 그 사람이 사실상 왕비 대접을 받고 있는 엄 상궁이었기 때문에 점점 '무사 통과'가 가능해진 것이다. 게다가 당시는 지방의 의병을 진압하기 위해서 궁궐을 수비하던 일본군 병력이 많이 줄어들어 있었다. 이 기회를 놓치지 않고 2월 11일에 전격적으로 파천이 이루어졌다.

박은식은 『한국통사(韓國痛史)』에서 이 일을 통렬히 개탄했다. "슬프다! 이완용의 무리가 민비 시해의 복수를 핑계 삼아 왕을 꾀어 외국의 공사관에 기거하게 하고, 우리의 임금을 우공(寓公, 나라를 잃고 다른 나라에 망명해 연명하는 군주)으로 만들고 말았다. 이로써 스스로 나라의 체면을 더럽히고, 스스로 나라의 권리를 팔아넘기고, 스스로 나라의 앞날을 어둡게 만들었음이랴! (……) 이완용은 이때 이미 나라를 팔아먹은 것이다."

물론 한 나라의 주권자가 야반도주를 하여 외국 공사관에 숨는 일은 수치스러운 일이다. 하지만 당시 고종이 처해 있던 절박한 상황을 생각하면 이것은 너무 명분론에만 얽매인 평가가 아닐까? 당시 고종은 완벽한 꼭두각시가 되어 군주권을 전혀 행사하지 못하고 있었으며, 대원군이 자신의 부인(부대부인 민씨)과 첩에게 고종의 처소에 누가 드나들고

1896년 2월부터 약 일 년간 고종과 황태자(순종)는 러시아 공관에 머물렀다.

무슨 이야기를 하는지 철저히 감시하라고 하는 등(그러나 결국 그런 감시는 허술했음이 드러났는데, 사이가 좋을 리가 없는 부인과 첩을 함께 일하게 한 대원군의 생각이 짧았던 탓인지, 앞서 임오군란 때도 명성황후를 몰래 놓아주었던 부대부인이 고종과 엄 상궁이 뭔가 꾸미고 있음을 알면서도 못 본 체했던 것인지는 알 수 없다. 릴리어스 언더우드는 후자 쪽을 지지하는 글을 남겼다) 언제나 가시방석이었다. 대원군은 고종을 폐위 내지는 암살하고 이준용을 대신 앉히려는 생각을 포기하지 않았으며, 일본은 아직까지는 그런 대원군의 의지를 묵살하고 있지만, 언제 어떻게 입장이 바뀔지 모르는 일 아닌가? 당시 고종이 '명예롭게' 선택할 수 있는 길은 망명 아니면 자살뿐이었다. 그러나 러시아 공사관으로 들어감으로써 호랑이 굴에서 벗어남과 동시에 빼앗겼던 군주권을 되찾아온 것인데, 외국으로 나가며 자신이 책임져야 할 백성들을 저버리는 일은 치욕이 아니고, '국제법상 외국'인 외국 공사관으로 피해 국면을 전환하고자 싸우는 일은 그토록 치욕적인 걸까?

아무튼 고종은 러시아 공사관에 도착하여 미리 준비된 침실 안 침대에 털썩 앉자마자 국왕으로서의 인사권을 발동했다. 김홍집, 김윤식, 이재면, 유길준, 어윤중, 정병하, 조희연, 장박 등 모든 친일파 내지 대원군파 대신들을 해임하고, 특진관(特進官) 김병시를 총리대신으로 삼아 새 내각을 이끌게 했다. 또한 박정양은 내부대신, 이완용은 외부대신, 이윤용은 군부대신, 윤용구는 탁지부대신에 임명했으며, 박정양은 궁내부대신의 사무를, 이완용은 농상공부대신의 사무를 당분간 겸해서 처리하도록 했다. 이범진은 어찌 된 일인지 모르지만 당장은 내버려두었다가,

열흘 뒤 법부대신에 임명했다(스스로가 총리대신이 되고 싶어 했던 것일까?).

"폐하, 저 간악한 역적의 무리를 단지 해임만 하셔서는 아니 되옵니다! 저들이 사태를 파악하고 대응책을 마련하기 전에 칙명을 내리시어 저들의 목을 베게 하소서!"

"……그렇게 할 것까지야……."

"무슨 말씀이시옵니까? 이제껏 저들에게 어떤 치욕을 겪으셨는지 벌써 잊으셨나이까? 국모를 모살하고 군주를 겁박하며 온갖 참람한 짓을 거듭해온 저들이옵니다! 폐하가 아니시면 하늘이 저들을 벌할 것입니다!"

"……."

고종은 자기 손으로 애써 키우고, 한때 개화의 전망에 대해 열띤 토론을 나누기도 했던 개화파 1세대인 어윤중이나 김윤식, 정병하, 그리고 김홍집을 죽이라는 명령을 내리기가 못내 내키지 않았다. 그러나 '저들에게 어떤 치욕을 겪으셨는지……'라는 말에, 얼마 전 춘생문 사건 때의 일이 떠올랐다. 그때, 다급해진 고종은 주변을 호위하도록 급히 외국인들을 찾았다. 고종의 시의(侍醫)를 맡고 있던 애비슨(O. R. Avison)과 헐버트가 헐레벌떡 달려왔다. 그러자 거의 동시에 김홍집과 유길준이 상기된 얼굴로 달려와 임금에게 들이닥쳤다. 그들은 고종과 옆에 있던 세자를 '모시겠다'며 같이 가자고 했고, 고종이 거부하자 팔을 덥석 잡고 억지로 끌고 가려 들었다. 이를 보고 외국인들도 달려들어 다른 쪽 팔을 잡아 당겼다. 대신과 외국인들이 각자 왕과 세자의 팔 하나씩을 붙잡고, 난리가 난 야밤의 궁궐에서 줄다리기를 벌였다! 에비슨이 나중에 쓴 회고록에서 말했듯 "실로 삼류 연극과도 같은, 웃기지만 웃지 못할 장면"이 벌어졌던 것이다.

고종은 그때 자신의 팔을 피가 나도록 움켜잡으며 이를 악물고 있던 김홍집의 얼굴을 떠올렸다. 그리고 고개를 절레절레 흔들고 척살 명령에 동의했다.

김홍집은 아관파천의 사실을 안 순간 자신의 운명을 직감했다. 피해야 한다는 주변의 말에 그는 '명색이 재상의 책임을 진 자가 어찌 꽁무니를 빼겠는가?'라고 단호히 말했다. 그리고 러시아 공사관에 가서 임금을 뵙겠다며 길을 나섰다가, 성난 군중에게 붙잡혀 죽음을 맞이했다. 고종이 보낸 순검들이 그를 잡으려 했으나, 그는 이미 수십 명에게 깔려 짓밟히고 칼질과 몽둥이질을 당하고 있었다. 정병하도 비슷한 운명을 맞이했다. "하늘이 저들을 벌할 것입니다!"

어윤중은 고향으로 도망치려 했으나 도중에 붙잡혀 용인에서 죽었다. 박은식은 "그는 을미사변 당시 벼슬을 내놓은 상태였으며, 복직한 후에도 왕후의 복위를 힘써 주장했었다. 이런 사람을, 일국의 대신을 어찌 짐승 때려잡듯 무도하게 살해했단 말인가" 하며 비판했다. 유길준도 순검에게 잡혀 연행되려는 찰나, 마침 지나가던 일본군 병사들에게 '살려달라!'며 일본말로 호소했고 그들에게 구원받아 목숨을 건졌다. 그와 조희연, 장박, 이진호 등은 모두 도성을 빠져나가 일본으로 달아났다. 김윤식은 붙잡힌 상태에서 '죽이지 말고, 유배 보내라'는 고종의 지시가 내려져, 제주도로 귀양 갔다.

고종이 다과나 연회, 음악 감상 등의 목적으로 경운궁(지금의 덕수궁) 안에 지은 서양식 건물인 정관헌.

고종은 다음 조치로, 달아난 유길준 등을 반드시 체포하라 지시하고, '을미년(1895) 8월 22일자 조칙과 10월 10일자 조칙은 모두 역적들이 위조한 것이니 취소하라'고 말했다. 8월 22일 조칙이란 명성황후를 폐서인한다는 것이었고, 10월 10일에는 세자의 낯을 봐서 그 지위를 빈(嬪)으로 올린다는 것이었다. 이를 모두 취소했음은, 명성황후를 어엿한 나라의 중전으로 복위시킨다는 뜻이다. 이렇게 고종은 을미사변의 응어리를 조금이나마 풀었다. 그리고 아관파천이야말로 임오군란 이래 대원군, 청나라, 일본의 음모에 계속 당하기만 해온 고종이 처음으로 획기적인 반격을 성공시켜 정국을 뒤집은 일이었다. 비록 그 때문에 군주의 체면을 크게 손상하기도 했고, 얼마 후 밝혀지다시피 그다지 믿을 만한 배로 갈아탄 것도 아니었지만.

보골보골 끓는 흑갈색의 액체.

단정한 복장의 하녀가 그 액체를 화려한 무늬가 새겨진 찻잔에 따랐다. 김이 피어오르는 찻잔을 잡은 손이 그것을 천천히 입가로 가져갔다. 그리고 이 독특한 음료의 맛과 향을 천천히 음미했다.

"이젠 커피가 퍽 입에 맞으시는 것 같습니다, 폐하."

고종은 커피잔을 입에서 떼고, 옆에 앉아 있던 러시아 공사 스페예르를 돌아보았다. 그리고 그 특유의 인자한 미소를 짓고, 고개를 가볍게 끄덕였다. 공식적인 기록상으로는 그가 러시아 공사관에 와서 마신 커피가 한국인 최초로 마신 커피였다. 본래 서양 문물에 거부감이 없었던 그는 커피 맛에 아주 반해버려, 경운궁으로 환궁한 뒤에도 정관헌(靜觀軒)이라는 '커피하우스'를 궁내에 세워놓고 커피와 서양 음악을 즐겼다. 1898년 9월이 되기 전까지는······.

잠시 뒤, 고종은 서양식 장식을 베푼 창밖을 내려다보았다. 때묻은 옷을 입은 조선의 평민들이 평소와 다름없이 길을 다니고 있었다. 대부분 갓이나 망건을 썼는데, 그것들은 명성황후의 국상 때문에 흰색이었다. 그러나 서양식 옷차림을 하고 짧게 자른 머리를 드러낸 채 나다니는 사람도 이따금 보였다.

1896년 11월, 고종은 러시아 공사관에서의 생활에 익숙해 있었다. 공사관은 그에게 귀빈실을 내주며 생활에 최대한 불편함이 없도록 배려했는데, 세자와 한 방에서 지내야 한다는 점이 처음에는 도통 어색했으나 곧 괜찮아졌다. 엄 상궁은 그 옆방에서 묵었으며, 다시 시종들의 방과 대신들을 접견하는 방이 이어져 있었다.

"'생활에 불편은 없으시지요'라고 묻고 있습니다, 폐하."

말하는 사람은 고종과 스페예르에게서 한 발짝 떨어져 서 있는 김홍륙이었다. 그는 천민 출신으로 밑바닥 인생을 걷다가, 우연히 러시아말을 익힌 후 통역관으로 살아왔다. 그리고 천만뜻밖에도 이제는 조선에서 가장 중요하다고 해도 과언이 아닐 임무를 담당하고 있었다. 베베르나 스페예르는 조선말을 못했고, 고종은 조선말 외에 중국말을 할 뿐이었다. 선교사들 덕분에 영어도 조금은 했으나, 러시아인들과 대화할 수 있는 수준은 아니었다. 그래서 김홍륙이 반드시 입시해 있어야 대화가 가능했던 것이다. 다시 말해서 김홍륙이 중간에 어떻게 입을 놀리느냐에 따라 나라의 운명이 바뀔 수도 있었다.

"이렇게 전하라. '생활에는 아무 불편이 없으며, 귀국의 환대에 충심으로 감사하고 있다. 하지만 다른 문제가 짐의 심기를 편안치 못하게 한다. 그게 무엇인지 공사는 익히 알리라 믿는다.'"

러시아 공사관으로 옮긴 직후, 고종은 러시아인들이 깍듯하기는 하지만 결코 조선을 대가 없이 도우려 하지는 않음을 간파했다. 그렇다고 청나라나 일본이 그랬던 것처럼 조선을 통째로 삼키려는 야심에 부풀어 있지도 않았다. 러시아로서는 까마득하게 멀리 떨어진 한반도를 굳이 손에 넣느라 일본, 청나라, 영국과 충돌하느니, 청나라를 위협하여 확보한 만주 지역에서의 이권만 확실히 다지는 쪽을 선호했던 것이다. 그것은 고종과 조선의 입장에서는 긍정적일 수 있었다. 그래서 러시아와 군사동맹을 맺어 일본의 침략을 억제하는 주력으로 삼고, 다시 미국, 영국, 독일, 프랑스 등과 외교관계를 충실히 해서 러시아가 나중에라도 조선을 집어삼킬 야욕을 품지 않도록 견제한다는 것이 고종의 새로운 구상이었다.

그러나 러시아는 동맹을 맺자는 고종의 제의를 언제나 진지하게 듣는 척하면서 결국은 이래저래 얼버무리고 있었다. 한 술 더 떠서, 오히려 일본과 협정을 맺었다. 1896년 5월 14일, 서울에서 러시아의 베베르와 일본의 고무라 주타로(小村壽太郎)가 만나 4개조의 각서에 합의했다. '조선 대군주의 환궁은 그의 의사에 맡긴다', '조선 내각의 인선은 조선 대군주의 권한으로 한다'는 2개조는 고종으로서도 환영할 내용이었으나, '조선인들의 습격으로부터 일본이 부설한 전신 시설과 일본 거류민을 보호할 필요' 때문에 조선에 일본 병력을 주둔시킨다는 일본의 주장이 그대로 관철된 나머지 2개조는 난감했다. 러시아 병력도 주둔하는 데다가, 조선의 사정이 안정되면 양국 군대는 즉각 철수한다는 단서가 있었지만 그것은 청일전쟁 이전 청나라와 일본의 텐진조약에서도 있었던 단서가 아닌가. 불안했던 고종은 니콜라이 2세의 대관식 경축일인 5월 26일에 축하 사절로 민영환을 파견하면서, 러시아 황제에게서 일정한 재정적·군사적 지원 보장을 받아오라고 신신당부했다.

하지만 경축식에는 일본의 야마가타 아리토모(山縣有朋) 육군대신도 사절로 와 있었다. 그는 러시아의 로바노프(A. Lobanov-Rostovsky) 외무장관과 비밀회담을 갖고, '39도선을 기준으로 조선 반도를 분할하자'는 제의를 했다. 원세개가 시도했던 일본과의 남북 분할안을 이번에는 일본에서 러시아에 내민 것이다. 이를 러시아에서 거부함으로써 한반도는 두번째 분단 위기를 넘겼으나, 두 사람은 '로바노프-야마가타 의정서'를 맺고 이를 대외에 공표했다. '두 나라가 함께 조선의 재정을 원조한다. 조선의 군대와 경찰 창설 관련 결정은 조선 대군주에게 맡긴다. 조선에 일본이 부설한 전선은 일본이 계속 관리하며, 조선 북반부에는 러시아가 새로 전선을 부설하고 관리한다' 등의 내용이었다. 한편 민영환도 니콜라이 황제와 로바노프를 접견하고 고종의 제안을 열심히 설명했으나, 러시아는 삼백만 원(圓)의 차관 제공 요청을 사실상 거절했으며, 이백 명의 군사교관 파견 요청은 '우선 열세 명만 파견한다'는 것으로 크게 깎아서 들어주었다. 비밀리에 다시 한 번 타진한 군사동맹 제안이 거부되었음은 물론이다. 10월 말에 귀국한 민영환의 보고를 들은 고종의 심기가 편안할

리 없었다.

사실 러시아가 비밀리에 벌인 일을 알았다면 심기가 더욱 불편했을 것이다. 로바노프-야마가타 의정서에는 외부에 발표하지 않은 비밀 조항이 두 개 더 있었다. '러시아와 일본이 조선 주둔군을 증원할 경우 중립지대를 설치한다'와 '두 나라의 조선 주둔군은 대군주를 보호할 의무만 갖는다'였다. 이것은 두 나라가 조선에 군대를 주둔시킨 이유가, 공개된 명분처럼 자국민 보호와 조선 질서 유지가 아니라 제국주의적 세력 투사의 일환임을 보여주고 있었다. 더 나아가, 이는 야마가타의 조선 분할안을 실행하지는 않되, 유사시에는 러시아와 일본이 한반도를 남북으로 분할 점령할 수 있음을 뜻하는 조항이기도 했다. 얼마 뒤(1898), 두 나라는 다시 이 의정서의 내용을 보완, 재확인하는 '로젠-니시 협정'을 맺으며, 거기서 일본은 러시아의 만주 지배에 간섭하지 않는 대신 조선에서의 경제권을 보장받는다는 약속을 얻어낸다.

그리고 민영환이 열심히 조-러 방위동맹의 체결을 호소하던 바로 그 한편에서, 러시아는 역시 축하사절로 상트페테르부르크에 와 있던 청나라 대표 이홍장과 청-러 방위동맹을 맺고 있었다. 내용은 중국 내륙이, 그리고 조선이 일본의 공격을 받을 경우 러시아가 즉시 원조한다는 것이었다. 자기네 공사관에 의탁하고 있는 조선 군주에의 극진한 대접은 결국 커피 향처럼 덧없는 것이었다. 러시아의 대 조선 외교, 그 실체는 아직까지 조선을 청나라의 속국 이상으로 취급하지 않고 있었다.

고종의 심기를 불편하게 하는 문제는 또 있었다. 한때는 우리나라의 신하들보다 서양인들이 더 인간적이고 믿음직하다고 여겼다. 서양인들의 '식객'이 되어 있는 지금도 그 생각이 완전히 바뀐 것은 아니지만……. 신하라는 것들은 뭔가 이득을 보장해주지 않으면 임금을 섬기지도 않더니만, 알고 보니 서양인들도 마찬가지였다. 재정이 넉넉지 않은 형편에 그들에게 거액의 사례를 할 수는 없었고, 어차피 그들은 그런 '푼돈'을 바라지 않았다. 조선의 땅을 베어가지는 않더라도 금광이니 탄광이니 하는 자원 개발의 권리며, 전등을 설치하거나 철도를 놓는 등의 공사를 벌일 권리 등에 욕심을 냈던 것이다. 요즘 서양인들이 이곳 러시아 공사관의 접견실을 드나들며 꺼내는 화제의 절반은 그런 이권과 관련된 이야기였다. 한편 실망스럽고 한편 괘씸했지만, 이 시점에서 서양인들이 차례로 등을 돌린다면 무슨 일이 벌어질지 생각만 해도 끔찍했다. 그래서 그들의 요구를 하나씩 들어주었다. 1896년 3월에 미국인 모스에게 경인철도 부설권과 평안북도 운산 금광 채굴권을 준 것을 시작으로, 4월에는 러시아의 니친스키에게 함경북도 경원, 경성의 금광 채굴권과 경성 석탄 채굴권을, 7월에는 프랑스의 그라유에게 경의철도 부설권을, 9월에는 러시아의 브리네르에게 두만강과 압록강 유역 및 울릉도의 삼림 벌채권을 부여했다.

어차피 '개발'이라는 것을 해야 부강한 문명국가가 되는 모양이고, 그러자면 외국인들에게 일을 맡길 수밖에 없으니……. 당장 떡고물을 던져주고 내일의 풍요를 기대하자 싶었다. 미국, 영국, 독일 등이 저마다 조선에 이권을 갖게 되면 외교적으로 조선을 쉽게 외면하지 못하리라는 계산도 있었다.

문제는 또 있었다. 갈수록 잦아지고 강경해지는, 환궁을 촉구하는 상소들. 아직도 위정척사를 부르짖는 수염 허연 선비들부터 전현직 대신들, 개화파까지 한결같이 '당당한 독립국가의 대군주가 외국 공관에 오랫동안 머무르는 일은 국가적 수치'라며 조속한 환궁을 주장했다. 고종은 8월 초에 '경운궁으로 환궁할 예정이다'라 밝히고 궁궐 수리를 지시했다. 그러나 10월에 공사가 끝났는데도 11월인 지금 환궁 명령을 내리지 않고 있었다. 당연했다. 뭔가 마음을 놓을 만한 건덕지가 있어야 다시 궁궐로 돌아가든지 말든지 할 것 아닌가. 지긋지긋한 궁궐 습격을 또 당하란 말인가? 경복궁과 창덕궁을 놔두고 굳이 경운궁으로 환궁하려는 이유에는, 근처에 외국 공사관들이 많아 여차하면 피신할 수 있다는 점도 있었다. 특히 이곳 러시아 공사관의 경우 눈에 보이는 거리도 지척이었으나, 만일의 사태가 닥쳤을 때 일각이라도 더 빨리 피신할 수 있도록 공사관과 궁궐을 잇는 비밀통로까지 만드는 중이었다. 그리고 경복궁과 창덕궁은 근처에 일본군 주둔지가 있어 꺼림칙할 뿐 아니라, 경복궁에는 을미사변의, 창덕궁에는 임오군란과 갑신정변의 아픈 기억이 있어 다시는 발걸음을 하고 싶지 않았다. 여기에 미흡하나마 러시아에서 군사 교관을 보내주었으니, 그들을 훈련관이자 지휘관으로 삼아 궁궐을 지키는 친위대를 갖추면 그때야 비로소 환궁이 가능할 터였다.

　　조속한 환궁을 주장하는 목소리로는 상소만이 있는 게 아니었다. 이른바 '신문'이라는 것도 있었다. 그해 4월에 창간된 『독립신문』의 목소리, 즉 사설은 갈수록 고종의 주의를 끌었다. 신문은 전에도 있었지만, 정부에서 운영하는 『한성순보』나 일본인들이 만든 『한성신보』 따위는 제한된 독자를 대상으로 편향된 목소리를 낼 수밖에 없어서 크게 주의를 끌

이완용이 썼다고 추정되는 독립문 현판(1947~1948 사이 촬영). 독립기념관 소장 사진.

지 못했다. 그런데 『독립신문』은 순한글로 제작될 뿐 아니라, 사설에 정부를 비판하는 내용도 거침없이 실어서 이른바 '여론'이라는 것을 만들어가고 있었기 때문에 심상히 볼 일이 아니었다. 『독립신문』도 사실 상당한 국고 지원을 토대로 발간될 수 있었고 그 첫 사설에서는 끄트머리에 "대군주 폐하 만세!"라고 하여 왕실을 존중하는 뜻을 나타내고 있었다. 하지만 그 주필인 서재필은 왕년에 갑신정변을 일으킨 주역 중 하나였다. 그는 일본에 망명했다가 미국으로 건너가더니, 그곳 시민권을 얻고 이름도 '필립 제이슨(Philip Jaisohn)'으로 고쳐서는 노상 미국인 행세였다. 또한 『독립신문』은 독립협회와 연결되어 있었다. 협회의 중심인물 중 서재필,

윤치호, 이상재 등은 지금은 '개과천선'했다지만 한때 정변에 가담했던 급진개화파였고, 정부 대신 중에서 이완용과 안경수, 이채연 등도 가담하고 있었다. 청일전쟁이 끝난 지 오래였으나 아직도 말끔하게 정리되지는 않은 청나라와의 사대관계를 청산한다며 '독립'을 정면에 내세운 이 단체는, 과거 중국 사신을 맞이하던 영은문 자리에 '독립문'을 세우겠다며 모금 운동을 벌이더니 이달에 막 주춧돌을 놓았다고 했다. 현판은 아마도 이완용이 쓴다던가.

고종은 불만과 불안을 느끼지 않을 수 없었다. 본래 임금 된 자는 백성들의 소리를 빠짐없이 듣고 국정에 반영해야 하는 법이다. 하지만 전통적인 상소는 임금이 읽고 공개하지 않는 이상 임금과 해당 백성만 알 수 있으며, 신문처럼 국문을 읽을 줄만 안다면 방방곡곡 어느 누구나 알 수 있는 것이 아니다. 그리고 미천한 백성이 지엄하신 임금께 올리는 말이므로, 설령 정부 시책을 비판하는 주장일지라도 완곡하고 은근하게, '죽음을 무릅쓰고 올리나이다'라는 상투적 표현에서처럼 형식적이나마 스스로를 죄인으로 규정하고 주장하게 되어 있다. 그런데 신문 사설은 '전 국민'을 상대로 하는 글이기에 도무지 거리낌이 없고, 옛날 같으면 만번 죽어 마땅할 불손한 표현까지 사용하며 정부를, 다시 말하면 임금을 비판한다. 이래도 되는 것인가?

독립협회라는 것도 그랬다. 왕년의 개화당하고 정동구락부의 가장 속을 알 수 없는 인사들이 한데 뭉친 것만 해도 찜찜한데, 이완용이나 안경수같이 버젓이 각료로 활동하는 자까지 회장이니 위원장이니를 맡아 활동하는 상황은 이해가 되지 않았다. 정동구락부에도 관료들이 포함되어 있었지만, 그들은 당시 비교적 하급 관료였고, 일본의 압박에 숨도 못 쉬던 때였으니 그 존재가 기특하기만 했다. 그런데 이 독립협회는 어떤가? 듣자니 서양에는 정당이라는 것이 있고, 집권하면 여당이 되고 정권을 잃으면 야당이 된다던데, 이건 정부 안에 야당이 있는 꼴이 아닌가? 독립협회와 『독립신문』이 환궁 촉구 사설 등에서 즐겨 내놓는 주장은 '정부와 백성은 하나가 되어야 한다'였다. 어설피 들으면 정부가 백성들의 사정을 잘 헤아려서 통치해야 한다는, 전통적인 정치론을 되풀이하는 것도 같다. 하지만 고종은 몇 년 전 유길준이 올린 『서유견문』에서 그것을 읽었었다. 그것은 서양의 정치제도를 설명하는 표현으로, 임금이 없거나 꼭두각시에 불과한 상태에서 백성이 직접 정부를 선출하고 정부가 임금이 아닌 백성을 주권자로 받드는 체제를 말한다. 이자들은 지금 무엇을 꾸미고 있단 말인가?

　　'결국 아무도 믿을 수 없다. ……외국인들도, 대신이라는 것들도. 내가 모든 것을 통제해야 한다. 이 손에 모든 권한을 쥐고 있어야 한다. 비록 그 권한을 뒷받침할 실력이 당장은 없을지라도, 문명 개화한 나라들에서 존중받는다는 법에 의한 권한만큼은 결코 누구에게도 나누어줘서는 안 된다! ……그것이 중전의 유언대로 내가 끝까지 살아남는 길이며, 이 나라가 사는 길이다.'

　　철이 들고 친정을 시작한 뒤로 언제나 누구보다도 개혁적이었던 고종. 그러나 혼란의 시대와 가혹한 운명에 처하여, 자신의 생존과 국권의 수호에 급급해져버렸다. 그래서 1894년에는 동학운동에 참여한 농민들을 외면하고 말았으며, 지금은 개발을 명목으로 나라의 자원과 경제적

이권을 외국인에게 팔아넘기고 있었다. 그리고 이제 민주주의라고 하는 시대의 조류를 눈앞에 두고 가장 보수적인 선택을 준비하는 것이었다. 그러나 그 조류는 그가 예상하지 못했던 파괴력이 있었고, 또한 그 힘을 잘만 이용하면 좋았을 기회 또한 품고 있었다.

# 8장_ 막은 내리다

1903년(광무 7년) 봄.

　　창덕궁 후원은 흐드러지는 음악 소리와 박수갈채 소리로 가득했다. 음악은 전통 아악과 서양의 관현악이 번갈아 끊임없이 연주되었다. 서쪽 산자락에서 쏘아 올리는 불꽃 소리도 곁들여졌다. 하늘에는 색색가지 불꽃이 춤을 추며 보는 이의 넋을 빼앗았고, 땅 위에는 상다리가 부러지도록 차린 온갖 산해진미 사이로 날아갈 듯 차려입은 선남선녀들이 활짝 웃으며 댄스 파티를 벌이는 중이었다. 갑신정변 이래 이십 년간 방치되어, 건물에는 거미줄이 가득하고 정원은 잡초밭으로 바뀌어 있었던 창덕궁은 오늘의 잔치를 위해 몇 달 동안 대대적인 수리와 정비를 했다. 쏟아 부은 비용이 당시 재정 상태로는 무리에 무리를 더한 수준이었음은 말할 것도 없다.

　　고종, 그가 이 잔치의 주인공이었다. 그의 나이 이제 오십일 세. '망육십(望六十)'이라 하여 당시의 낮은 기대수명 수준에서 볼 때 충분히 노년이라고 볼 만한 나이였다. 어쩌면 노년이 되었음이 그리 축하할 일인지 의아할지도 모르지만, 당시의 가치관으로서는 오래 목숨을 유지하여 노인으로 존경받을 나이까지 이르렀음은 충분히 기꺼운 일이었다. 더구나 왕의 경우에는 오십을 넘으면 '기로소(耆老所)'에 들어갈 나이로 쳐주었는데, 조선의 스물일곱 왕 중에 기로소에 들어갈 수 있었던 왕은 태조, 숙종, 영조, 그리고 고종뿐이었다. 분명 시끌벅적 축하할 일이 아닌가.

축하할 일은 또 있었다. 올해가 고종이 즉위한 지 사십 년이 되는 해였기 때문이다. 실로 드문 경사가 겹쳤다 하여, 어려운 살림에도 불구하고 벌써 이 년 전부터 재정을 확보하고 행사를 준비해와 오늘에 이른 것이다. 그때 얼마나 화려하고 다채로운 행사가 펼쳐졌는지는 오늘날 사진 한 장 남은 게 없어 정확히 알 수 없으나, 그 기념비만은 대한민국에서도 가장 눈에 띄는 곳에 버젓이 남아서 백여 년 전 그날의 추억을 보듬고 있다. 바로 광화문 네거리, 교보빌딩 앞에 자리잡고 있는 '칭경기념비각(稱慶紀念碑閣)'이다.

이날의 주인공 고종은 연회석 한가운데에 흐뭇한 표정으로 앉아 있었다. 그로서는 감개무량해할 만했다. 지겹도록 잦은 변란과 음모를 헤치고 지금껏 살아남았으며, 태평한 세월을 보낸 다른 선대왕들보다도 오래 재위하고 있으니 말이다. '무슨 일이 있어도 살아남는다'는, 명성황후의 영전에 두고 스스로에게 한 약속은 훌륭히 지켜지고 있는 것이다.

그는 눈을 감고 몇 년 전 일을 회상했다. 러시아 공사관에서 커피를 마시며 '황제가 되어 전권을 한 손에 움켜쥐자'고 결심했던 일, 그리고 환궁하자마자 '광무(光武)'라 연호를 정하고, 만백성의 추대를 받는 형식을 빌려 결국 1897년 10월 12일 새벽에 만조백관을 거느리고 원구단(圓

丘壇)에 올라 대한제국 황제에 즉위했던 일.

일부에서는 나라가 이 모양인데 무슨 황제에 제국이냐고 입방아 깨나 찧은 모양이지만, 일본, 청나라, 러시아, 영국, 독일 등 열강이라는 나라는 하나같이 제국을 표방하는 마당에 우리만 왕국을 고수한다면 자연히 위신이 서지 않고, 아직도 청나라의 속국인 듯한 인식을 줄 수가 있었다. 그리고 제국을 수립하는 과정에서 '대한국 국제(國制)'를 대내외에 내놓고, '대한의 황제가 무한한 군권(君權)을 향유한다'고, 이른바 열강이 존중하는 문명개화의 법제상의 절대왕권을 분명히 했다. 오랫동안 조선의 독립을 인정하지 않았던 청나라를 포함해 세계 각국이 대한제국을 승인했으니, 그것은 곧 짐(朕)의 무한군권을 승인한 것과 마찬가지였다. 적어도 법률상으로는 일본이든 러시아든 미국이든 짐의 허락이 없는 한 한반도 내에서 아무 권리도 행사할 수 없게 된 것이다……

간드러진 음악을 들으며 지그시 감고 있던 고종의 눈살이 조금 찌

푸려졌다. 그래, 법적으로는 그렇게 무한군권을 인정받았다. 하지만 제국을 수립하기 직전이나 직후, 너무도 잦은 역모가 되풀이해서 일어났다. 광무 1년(1897) 2월의 김낙영, 한선회, 장윤선, 이근용 등의 역모에서는 갑신정변을 흉내 내어 독립문 기공식장을 습격해 정부대신들을 살해하고 러시아 공사관에서 나를 빼내 경복궁으로 옮기려 했다. 그해 7월에는 송진용, 홍현철 등이 '외세에 영합하는 대신들을 제거하고 새 내각을 만든다'는 명분으로 궁궐 내부에서 학살극을 벌이려고 했다. 광무 2년 6월에는 안경수가 역모를 꾸미다가 발각되어 일본으로 달아났다. 을미사변 때 행적이 미심쩍었음에도 관용을 베풀어 대신의 지위를 주었건만, 일본에 가 있던 박영효와 몰래 연락하며 모의하기를, 짐을 겁박해 일단 제위를 황태자에게 양위시키고 의친왕 강(堈)이에게 섭정을 맡기려 했다고 한다. 안경수라는 놈이 독립협회의 회장이었고, 이들의 대 정부 요구가 날로 과격해지더니 급기야는 '황제를 폐위시키고 공화제를 실시'하려한다는 소문마저 나돌아 결국 용단을 내려 협회를 해산시켰다. 그래도 공화제 운운하는 소리는 끊이지 않아, 광무 3년 4월에 장윤상, 권형대, 신현표 등이 황제를 폐하고 이준용을 초대 대통령으로 앉힌다는 모의를 했음이 드러났다. 이것 외에도 사실성 여부가 다소 불확실하거나, 구체적 모의 단계까지 가지 않았던 역모까지 따진다면 셀 수가 없다. 지난 수십 년간 몇 번이나 존엄한 궁궐이 흙발에 짓밟히고, 심지어 국모까지 처참하게 죽는 사건이 잇따르다 보니 조금만 불만이 있으면 이내 역모로 이어지는 모양이었다.

하지만 가장 공포감을 느끼게 했던 역모 사건, 을미사변 이래 가장 악랄했던 사건은 광무 2년(1898) 9월의 '독커피 사건'이었다. 놈들은 내가 러시아 공사관 시절부터 커피를 즐겨 마신다는 사실을 노렸다. 때는 바로 만수절(萬壽節), 즉 내 생일 바로 다음날의 고즈넉한 오후 한때였다. 정관헌에서 태자와 함께 커피잔을 놓고 담소를 나누고 있는데, 한 모금 마셔보니 늘 마시던 것에 비해 어쩐지 향도 맛도 달랐다. 본능적으로 반쯤 삼키고 남은 커피를 잔에 뱉는데, 태자는 어느새 잔을 거의 다 비운 상태였다. 태자의 눈동자가 하얗게 뒤집히며 낯빛이 새파래지고 있었다……! 쨍그랑! 두 개의 커피잔이 바닥에 뒹굴고, 쓰러진 태자를 부둥켜안고 뭐라고 소리를 질렀는지, 기억도 나지 않는다. 커피에는 다량의 아편이 들어 있었다고 했다. 반 모금만 마신 나는 구토가 몹시 나고 한동안 속이 불편했을 뿐이지만, 태자는 사경을 헤맨 끝에 겨우 살아났으되 후유증에서 헤어나지 못하고 있다. 가엾게도……. 범인은 궁중요리사 김종화로, 공홍식이란 자에게 1천 원(元)어치의 은을 받기로 하고 벌인 일이었고, 공홍식은 아관파천 시절 통역관이라는 특별한 입장을 이용해 하늘 높은 줄 모르고 날뛰던 끝에 유배 가 있던 김홍륙의 사주를 받았다고 했다. 하지만 김종화와 공홍식 모두 처음의 문초 뒤에 시체로 발견되었고, 멀리 유배 가 있는 김홍륙이 과연 그런 일을 꾸밀 수 있었을까……? 지금도 그 진상은 알 수 없지만, 아무튼 1천 원의 은으로 지엄한 황제의 목숨이 팔렸다는 이야기 자체가 씁쓸하기 이를 데 없다. 마치 그때 조금 들이켠 독커피처럼……. 서양 선교사들의 말로는 야소(耶蘇)의 제자가 스승을 30세겔의 은으로 팔았다던데, 30세겔이란 1천 원보다 많을까, 적을까……? 여전히 눈을 지그시 감고 쓴웃음을 짓는 황제였다.

그렇게 흉악한 음모가 끊이지 않는 가운데, 그래도 다행이라고 해야 할지 말아야 할지? 친정을 막 시작했을 때부터 끊임없이 역모의 주역이 되어오던 사람, 그럼에도 결코 처벌할 수 없었던 사람은 이제 사라지고 없었다. 1898년 2월, 대원군이 죽은 것이다.

부대부인 민씨가 죽은 것이 1898년 1월, 그리고 바로 한 달 뒤에 대원군 역시 세상을 떠났다. 무던히도 오래 아들 고종을 괴롭혀온 그런만, 뜻밖에도 숨이 넘어가기 전 한사코 찾은 사람은 손자 이준용이 아니라 고종이었다고 한다.

"주상이…… 주상이 보고 싶다……. 아직…… 아직도 오지 않았느냐……."

단말마의 신음을 내뱉다가도 깜빡 정신이 돌아오면 다시 '주상은……?' 하고 찾았다는 흥선대원군 이하응. 그러나 고종은 끝까지 나타나지 않았다. 고종은 장례식에조차 불참했다. 유교사상이 뚜렷이 살아 있던 당시가 아니었더라도 손가락질받을 만한 일이었고, 하물며 '만백성의 모범이 되어야 할 임금'이 그처럼 불효한 행동을 했음은, 고종을 마냥 후덕하고 인자한 사람으로만 알았던 사람들의 눈을 의심케 했다.

'내가 너무했는가…….'

수도 없이 자신의 왕권과 목숨을 위협하고, 며느리마저 처참한 죽음으로 몰아넣은 아버지. 그래서 부자간의 정 따위는 예전에 끊겨버렸고, 그래서 그의 마지막 가는 길을 외면했을지도 모른다. 하지만 그보다는, 그런 상황일지라도 혹시 있을지 모르는 음모가, '적지'인 운현궁에 고종이 행차하는 순간만을 노리고 있을지도 모르는 음모가 못내 두려웠으리

라. 그래서 끝내 야박한 행동을 했던 것이리라.

아무튼 대원군은 갔다. 역사 속으로 사라졌다. 이로써 고종의 반생에 결정적인 영향을 미쳤던 세 사람, 조 대비와 대원군, 명성황후가 모두세상을 떠난 것이다. 이제야말로 고종은 안동 김씨니 풍양 조씨니, 대원군파니 민왕후파니 하는 파벌 대립 사이에서 이리저리 줄타기를 하지 않으며 홀로서기를 할 수 있게 되었다. 그러나 그것은 동시에 '왕의 파벌' 역시 없어졌다는 뜻도 되었다. 아관파천을 이끌어낸 친미파-친러파 대신들도 어느덧 하나 둘씩 독립협회 쪽으로 이탈해나가고, 고종 주위에는 이런저런 인연으로 발탁된 측근들의 무리만 있을 뿐이었다.

이런 점에서 독립협회를 '또 하나의 역적 집단'으로만 여기고 탄압했던 고종의 조치를 아쉬워하지 않을 수 없다(『남가몽』을 쓴 정환덕에의하면, 고종은 을사조약이 맺어진 1905년에 '내가 등극한 지 사십여 년에 하루도 편안한 날이 없었다'면서 갑신정변, 동학난, 을미사변과 함께'독립협회의 난리'를 대표적인 역모 사례로 꼽았다. 또한 정환덕은 독립협회 해산 당시 고종이 '저들은 내 백성도 아니고, 사람도 아니다'며 대포를 끌고 와 시위 군중에게 발포하려 했다는 말을 전해 듣고는 기록했다).

물론 독립협회에는 한계가 있었다. 명분만 중시하여 황제에게 실질적으로 필요한 일도 가로막곤 했으며(가령 쿠데타 음모가 잇따르자 새로 외국인 친위대를 모집해 입국시켰는데, 독립협회가 '외국인이 친위대를 맡는 일은 나라 망신이다'라고 결사반대하는 바람에 이미 급료를 지불한 그들을 그대로 돌려보내는 일이 있었다), 그 활동은 종종 러시아가 우위를 차지한 정국에 맞서 일본이 사주한 것이 아니냐는 의심을 살 만했다. 그 진보성이나 민주주의적 의의도 냉정하게 보면 문제가 많았다. '아직은 국민에게 참정권을 주기에 시기상조'라는 전제 하에 자신들의 국민 대표성도 없으면서 황제의 대표성을 의심했고, 협회 내에서조차 민주적 의사결정 방식을 지키지 않았다(유명한 만민공동회만 해도 안경수가 일본의 사주를 받고, 회장을 포함한 운영진에게 아무런 통보조차 없이 개최했다).

하지만 독립협회는 누가 뭐래도 당시 한국에서 타의 추종을 불허하는 대중 선동 및 동원 능력을 가지고 있었고, 한국 최고의 지식인 집단이기도 했다. 이들이 반정부 시위를 하면 몇만 명이 호응해 모여들고, 상가가 일체 동맹 철시할 정도였다. 이들이 기어코 무력으로 해산되고 말자, 서울은 "당장 혁명이라도 날 분위기에 휩싸였다. 러일전쟁이 일어나지 않았다면 무슨 일이 벌어졌을지 모른다"고 독일 출신의 고종 시의였던 리하르트 분쉬(R. Wunsch)는 적고 있다. 이처럼 큰 반발을 감수하며 독립협회를 해체시키기보다, 이들을 포용해 정권의 일각을 담당하도록 하는 게 낫지 않았을까?

고종은 정권이 오랫동안 대원군이나 친일파, 친러파 파벌에 분점되어 있었기 때문에 늘 살얼음판 위에서 살아가지 않을 수 없었다고 생각했다. 또한 친일파나 친러파에게 정권이 돌아가면 언제 임금과 국가를 배신하고 나라를 팔아넘길지 모른다, 그러므로 모든 권력을 자신의 손안에 움켜쥐고 있어야 한다고 굳게 믿었다. 그래서 '황제의 무한권력'을 내세우는 대한제국을 선포한 것이다. 이해가 가는 생각이다. 하지만 권력은 적절히 분산해두는 게 더 안전하다. 고종에게 전권이 주어져 있다면, 그를 협박하여 국권을 양도하게 하거나 그의 지시를 위조한다면 못할 일이 없게 된다. 러일전쟁 이후 국권 침탈 과정이 바로 그렇게 진행되지 않았던가. 황제의 결정을 승인할 권한을 가진 내각이나 의회가 있었다면 그처럼 간단하게는 이루어지지 않았으리라. 또한 행정 효율 면에서도 소수 집단이 계속 국정을 전담하면 반드시 문제점이 발생한다. 인재라고 할 만한 사람들이 정치성 때문에 이리저리 떨어져나가고 측근들만 데리고 정치를 하는 고종으로서는 올바른 결정을 내리기가 힘들었다. 능력은 없이 아부나 허풍만으로 지위를 얻는 간신배가 날뛰기 딱 좋았다. 궁내참서 이인순이나 영선사장 최병주 등은 평소에 '신통력이 있어서, 주문을 외면 군함도 박살 낸다', '겨드랑이에 몇 사람을 끼고 광화문을 뛰어넘을 힘이 있다'고 떠들며 고종의 기대를 받았으나, 러일전쟁이 일어나자 온다 간다 말도 없이 사라져버렸다고 한다.

용케도 수많은 음모와 유혈극을 견뎌내고 즉위 사십 주년을 성대하게 축하하고 있던 고종. 그러나 그 화려한 잔치와 고종의 예복에 주렁주렁 매달린 찬란한 훈장의 이면에는 '벌거벗은 임금님'의 초라함이 있었다. 정치권력 면에서 독립협회를 포용하고 그들이 참여하는 의회를 창설했더라면, 또는 일종의 이원집정부적 행정부를 구성해 외교와 국방권 그리고 비상대권은 황제가 보유하고, 내정은 독립협회 인사들이 참여하는 내각에 위임했더라면 그런 초라함은 한결 줄어들었으리라.

하지만 더 큰 문제는 정치보다 사회 부분에 있었다. '벌거벗은 임금님'이란, 고종보다는 대한제국 그 자체일지 몰랐다.

지금 이곳 상황은 독일의 1848년 3월 혁명 시기와 흡사합니다. (……) 모든 행정기구는 제대로 돌아가지 않습니다. 신용도 전혀 없습니다. 저마다 고관에 줄을 대고는, 하급관료들이 극악무도한 방법으로 부패를 저지르고 있습니다.

리하르트 분쉬가 집에 보낸 1901년 12월 10일자 편지에서 밝힌 대한제국의 실상이다. 그는 또 1903년 3월 24일자 편지에서는 이렇게 이야기하고 있다.

이 나라 어딘가에서는 항상 폭동이 일어나고 있습니다. 그런데 무능한 정부는 그 폭동을 어떻게도 진압할 수가 없답니다. 그럴 때면 일본인들이 자기네 동포를(고작 두서너 명일 경우가 많은데) 보호한답시고 무력으로 간섭합니다. 그리고 그곳에 떡하니 주둔해버립니다. 참 어이없는 일이지요.

일찍이 강화도조약 체결 이후부터 끊임없이 계속된 일본의 조선 사회경제 침투. 중앙정치는 일본에게 유리해졌다 불리해졌다 요동을 쳤지만, 조선사회에의 침투 흐름은 한 번도 중단되거나 역전된 적이 없었다. 1896년 당시 조선에 있던 외국인 회사 258개 중 210개가 일본 회사였고, 1898년 당시 조선에 거주하던 외국인 17,812명 중 15,062명이 일본인이었다. 조선사회에 미치는 일본의 지배력은 1898년의 로젠-니시 협정에서 러시아에게도 인정받은 것인데, 20세기로 넘어오면 그것은 상인과 거류민을 앞세운 침투를 넘어 공공연한 군사적·행정적 침투의 모습을 띠고 있었다. 어찌 보면 대한제국은 허울뿐이고, 사회 저변과 지방 사회는 1910년의 국권 상실 이전에도 이미 일본에 거지반 예속되어 있었던 것이다.

고종이 어느 정도의 외교적 효과를 계산하고 일본을 제외한 열강들에게 나눠준 산업 이권도 전혀 일본을 견제하는 효과를 내지 못했다. 가령 미국인 모스에게 주었던 경인철도 부설권은 1898년에 일본에게 넘어갔고, 프랑스인 그라유에게 주었던 경의철도 부설권도 일본의 차지가 되었다. '권리'란 곧 사고팔 수 있는 것이니까! 그리고 1900년부터는 서양인들이 새로 이권을 따내는 일은 거의 없어지고, 직산 금광 채굴권(1900), 인삼 독점 수출권(1901), 경기도 연해 어업권(1901), 충청도·평안도·황해도 연해 어업권(1904) 등등 일본이 직접 이권을 얻는 경우가 늘어난다. 한국에 미치는 일본의 힘이 그만큼 커진 데 따른 결과였다. 운산 금광 채굴권처럼 일본에게 넘어가지 않은 서양인들의 이권도 '치안 유지나 합리적 세금 등에서 한국보다 일본이 통치하는 게 더 낫다'고 여김에 따라 전혀 견제의 실마리가 될 수 없었다.

고종이 국권 유지와 황제권 강화에 골몰하는 동안 탐관오리와 일본인들의 억압에 시달리던 지방민들은 낫과 쇠스랑을 고쳐 잡았다. 을미사변과 단발령을 계기로 일어났던 의병은 대한제국 수립을 전후로 해산했지만, 가혹한 현실을 견디다 못해 다시 뛰쳐나온다. '나라 어딘가에는 항상 폭동이 일어나는' 상황이 벌어졌다. 삼남 일대의 '활빈당'과 제주도의 '이재수의 난'이 가장 대표적이었다. 이 상황이 분쉬의 말대로 일본의 조선 지배를 가속화하는 결과를 낳았음은 말할 것도 없다.

그렇다고 이 기간 동안 고종이 사회경제 문제를 전혀 나 몰라라 했던 것은 아니다. '광무개혁'이라 불리는 일련의 조치들이 행해졌다. 1898년부터 시작된 양전지계사업(量田地契事業)과 1899년 이후 본격화된 식산흥업정책, 1894년 이후의 화폐금융제도 개혁, 1896년부터의 서울 도시개조사업 등이 그것이다. 오늘날 이태진, 한영우 등은 이 광무개혁을 명실상부한 자주적 근대화 개혁으로 높이 평가하며, '개혁의 성과에 놀란 일본이 무력을 앞세운 국권 강탈을 서두르게 되었다'고 주장한다. 사실 광무개혁에서는 '제국에 두루 미치는 절대황권'이 보여주는 야심만만함을 읽을 수도 있다. 이제까지의 개혁에 비하면 겉치레에 그치지 않았다는 것이다. 식산흥업정책의 일환으로 1899년 부보상들을 관할하는 황국협회의 기능을 전통 상회인 육의전과 통합하여 '상무사(商務社)'를 창설, 이로써 일본을 비롯한 외국 자본에 대항하는 국내 자본을 확보하려 했다. 1900년에 철도원을 설치하고 경원선을 자체적으로 부설하려 했으며(결국 실패했지만), 광산업 역시 국가에서 장악하려고 시도했다. 1901년에는 '화폐조례'를 반포하고 1903년에는 '중앙은행조례'를 반포해 근대적인 화폐제도를 도입하며, 대한제국 토착은행이자 화폐금융정책의 중심이 될 중앙은행을 세우려 했다. 서울 도시개조사업은 고대 중국의 제도를 따라 이루어져 있던 당시의 서울을 워싱턴이나 파리 같은 근대 서구 도시를 모델로 개편하고자 큰길을 닦고 광장을 마련하는 등의 사업이 추진되었다. 새로 뚫린 큰길에는 곧바로 전차가 다녔다. 당시 빠르게 변모하는 서울의 모습을 보고 감탄한 일부 서구 언론에서 '한국은 중국보다도 근대화가 늦었다. 하지만 아직도 전통적 생활방식에 대부분 머물러 있는 중국에 비해 훨씬 빠르게 새로운 모습을 갖춰가고 있다'는 기사를 내기도 했다.

하지만 광무개혁의 의의를 높이 평가하기에는 꺼려지는 부분이 여럿 있다. 첫째, 그것은 국가가 정상적인 계획과 실행 과정을 거쳐 진행한 개혁이라기보다, 황제의 개인 사업과 마찬가지로 추진된 개혁이었다. 모든 개혁은 국왕 직속의 황실업무 담당기관인 궁내부에서 관장했다. 본래는 황제나 황실 가족의 개인적 물품 구입이나 경조사 진행 등에만 관심을 두어야 할 기관에서, 철도를 놓고 학교를 세우고 군함을 매입하는 등 국가의 중추기능을 담당한 것이다. 이는 1880년대에 국왕 직속의 통리기무아문을 통해 개혁을 추진하며 기존 정부조직을 우회한 것과 비슷했는데, 그래도 통리기무아문에는 대신들이 참여하고 있었던 반면 이 궁내부에는 이용익을 비롯한 황제의 측근들만 있었다는 점에서 더욱 사적인 성격이 짙었다. '모든 권한을 내 손안에'라는 고종의 원칙이 사회경제적 개혁에서도 철칙으로 지켜진 것이다. 이는 강력한 개혁 추진에는 도움이 될 수도 있는 원칙이었으나, 필연적으로 예산의 수립, 확보, 집행, 결산 등에서 비합리성과 비효율성을 띨 수밖에 없었다. 아무리 기존 정부조직과 대신들을 믿지 못해도 공식 절차를 지켜야 일의 올바른 순서가 정해지고 체계적으로 개혁을 진행할 수 있는 법이다.

국가개혁의 사적 추진 방식이라는 이런 치우친 모습은 전체 예산 확보와 집행에서의 치우침과 맞물렸다. 이용익은 양잠회사와 담배회사 등 정상적인 국가투자기업을 통한 수입 외에도 어기세(고기잡이 그물 사용료), 곽세(미역 따는 값), 포사세(고기 파는 값), 포세(배가 나가고 들어갈 때 내는 돈) 등 각종 잡세를 걷어 개혁 예산을 충당함으로써, 가뜩이나 시달리고 있던 일반 백성들의 원성을 샀다. 또한 근대적 화폐금융제도 마련을 모색하면서도 당장 현금을 확보하고자 저질의 백동화를 대량 주조해 유통시켰다. 과거 대원군의 당백전이나 개화기 초기의 당오전과 마찬가지인 이 백동화는 결국 물가를 폭등시키고 금융질서를 어지럽혔다. 그리고 무엇보다도 전에 없는 대규모 매관매직으로 궁내부 내장원(황실재산 관리사무처)에 돈뭉치가 쌓였다.

'개같이 벌어 정승같이 쓴다'면 모르겠지만, 이런 식으로 자금을 끌어모아 전체 국가예산의 50퍼센트를 넘는 예산을 확보한 궁내부가 그 예산을 퍼부은 부문은 먼저 국방력 증강(전체 궁내부 예산의 80퍼센트)이었으며, 그리고 고종의 '성수(聖壽) 51세—재위 40주년' 기념식을 비롯한 각종 황실 연회와 기념식, 태조와 장조(사도세자), 정조, 순조, 익종의 황제 추존 사업, 황자들의 친왕 책봉, 경운궁 중건 등 황실의 예식절차에 거액의 돈이 들어갔다. 특히 서양식 석조건물인 석조전 건축과 정전인 중화전을 황궁에 알맞은 규모로 다시 짓는 일 등을 포함한 경운궁 중건에는 과거 경복궁 중건에 맞먹을 정도로 거액이 들어갔다고 한다.

물론 국방력 증강은 반드시 필요한 사업이다. 하지만 대한민국 시대에 행해진 각종 증강사업의 뚜껑을 열었더니 온갖 정권 비리가 튀어나온 것을 봐도 알 수 있듯, 가장 부정부패가 얽히기 쉬운 사업이기도 하다. 현대 민주국가의 정밀한 감사제도도 없고, 거액이 오가는 사업이 몇 사람의 하급관료들의 손으로 진행되던 당시는 어땠겠는가? 다 낡아서 아무

짝에도 쓸 수 없는 군함을 몇 배나 되는 금액으로 구입하고는, 중간에서 막대한 뇌물을 챙기는 일이 잇달았다. 황실 예식사업은 제국의 위엄을 나타내기 위해 불가결한 점이 없지 않으나, 당시 상황을 볼 때 그 정도의 우선순위를 둘 사업은 결코 아니었다. 아무튼 둘 다 돈을 쓰기만 하지 단 한 푼도 벌어들이지 못하는 부문인데, 백성에게서 애써 짜낸 돈을 대부분 그런 쪽으로 쓰면서 정작 '식산흥업'을 위한 예산은 계획에 예산이 따라주지 못해 좌초하는 일이 거듭되었던 것이다.

광무개혁이 진정으로 이 나라를 근대국가로 탈바꿈시키기 위한 개혁이 되려 했다면 당시 경제구조의 근본인 토지제도를 근대식으로 바꾸고, 공업과 무역 발달을 위해 공장 건설, 무역회사 설립과 재정 지원 등에 대규모 투자가 이뤄졌어야 했다. 그러나 그런 움직임은 없었다. 오히려 '광무양전(光武量田)'이라 불리는 양전지계사업은 봉건적인 지주전호제도(地主田戶制度)를 유지했을 뿐 아니라, 실질적으로는 농민의 개인 소유인데 '서류상으로 국가 소유'라 하여 하루아침에 토지를 몰수해 궁내부 소속으로 하는 등, 이후 일제의 토지조사사업을 연상시키는 잔혹함마저 보였다. 이런 개혁을 백성들이 환영할 리 없었고, 대한제국이 사회에 내리고 있던 뿌리는 점점 더 깎여갔다.

고종은 아직 '풋내기 임금'이었던 1865년(고종 2년) 4월, 열네 살의 나이에 경복궁을 다시 짓는 현장을 시찰했다. 그때 그는 '궁전을 새로 지어 왕실의 위엄을 높이는 것은 좋은 일이나, 백성들이 걱정이다'라고 하며, 궁궐터 주변에 백성들이 불법으로 지은 집들을 헐어야 한다는 말에 '넉넉하게 보상해주라'고 신신당부했다고 한다. 당시 조정 대신들은 불법 가옥들은 보상해줄 필요가 없다고 난색을 표시했으나, 어린 임금의 고집에 못 이겨 조치를 취했다. 그런 인자한 마음이야말로 고종의 인간적인 매력의 핵심이었건만, 거듭되는 난리 끝에 반려자는 살해되고 자식은 불구가 된 지금 백성의 괴로움을 돌아볼 여유가 없어져버린 것일까. 광무개혁은 그 자신과 국권 수호를 위해서는 의의가 충분했다. 하지만 사회를 진정으로 근대화하고 민생을 돌보는 점에서는 크게 미흡했다. 심하게 말하면, 죽어가는 시체에 달라붙어 마음껏 피를 빠는 일본이라는 기생충 옆에서 대한제국 역시 사회에 기생하고 있는 셈이었다. 1904년 1월, 고종은 이른바 '경장(更張) 5조'를 내걸고 활빈당을 비롯한 민란을 수습하려 한다. 그 내용은 '궁내부를 숙청한다', '각 지방에 파견한 세금 징수관을 소환한다', '각종 잡세를 폐지한다' 등이었다. 이후 곧바로 러일전쟁이 일어나는 바람에 그 실행은 유야무야되었지만, 아무튼 당시 백성이 광무개혁을 어떻게 바라보고 있었는지 이로써 짐작할 수 있다.

이렇게 제국의 뿌리가 썩고 있는 동안, 고종이 가장 심혈을 기울여 조정하려 애쓰던 국제정세는 어떻게 돌아가고 있었을까. 러시아에 크게 기대고 미국, 독일, 프랑스 등에 조금씩 기대려던 아관파천 당시의 구상은 곧 폐기되었다. 대신 '중립국화'가 추진된다. 한반도를 둘러싼 열강의 힘을 비슷하게 유지하고, 그 힘의 균형 위에 국권을 존립시킨다. 그러기 위해 국제법적·외교적으로 스위스와 같은 영세중립을 선언하고, 러시아와 일본이 엇비슷한 힘을 갖도록 조정하며, 때에 따라 미국이나 프랑스, 독일 등의 힘을 보조수단으로 이용해 균형이 깨지지 않게 배려한다는 것이었다.

이 한반도 중립화론은 본래 1885년에 서울 주재 독일 부영사였던 부들러(H. Budler)가 당시 청나라와 일본의 충돌을 무마하는 방안으로 처음 제시했었고, 유길준도 그 직후에 『중립론』을 써서 고종에게 올렸다. 당시에는 국내외에서 별 반향이 없었던 중립화론은 대한제국 출범을 전후해 고종의 기본 외교노선이 되었고, 1900년 주일 공사 조병식이 일본에 제안함으로써 처음 공식화했다. 1901년에 프랑스의 윈난 신디케이트에서 오백만 달러의 차관을 도입하기로 한 것이나, 독일의 빌헬름 2세와 밀서를 주고받으며 비밀외교를 펼친 것은 모두 중립화의 기반을 마련하려는 노력의 일환이었다. 하지만 고종이 가장 기대를 걸었던 쪽은 미국이었는데, 스스로 중립화론을 제시했던 궁내부 고문 샌즈와 앨런 공사, 그리고 주일 미국 공사 버크(A. Buck)를 움직여 미국 정부에 '국제사회에서 한국의 중립국화를 위한 중심적 역할을 맡아달라'는 요청을 간곡하게 되풀이했다. 하지만 고종의 '짝사랑'과 달리 당시 미국은 한국 문제에 발 벗고 나설 의사가 없었다. 또한 일본은 중립화보다 한국과 일본이 동맹을 맺어 러시아를 비롯한 서구 열강에 공동 대응하자는 주장을 내세웠다. 러시아는 1900년 이후 극동에서의 입지가 튼튼해지면서, 한반도에서 전보다 적극적으로 이익을 확보하려는 입장으로 바뀌었다.

극동에서 러시아의 입지가 탄탄해진 계기는 1900년의 '의화단(義和團) 사건'이었다. 무술(武術)을 내세운 정치집단 의화단과 그들에게 동조하는 청왕조가 북경에서 외국 공관원들을 포위 압박하자, 그들을 구한다는 명분으로 영국, 미국, 프랑스, 독일, 오스트리아, 러시아, 이탈리아, 일본 8개국이 연합군을 구성해 북경을 공격, 점령하고 의화단원들과 일반 중국인들을 살육했다. 이 사건은 청왕조가 결정적인 몰락의 길로 접어드는 계기를 마련했을 뿐 아니라, 러시아가 만주를 군사 점령하고 사건이 끝난 후에도 철수하지 않는 계기 또한 제공했다. 이로써 만주를 세력권에 넣은 러시아는 내친 김에 한반도까지 넘보았다. 하지만 역시 일거에 한반도 전체를 손에 넣기란 무리라 여겼던지, 일본에 '과거 귀국의 야마가타가 제의했던 한반도 분할안을 재검토하자'고 제의한다. 하지만 이번에는 일본이 남북 분단에 반대하는데, 과거와는 달리 만주가 온통 러시아의 차지가 된 상태에서 한반도 북부까지 내준다면 불안을 견딜 수 없었기 때문이다. 당시 일본 외무대신 아오키 슈조(靑木周藏)는 '만주를 러시아가 갖는 대신 한반도 전체를 일본의 것으로 한다면 받아들일 용의가 있다. 그러나 러시아가 그 이상을 요구한다면, 우리는 전쟁도 불사할 것이다'라고 선언했다.

　　일본의 태도가 예상보다 강경하자, 러시아에서는 재무장관이던 비테(S. Witte)를 중심으로 보다 온건한 노선을 취하자는 목소리가 나왔다. 외교에서는 늘 정면충돌보다 타협과 절충을 우선해야 한다고 보았던 비테는 한반도 분할 대신 한반도 중립화를 대안으로 삼자고 했다. 러시아는 일단 만주만 차지하면 만족할 수 있다. 하지만 아오키의 주장대로 한반도 전체를 일본에게 넘겨준다면 이제껏 대한제국과의 외교에 공들인 것이 아까울뿐더러 장기적으로 일본의 북침 위협을 떠안게 된다. 따라서 고종이 주장하는 한반도 중립화를 실현하여 일본과 만주 사이에 완충지대를 두자는 것이었다.

　　일본에서도 러시아와 정면충돌로 가기보다는 타협하자는 주장이

나왔다. 바로 이토 히로부미가 그런 주장의 중심에 있었는데, 기존의 우방인 영국, 미국과의 관계를 강화하여 '해양 세력'으로써 '대륙 세력'인 러시아에 맞서기보다, 동북아에서 러시아의 우위를 일단 인정하고 실리를 도모하자는 입장이었다. 비테와 이토의 주장이 두 나라에서 받아들여졌다면 고종의 중립국화 꿈은 이루어졌을 것이고, 이후의 한국사 그리고 세계사는 전혀 다른 식으로 전개되었을 것이다. 하지만 그렇지 못했다.

러시아에서는 일본의 힘을 이유 없이 낮춰 보며, 대 러시아가 한번 힘을 쓰면 극동의 원숭이들 따위는 단번에 굴복시킬 수 있다고 보는 낙관론이 비테의 신중론을 압도했다. 또한 당시 러시아 황실은 니콜라이 2세의 부황인 알렉산드르 3세 시대의 폭압적 정책의 결과 진보적 지식인에서부터 농민, 노동자까지 한껏 고조된 불만에 직면해 있었다. 내부적 불만을 외부 문제로 눈을 돌리게 해서 해소하는 것은 전형적인 정치술이다. 따라서 본래 온건했던 니콜라이 2세도 극동의 이익을 위해 일본과 전쟁을 벌이는 것도 나쁘지 않다고 생각하게 되었다. 한편 일본에서도 야마가타의 팽창주의 노선이 이토의 온건 노선보다 앞서갔으며, 1902년 독일과의 동맹 교섭에 실패한 영국이 차선책으로 일본을 선택해 '영일동맹'을 체결함으로써 러시아와의 타협론은 완전히 묻히고 말았다.

이처럼 한반도 주변의 상황은 고종의 바람과는 달리 평형보다는 대결로 치닫고 있었는데, 고종 스스로도 그런 추세에 어느 정도 부채질을 한 셈이 되었다. 1901년의 군제개혁에서 러시아 군복을 그대로 한국군 군복에 도입하는가 하면, 경운궁을 확장할 계획으로 궁궐과 잇달아 있는 미국과 영국 공사관에게 퇴거를 요청했으나 러시아 공사관에는 그런 요구를 하지 않았던 것이다. 이는 바야흐로 고종이 러시아에 단독 밀착하려는 신호로 읽혔다. 그러나 사실 순수한 궁궐 확장 계획에 따른 퇴거 요구였을 뿐인 듯하며, 러시아에 퇴거 요구를 하지 않은 것은 아관파천 시절 애써 만들어둔 비밀통로가 아깝기 때문이었을 듯하다. 하지만 이를 모르는 일본과 영국은 마침 고종이 재정 고문 브라운(J. M. Brown)을 해고하고 프랑스의 윈난 신디케이트 대표인 카잘리스(Cazalis)로 대신하려 한 시도와 윈난 신디케이트의 차관을 얻으려 한 시도 역시, 프랑스와 제휴하고 있던 러시아에 접근하는 것으로 해석했다. 말했다시피 이는 러시아에 밀착하기보다 프랑스를 중립화 움직임의 거점으로 삼으려는 노력의 일환이었지만, '해양 세력' 쪽에서는 그렇게 보지 않았다.

이런 일촉즉발의 분위기에서 러시아가 마침내 불을 당겼다. 1903년, 압록강 일대의 삼림 벌채를 추진하던 러시아가 용암포와 그 일대를 불법 점령한 것이다. 이는 때마침 러시아가 영국-일본 측에 약속했던 만주 철병을 중단한 점, 그리고 한반도 남부의 마산포를 조차(租借)하려 시도한 점과 맞물려 결정적으로 일본 측의 결단을 부추겼다. 이제 러일전쟁은 피할 수 없었다.

"앞으로 일본과 러시아가 전쟁을 한다면, 우리나라는 이에 관계하지 않고 중립을 지킨다."

1903년 11월 23일, 고종은 대내외에 이렇게 선언했다. 하지만 상황은 이미 한국이 중립을 선언하든 말든 상관없이 돌아가고 있었다. 그리고 1904년 2월 8일, 일본 해군이 여순에 정박 중이던 러시아 군함을 포격함으로써 러일전쟁이 시작되었을 때, 전 세계의 지도자들과 외교관들은

러일전쟁 당시 일본군의 군수물자 운송에 강제동원된 한국인.

한 가지 사실을 또렷이 알고 있었다. '이 전쟁에서 이기는 쪽이 한국을 지배할 것이다.'

　　전쟁 개시일인 2월 8일, 일본 공사 하야시 곤스케(林權助)는 일본이 통제하던 전신망을 계엄하에 두어 외국과의 연락을 일체 취하지 못하도록 한 다음, 고종에게 '혹시라도 러시아나 외국 공사관으로 피신할 경우 어떤 일이 일어날지 장담 못 한다'며 살기등등한 경고를 했다. 그 다음 날, 제물포 앞바다에서 하늘을 뒤흔드는 소리가 일어나 서울의 경운궁까지 울려왔다. 당시 겁이 난 대신들이 제멋대로 궁궐을 빠져나가 달아났으며, 수챗구멍으로 도망친 사람도 있었다고 한다. 일본 함대는 러시아 군함 두 척을 격침하여 패주시키고는, 제물포에 오만 명의 일본군을 내려놓았다. 이들은 곧바로 서울로 진군하여 점령했다. 대한제국의 중립성을 명백히 훼손하는 이런 움직임에 고종은 아무런 저항도 할 수 없었고, 미국이나 독일 등 고종이 믿었던 열강도 아무런 이의를 제기하지 않았다.

사실상 한국을 '군사점령'하게 된 일본은 2월 12일에 러시아 공사 파블로프(A. Pavloff)를 비롯한 주한 러시아인들을 프랑스 소속 선박에 실어 국외로 추방했고, 23일에 '한일의정서(韓日議定書)'를 강압적으로 체결토록 했다. 일본이 한국의 독립과 영토 보전을 보장하는 대신, 그런 '독립과 영토 보전'이 '위험해질 경우 일본은 필요한 조치를 취한다'는 내용이었다. 또 이전에 한국이 러시아와 맺은 조약은 이 의정서에 의해 암묵적으로 전부 무효화했으며, 앞으로 한국의 대외관계는 일본의 동의를 받아야 한다고 규정했다.

재미있는 것은 한일의정서 제4조,

제3국의 침략이나 내란으로 대한제국 황실의 안녕과 영토의 보전에 위험이 있을 경우, 대일본제국은 신속히 상황에 따라 필요한 조치를 취할 수 있다. 이때 대한제국은 대일본제국의 행동이 용이해지도록 충분한 편의를 제공한다. 대일본제국은 해당 행동의 목적을 성취하기 위하여 군사전략상 필요한 지점을 상황에 따라 차지하고 이용할 수 있다.

그 내용이 훗날의 한미상호방위조약(1953) 1조~3조와 놀랄 만큼 유사하다는 점이다.

당사국 중 어느 한쪽의 정치적 독립 또는 안전이 제3국의 침략으로 위험에 처했다고 인정될 경우, 언제든지 양국은 서로 협의한다.(……) 이에 따라 미합중국은 그 육해공군을 대한민국 영토 내와 그 부근에 배비 (配備)할 수 있는 권리를 가지며, 대한민국은 이를 허락한다.

시대도 다르고 체제도 다르고 상대 나라도 다르건만 이처럼 유사함이 뚜렷한 까닭은 나라의 허약함이 유사해서일까, 협정의 배경이 되는 세력관계가 유사해서일까.

아무튼 일본의 위세에 숨도 크게 못 쉬는 처지로 떨어진 고종은 은근히 러시아를 응원했다. 이 상황을 역전시키려면 러시아가 우세를 차지하는 수밖에 없다고, 그래서 러시아가 유리한 입장에서 종전협정을 맺으면 한국은 중립국화될지도 모른다고 생각했을 것이다. 그러나 전황은 예상을 뒤엎고 일본에게 일방적으로 유리했다. 일본군은 과거 청나라 군대를 물리칠 때처럼 일방적인 승리는 거두지 못했지만, 많은 희생을 치르면서도 계속 이겨나갔다. 5월에 압록강 저지선이 뚫리고 남만주에서 일본군과 공방을 벌이게 되자, 러시아는 초전의 열세를 단숨에 우세로 바꿔놓을 회심의 일격을 발틱 함대에게 기대했다. 하지만 일본의 동맹국이 된 영국이 수에즈 운하 통과를 불허했기 때문에, 발틱 함대는 멀리 희망봉을 돌아오는 항로를 택해 동해로 진입하느라 몹시 지친 데다 중요한 시간을 소비해버렸다. 그리하여 1904년 5월에 도고 헤이하치로(東郷平八郎)의 연합함대에 격파되고 말자, 이제 러시아의 패전은 유력해 보였다.

승기를 잡은 일본은 고종에게 더욱 고압적인 자세로 나왔다. 8월에는 한일의정서를 보완하는 '한일협정서'가 체결되었다. 그 내용은 "대한제국 정부는 외국과 조약을 체결하거나 기타 중요한 외교 안건, 즉 외국인에게 특권을 부여하거나 계약을 하는 등의 문제에 앞서 대일본제국 정부와 상의해야 한다(3조)"고 하여, 한일의정서에서 제한한 한국의 외교권을 더욱 구체적으로 제한했다. 또한 1조와 2조에서 일본 정부가 추천하는 재정 고문과 외교 고문을 두어 재무와 외무의 중요 사항을 반드시 그들과 상의해 결정하게 했다. 그것은 특별히 고문이나 총독직을 두지는 않고 영국 공사가 통치에 관여했던 영국의 이집트 지배 모델(한때 이노우에 가오루 등이 조선 지배에 도입하려 했던)에서 더한층 노골적인 지배체제를 도입함이며, 일본이 한국을 지배하는 데 걸림돌이 되어온 앨런이나 샌즈 같은 서구인들을 '싹쓸이'하고 고종의 눈, 귀, 손, 발을 모조리 장악하려는 시도가 아닐 수 없었다.

이후 재정 고문에는 일본의 메가타 다네타로(目賀田種太郎)가, 외교 고문에는 미국인 스티븐스(D. W. Stevens)가 일본의 추천을 받아 부임했다. 메가타는 '화폐정리사업'을 추진하여, 이용익이 편의를 위해 남발했던 백동화와 구식 화폐를 일체 유통 금지시켰다. 그리고 그때도 이미 불법적으로 유통되고 있던 일본 화폐의 국내 유통을 합법화했다. 이로써 백동화와 상평통보를 보유하고 있던 많은 사람들이 하루 아침에 재산을 잃었으며, 광무개혁으로 그나마 조금씩 태동하고 있던 민족 자본은 대부분 싹이 잘렸다. 그리고 극소수의 금화, 은화를 제외하면 실질적으로 쓸 수 있는 화폐는 일본 돈뿐이었기에, 한국 경제는 금융적 차원에서도 일본 경제에 편입되고 만다.

또한 스티븐스는(일본인이 아닌 그가 외교 고문으로 위촉된 까닭은 일본의 한국 지배를 아직은 노골화하지 않으려는 의도, 그리고 중요한 우방국으로 다시 떠오른 미국에의 배려였을 것이다) 앨런이나 샌즈 등과는 정반대로 철저히 일본의 이익에 따라 움직였다. 그는 나중에(1908) 미국에 돌아가서 일본의 한국 지배를 찬양하고 '한국인들도 모두 일본인들을 신뢰하며 존경하고 있다'고 발표했다가 재미 한국인인 전명운, 장인환에게 살해당한다.

1905년이 되면 일본의 태도는 완전히 안하무인이 된다. 서울 주둔군 사령관이 새로 부임하면 한국군이 일본군과 함께 도열하여 예포를 쏘며 환영했으며, 사령관 본인은 사전에 연락도 없이 고종 황제를 찾아가서는 칼을 허리에 찬 채로 면담을 나누는 판이었다. 마침내 1905년 8월, 미국의 주선으로 일본의 고무라 주타로와 러시아의 비테가 포츠머스에서 회담을 갖고 강화조약을 맺었다. 그것으로 '한국에서의 일본의 우월권'이 인정되었는데, 일본은 '지배권'을 인정받으려 했지만 러시아 측에서 한국의 독립만은 양보할 수 없다고 고집하여 결국 '우월권'이라는 모호한 표현으로 맺어진 것이었다. 하지만 일본은 그에 앞선 7월에 미국과 비밀협정(가쓰라-태프트 밀약)을 맺어, '일본은 미국의 필리핀 지배를, 미국은 일본의 한국 지배를 용인한다. 미국, 일본, 그리고 영국은 실질적인 동맹이 된다'는 데 합의한 상태였다(이 내용은 8월의 제2차 영일동맹에서 영국의 승인을 받았다). 이제 대한제국의 운명은 바람 앞의 촛불이 었고, 그 촛불을 지켜줄 외국인의 손은 전 세계에 하나도 없었다.

이 시기 일본의 침탈은 사회경제적 침탈에 법률행정적 침탈, 그리고 정치문화적 침탈까지 이루어졌다. 1904년 8월, 일본의 후원을 받는 단체 하나가 서울에서 발족했다. '일진회(一進會)'라는 이름이었다. 이후 친일 단체의 대명사처럼 여겨질 일진회는 1905년 11월 을사조약을 앞두고 '일본에게 외교권을 위임하자'는 선언서를 발표하고, 헤이그 밀사 사건 직후에는 고종 양위 운동을 벌였다. 또한 1906년 10월에 '일한연방(日韓聯邦)의 창설을 촉구한다'고 주장했으며, 1907년 5월에는 '정부탄핵안'을 발표해 대한제국 정부를 정부로 인정할 수 없다고 했다. 그리고 1909년 12월 4일에는 '합방청원서'를 올려, 최종적인 국권 침탈에 앞서 그것이 '한국인들 스스로 원한 것'이라는 일본의 주장에 힘을 실어주는 역할을 했다.

하지만 일진회가 사리사욕에만 눈이 어두운 매국노들의 집단만은 아니었다. 적어도 처음에는 그랬다. 일진회의 뿌리는 강제 해산된 독립협회에 있었으며, 1904년 12월에 일진회와 합병한 '진보회(進步會)'의 경우는 동학교도들이 주축이었다. 특히 진보회의 가담으로 일진회는 서울의 소수 '개화론자 단체'를 벗어나 지방에서 상당한 세력과 조직을 갖추게 되었는데, 동학농민전쟁 당시 북접을 이끌며 일본군과 싸우다 간신히 목숨을 건졌던 손병희도 적극적으로 참여하고 있었다. 숱한 교우들을 주인 없는 백골로 만들어버린 일본에게 붙다니? 일본 쪽에서도 처음에는 그 점을 의심하여 진보회를 탄압하려고 했다. 그러나 동학의 핵심이 무엇이었던가. 지긋지긋한 봉건적 신분제의 모순과 세도정치 이래 그칠 날이 없는 악정을 타파하는 것, 그리고 서양 세력의 침투에 저항하는 것이었다. 바야흐로 구폐에서 벗어나려면 문명개화가 절실한데 '허약하고 썩어 빠진 정부'에는 그것을 기대할 수 없다. 그렇다고 눈 퍼렇고 코 커다란 서양인들을 받아들일 수도 없다. 그렇다면 대안은 결국 일본이 아닌가? 손병희를 비롯한 많은 동학교도들이 친일의 길로 돌아선 까닭은 그것이었다. 특히 당시 진보회·일진회에 가담한 동학교도들은 삼남(三南) 출신은 그리 많지 않고 평안도를 비롯한 북한 출신들이 두드러졌는데(이후 일진회를 이끌며 이완용과 함께 최악의 친일파로 악명을 떨친 송병준도 함경남도 출신이었다), 그것은 이들이 과거 농민전쟁에는 거의 참여하지 않았기에 형제와 친구를 일본에 잃은 원한은 없던 한편, 조선왕조 수립 후 내내 지역적 차별을 받아온 설움이 작용한 것이었다. 왕조 내내 이어져온 모순이, 고종이 앞서 동학교도와 독립협회의 주장에 좀더 수용적인 자세를 보이지 않았던 점과 맞물려 일종의 응보가 되었달까.

하지만 창립 후 약 일 년 동안은 일반 국민들에게도 지지를 받는 쪽이었던 일진회(당시 한국은 이제 틀렸다고 보고, 독일로 돌아갈 준비를 하던 리하르트 분쉬는 일진회의 개혁 요구가 매우 타당하며, 일반 민중의 호응을 얻고 있다고 기록했다)가 결정적으로 매국노 집단으로 낙인찍히고, 손병희도 천도교를 따로 만들고 일진회에서 이탈하여 독립운동 대열에 동참하게 되는 분기점이 찾아온다. 바로 1905년 11월 17일의 제2차 한일협약, 다시 말해 을사조약이었다.

고종은 과거 황국협회를 내세워 독립협회를 견제했듯, 일진회의

도전에 국민회, 보안회를 조직하여 맞섰다. 그리고 지방 유생들에게 밀지를 내려 정부를 옹호하고 일진회와 일본을 비판하는 상소 운동을 벌이도록 했다. 친정 개시 이래 개화를 통한 부국강병을 꿈꾸는 고종과 옛 질서에 집착하는 위정척사적 유생들은 손발이 맞지 않았다. 하지만 상황이 이쯤 되자 서로를 도울 수밖에 없었던 것이다. 그것은 일진회가 지방에서 개화의 명목으로 잔존해 있던 서원이나 향교 등을 강제로 부수고 빼앗는 활동을 벌이고 있던 점도 작용했다.

또한 고종은 『독립신문』의 교훈을 살려 언론의 힘도 빌렸다. 이미 당시의 언론은 일본의 검열을 받고 있었으나, 박은식, 장지연 등 개화파이면서도 동도서기적 입장을 다분히 가지고 있던 인물들이 글을 쓰던 『황성신문』은 꾸준히 저항적인 기사를 내보냈다. 또한 영국인 베델(E. T. Bethell)이 1904년 창간한 『대한매일신보』는 사주가 영국인이다 보니 일본의 검열을 피할 수 있었는데, 사실상 베델은 간판일 뿐 그 신문의 운영 자금은 대부분 고종이 대고 있었다. 『대한매일신보』는 『독립신문』처럼 순우리말과 영문 두 가지로 나옴으로써 일반 민중과 외국인들에게 일본의 압제를 생생하게 알렸다.

게다가 고종은 한일협약에 따라 외교권이 제한받던 상황에서도 외교적 노력을 멈추지 않았다. 지방 유생들에게 고종의 밀지를 전달하는 역할은 그의 심복인 전 탁지부대신 이용익이 맡고 있었는데, 이 사실을 알아차린 일본은 그를 강원도 관찰사로 내보내도록 고종에게 압력을 넣는 한편 일진회를 움직여 이용익 탄핵 시위를 벌이도록 했다. 경제난의 원인을 탁지부대신 시절 백동화를 남발했던 이용익에게 모조리 뒤집어

씌웠던 것이다. 그러자 고종은 이용익에게 몰래 궁궐에 들어와 숨어 있도록 했다. 그리고 그에게 프랑스 정부에 보내는 밀서를 주었다. 이용익이 고종의 밀서를 들고 비밀리에 출국하여 프랑스로 갔다는 사실이 알려지자 일본은 또 한 번 발칵 뒤집혔다.

"안 되겠소! 외교 고문만 앉혀둬서는 소용이 없지 않소? ……아무래도 조선의 외교권 자체를 접수해야만 하겠소."

1905년 11월 9일, 한 귀빈 일행이 정동의 '손탁 호텔'에 여장을 풀었다. 손탁 호텔이란 아관파천 시절 고종을 모셨던 독일 출신의 손탁[Sontag, 한국명 손탁(孫鐸)]이 고종의 후원을 받아 1902년에 세운 호텔로, 실내장식에서 음식, 서비스까지 모두 서양식이었기에 국내외의 유명인사들이 들르는 명소가 되어 있었다. 당연히 한국 내에서 벌어지는 외교활동의 주요 무대이기도 했는데, 오늘 각국 외교관들은 호텔 로비에 모여서는 저마다 흥분하여 시끌시끌했다. 지금 막 체크인한 귀빈은 이제껏 호텔에 묵은 일본인 중에서도 가장 급이 높은 사람이었기 때문이다. 바로 메이지유신을 도입한 조슈(長州)파 유신지사 중 마지막 남은 일원이자, 대표적인 개화파 정치가로 일본 헌법을 기초했으며, 초대 총리대신을 비롯해 총리대신만 네 차례 지낸 일본 정계의 최대 거물, 이토 히로부미였다.

이토 히로부미는 을사조약의 '주범'이면서 초대 통감까지 지냈기 때문에 그때나 지금이나 일제 침략의 대명사처럼 여겨진다. 아마 도요토미 히데요시와 함께 한국인에게 가장 잘 알려져 있고, 가장 큰 미움을 받는 일본인일 것이다. 하지만 그는 라이벌이었던 야마가타에 비하면 온건파였고, 한일병합도 자제해야 한다는 입장이었다. 그래서 최근에는 안중근이 그를 하얼빈에서 사살한 일은 '실수'였으며 그 일로 한일병합은 오히려 빨라지고 말았다는 주장도 나온다.

그러나 이토가 당시 시점에서 병합을 반대했다고는 해도 그것은 어디까지나 '서두르지 말고 천천히 가자'는 뜻이었지, '병합해서는 안 된다. 끝까지 한국의 독립을 보전해야 한다'는 뜻은 아니었다. 그는, 청일전쟁이나 러일전쟁의 명분은 '한국의 독립을 보장한다'는 것이었는데, 아무리 약육강식이 당연시되는 국제사회라지만 불과 몇 년 만에 그 독립을 일본 스스로 뭉개버린다면 국제여론상 좋지 않다고 보았다. 병합을 서두를 경우 한국인들의 반발이 심할 것도 염려했다. 그러므로 이미 가쓰라-태프트 밀약으로 한국의 실질적 지배권을 보장받은 이상, 서두르지 말고 점진적으로 한국을 손에 넣자. 그리고 그 과정에서 한국의 구폐를 없애고 공장 건설, 도로 확충, 주거 개선 등 개화 사업을 촉진한다면 일진회처럼 자발적으로 일본 지배를 환영하는 한국인도 늘어날 것이며, 한국을 지배하는 비용·편익도 개선되리라, 이렇게 여긴 것이었다. 따라서 안중근의 의거가 없었다면 대한제국은 1910년에 멸망하지 않고 형식적으로는 조금 더 연명했을지도 모르지만, 어차피 러일전쟁이 일본의 승리로 돌아갔을 때 국권 상실은 돌이킬 수 없는 일이었다. 그리고 몇 년의 말미가 더 있었더라도 그사이에 획기적인 변화가 일어나기는 힘들었을 것이다. 먼저 한국을 손에 넣고 그다음 만주를 노린다는 일본의 국가 전략은 이미 확고했다(그 대안인 '남방 진출'은 영일동맹 내지 영미일 동맹의 결과 당시로서는 불가능했다. 사실 일본은 1902년 영일동맹을 맺기 직전 중국 남부로 진출을 시도했다가 영국의 반발로 포기한 적이 있었다).

　　이토는 손탁 호텔에 체크인을 한 다음날 경운궁을 방문해 일본 천황의 친서를 고종에게 전했다. 친서 내용은 의례적인 안부일 뿐 딱히 내용이 없어서, '대체 무엇 때문에 저만한 인물이 왔는가' 하는 궁금증만 증폭시킬 뿐이었다. 『황성신문』도 이를 궁금해하며, '그래도 동양 삼국의 공존공영을 주장해온 그의 성향을 보건대 우리나라에 불리한 일은 아니리라 기대해본다'는 내용의 사설을 실었다.

　　이토는 11월 13일에 각부 대신이 빠짐없이 참여한 '대일본제국특사 이토 후작 환영회'에서도 특별한 말을 꺼내지 않았다. 그리고 공식적인 면회 요청을 대부분 거절한 채 손탁 호텔에서 움직이지 않았다. 그래서 궁금증만 날로 더해가던 중, 마침내 11월 15일에 통역관 한 사람만을 대동하고 경운궁을 다시 찾았다. 그리고 고종을 알현했다.

──────────

　　"어서 오시오, 후작! 잠자리는 편안하신지 모르겠소. 손탁 양이 잘 대접해주리라 믿소만…… 작년보다 낫지 않으시오?"

　　고종은 예의 사람 좋은 미소를 한가득 띠며 이토를 맞이했다. 사실 이토가 한국에 온 것은 이번이 처음이 아니었다. 1904년 3월에도 특사로 방한했었다. 하지만 그때는 그야말로 국서만 전달하고 곧바로 돌아갔고, 손탁 호텔에 묵지도 않았다. 이번에 굳이 일본 공사관이 아닌 손탁 호텔로 투숙지를 정한 까닭은 여러 나라의 외교관들과 비밀리에 만나서 외교권 박탈에 대한 반응을 떠보기 위함이 아니었을까?

"폐하의 배려 덕택에 편안히 지냅니다."

이토는 정중하게 대답했으나 표정은 싸늘했다. 두 사람은 의례적인 이야기를 몇 마디 나누다 시사 문제로 넘어갔는데, 고종이 '러일전쟁으로 국토가 많이 황폐해졌다'고 가볍게 불만을 표시하자 이토의 말투가 험악해졌다.

"폐하! 국토가 일부 훼손되었다 불평하십니다만, 국토가 아예 러시아인들의 손에 짓밟혀 사라질 뻔한 것을 구해준 게 누구입니까? 우리 천황 폐하와 일본 정부가 아닙니까? 과거 이 나라가 청나라의 폭압에 신음하고 있을 때도 어느 나라가 피를 흘리며 폐하와 폐하의 나라를 구했습니까? 우리는 두 차례나 폐하를 위해 희생했는데, 폐하는 고마워하시기는커녕 저희가 추천해드린 외교 고문의 권한을 무시하고 몰래 뒷구멍으로 밀사나 파견하고 계십니다. 이런 마당에 어찌 이 나라에 신의가 있다고 하겠습니까?"

"......! 아니, 이것 보시오, 후작!"

이토는 계속해서 강경한 발언을 쏟아내며, '동양 삼국의 평화와 일한 간의 우호를 위해' 기필코 외교권을 가져가야겠다고 선언했다. 고종은 거부했으나, 이토는 한 발짝도 물러서지 않으며 '하야시 공사에게 정식으로 협약문 초안을 접수시키라고 했으니 승인해달라'고 일방적으로 밀어붙였다. 고종이 '이처럼 중대한 문제는 쉽게 결정할 수 없다. 대신들과 상의하고, 일반 여론도 들어보아야 한다'고 하자, 이토는 화를 버럭 내면서,

"그게 무슨 말씀이십니까? 이 나라의 국체가 무엇입니까? 황제전

제체제가 아닙니까? 모든 권한은 폐하의 손에 있음을 폐하 스스로 잊으셨습니까? 어째서 마치 입헌군주국이나 되는 것처럼 대신들과 의논한다, 여론을 묻는다 하시는 겁니까?"

이렇게 쏘아붙였다. 사실 법률 이론으로는 반박이 어려웠다. '외국과 내통하는 대신들에게 권한을 넘길 수 없어서' 황제의 무한권한을 법제화했던 일의 맹점이 비로소 드러나고 있었다. 이토는 그 후로도 네 시간 동안이나 고종을 닦달하며 외교권을 포기하라고 강요했다. 같은 시간, 일본 공사 하야시는 공사관으로 외부대신 박제순을 불러 똑같은 강요를 하고 있었다.

결국 끈질긴 협박에도 고종에게서 '그렇게 하겠다'는 답변을 얻지 못하자, 이토는 '그러면 대신들과 직접 협의하겠다'고 하며 일단 물러났다. 그리고 그 다음날 손탁 호텔에 앉아 대한제국의 대신들을 '소환했다.' 이토는 참정대신 한규설 이하 대신들을 '자네'라고 부르며 아랫사람을 훈계하듯 조약의 정당성을 역설하며 대신들의 의견을 물었다. 한규설은 '그동안 일본은 내내 한국의 독립을 보장한다고 하지 않았는가' 항의했고, 나머지 대신들은 말끝을 흐리거나 침묵을 지켰다. 아무튼 아직까지는 외교권 박탈에 찬성하고 나서는 사람은 아무도 없었다.

이토는 할 수 없이 그들을 돌려보냈고, 손탁 호텔을 나온 대신들은 다시 황제에게 불려가 '절대로 이번 일에 동의하면 안 된다. 끝까지 저항하라'는 엄명을 받고, 그러겠노라고 맹세까지 했다. 이토는 초조해졌다.

'안 되겠어. 내일은 이 인간들에게 뭔가 보여줘야겠군. 어차피 받아들일 수밖에 없는걸. 신사적으로 대해줄 때 고분고분 들을 것이

지…….'

　어느덧 한밤중이 되어 있었다. 그 밤을 고종은 과연 편히 잠들 수 있었을까.


　1905년 11월 17일, 이토는 아침 댓바람부터 대신들을 소집했다. 이번에는 손탁 호텔이 아니라 남산에 있는 일본 공사관이었다. 그러면서 한편으로는 서울에 주둔 중이던 일본군에 동원령을 내려놓고 있었다.

　대신들이 여전히 침묵 아니면 항변으로 조약 체결을 거부하자, 하야시 공사는 '다시 한 번 당신들의 황제와 상의해보라'며 어전회의를 열라고 그들을 보냈다. 고종과 일본인들 사이에서 뺑뺑이를 도는 처지가 된 대신들은 어깨를 축 늘어뜨리고 경운궁으로 갔다.

　어전회의에서도 반대론이 되풀이되었는데, 다만 이때 비로소 다른 목소리를 내는 사람이 있었다. 바로 학부대신 이완용이었다.

　"생각해보면 오늘날의 위기는 우리가 자초한 측면도 있습니다. 그동안 우리가 청나라에 붙었다가, 러시아에 붙었다가 하는 바람에 전쟁까지 두 차례 일어난 것입니다. 따라서 지금 일본은 우리에게 외교권을 맡겨둘 수 없다는 것이며 이는 결국 거부할 수 없을 것입니다. 그렇다고 러시아도 무찌른 일본과 전쟁을 할 수도 없지 않습니까. (……) 다만 조약문 초안을 보면 통감의 권한이 모호한데, 외교권은 주더라도 내정 간섭은 하지 못하게 방지해야 합니다. 그리고 외교권을 돌려받을 시기를 명시하는 것으로 초안을 수정하면 되겠습니다."

　침통한 표정으로 대신들의 말을 듣고 있던 고종은 번쩍 고개를 들

조선 주둔군 사령관 하세가와에게 점령당한 조선군의 병영(1905).

었다. 무조건 반대 아니면 침묵뿐인 다른 대신들보다 이완용이 현실적인 대안을 조리 있게 내놓았다는 생각에서였다. 그러나 참정대신 한규설이 성난 목소리로 반대했다.

"일본 요구대로 하면 우리나라는 망합니다! 물론 거부해도 망합니다. (……) 이래도 망하고 저래도 망할 바에는, 죽음으로써 명예를 지키는 쪽이 낫습니다!"

본래 무인 출신인 한규설의 서슬에 이완용은 입을 다물었고, 고종도 이의를 제기하지 않았다. 그리고 일단 시간을 벌어보자고, 이삼 일 후다시 논의하자는 뜻을 일본 측에 전달하자고 말했다.

그러나 경운궁 안에 심어둔 첩자를 통해 어전회의의 상황을 실시간으로 보고받고 있던 이토는 군대를 동원하라고 지시했다. 이천이백 명의 일본군이 완전무장을 하고 경운궁으로 달려갔다. 대포와 기관포도 있었다. 또한 서울 시내 요소요소에도 일본군이 배치되어 공포 분위기를 조성했다.

막 회의를 마치고 퇴궐하려던 대신들은 대한문 밖에서 들리는 일본군의 구령 소리와 히힝거리는 군마의 울음소리, 따각거리는 군화 소리에 소스라치게 놀랐다. 곧이어 살기등등한 표정의 이토 히로부미가 조선주둔군 사령관 하세가와 요시미치(長谷川好道)와 함께 궁궐로 성큼성큼 들어섰다. 총검을 비껴 든 일본군 병사들이 타다닥 뛰어들어 와 양옆에서 그들을 호위했고, 이토는 마치 적의 항복을 받기 위해 궁궐로 진입하는 정복군 수뇌처럼 중명전으로 갔다. 그리고 함녕전으로 돌아간 고종 대신 상석에 앉아 회의를 직접 주재했다.

"자, 더 이상 꾸물거리지 맙시다. 조약을 할 것인지 말 것인지, 지금 이 자리에서 정하시오!"

그 뒤 일이 정확히 어떻게 전개되었는지는 한국과 일본 측의 기록이 조금씩 다른데, 종합하면 대략 다음과 같았다. 이토는 메모장을 꺼내 들고 여덟 대신의 이름을 적은 다음, 한 사람씩 조약을 반대하느냐 찬성하느냐 물었다.

"……우리 한국은 지금 빈사 상태에서 간신히 명맥을 유지하고 있습니다. 그나마 외교권이라도 있어서 연명하는데, 이제 그것을 없애면 완전히 숨이 끊어질 터이니 이것만은 양보할 수 없습니다."

"그럼 절대 반대다, 이 말이오?" 이토는 가장 먼저 질문한 한규설에게 힐문했다.

"……그렇습니다." 이토는 한규설의 이름 옆에 가위표를 쳤다.

"그다음은 외부대신 박제순, 말해보시오."

"지금 상황이 어떻다는 것은 잘 알고 있습니다. 하지만 주무대신인 나로서 이 일에 선뜻 찬성할 수는……."

말끝을 흐리는 박제순이었으나 이토는 그의 이름 옆에 동그라미를 쳤다. 이어서 법부대신 이하영은 '외교 고문이 있는 것으로 충분하다고 본다'며 반대했고, 탁지부대신 민영기도 반대했다. 농상공부대신 권중현은 처음에는 반대했으나 얼마 후 찬성으로 돌아섰다. 이윽고 이완용이 입을 열었다.

"오늘날 대세는 이미 돌이킬 수 없게 되었습니다. 우리는 천황 폐하와 후작 각하의 뜻을 거부할 입장이 아닙니다. ……다만 어디까지나 외교권만 가져가시고, 내정권은 그대로 갖도록 해주십시오. 또한 외교권 반환의 시기를 조약문에 명시해주십시오."

이토는 기특하다는 눈빛으로 이완용을 쳐다보았다. 그동안 때에 따라 친청파, 친미파, 친러파로 입장을 바꾸고 아관파천 이후에는 골수 친러파로 여겨졌으나, 독립협회의 과격파와 대립한 뒤 외직으로 물러가 있다가 복귀한 이완용. 그가 친일파의 대명사처럼 떠오른 것은 이 시점부터였다.

내부대신 이지용, 군부대신 이근택의 이름 옆에도 동그라미가 쳐졌다.

"그러면 5대3으로 조약 찬성이 결정된 것이오." 이토가 이렇게 말하자 한규설의 입에서 신음소리가 터졌다. 그는 비틀거리며 일어나서 회의장을 나가려 했다.

"폐하! 이를 어찌하면 좋습니까. 폐하……!"

그러나 그는 문을 나서다 말고 휘청거리며 그 자리에 쓰러졌다.[9] 울분이 지나쳐 정신을 잃은 그를 차갑게 쏘아보며, 이토는

"빌어먹을 놈. 자꾸 떼를 쓰면 없애버릴 테다!"

라고 일본말로 중얼거렸다. 통역은 입을 닫고 있었지만, 일본말을 알아듣는 몇몇 대신은 얼굴이 새파래져서 서로를 돌아보았다. 이토는 대신들의 결정을 황제께 알리고 재가를 받아오라고 했다. 얼마 후 궁내부대신 이재극이 '칙서'라는 것을 받들고 들어왔다. '조약을 체결하라'는 내용이었다. 그러나 이 '칙서'의 진실성이 못내 의심스럽다. 우선 그토록 반대해온 조약에, 그토록 중요한 순간이라면 고종이 직접 현장에 나타나는 게 자연스럽다. 몇 걸음 떨어져 있지도 않은 함녕전에 머무르며 칙서나 써서 보낼 때가 아니었다. 대신들의 최후의 결단을 촉구하고 조약 체결 과정의 합법성을 내세우기 위해 이토가 이재극을 시켜 벌인 사기극이 아닐까? 이재극은 이전부터 일본에 바싹 붙기로 유명한 사람이었으며, 그런 이유로 일본이 한때 황제의 오른팔이었던 궁내부대신 직책에 억지로 앉혀둔 자였다.

아무튼 칙서까지 들이대는 데야 대신들도 더 이상 말이 없었다. 본래 반대 의견을 표시했던(그래서 이른바 '을사오적'에는 포함되지 않았다) 이하영도 이제는 오히려 적극적으로 찬성하고 나섰다. 졸도한 한규설

이 자리에 없는 상태에서 외부대신 박제순 명의로 '한일협상조약'이 체결되었다.

　　제1조. 이제부터 일본국 외무성은 한국의 외교관계 및 사무를 감리(監理) 지휘(指揮)한다. 일본국 공사와 영사는 외국에 있는 한국 신민 및 재산을 보호할 책임을 진다.

　　제2조. 일본국 정부는 한국과 타국 사이에 기왕에 체결된 조약 실행에 책임을 진다. 한국 정부는 이후부터 일본국 정부의 중개 없이 어떠한 조약이나 협정도 하지 못한다.

　　제3조. 일본국 정부의 대표자로서 한국의 경성에 통감(統監)을 둔다. 통감은 오로지 외교 업무를 관장한다. 또 한국의 개항장과 기타 일본국 정부가 필요하다고 인정하는 곳에 이사관(理事官)을 둘 수 있다. 이사관은 통감의 지휘 하에 종래의 재한국 일본 영사에게 속하던 일체 직권을 맡고, 아울러 본 협약 내용을 완전히 실행하기 위하여 필요한 일체 사무를 맡는다.

　　제4조. 일본국과 한국 사이에 현존하는 조약 및 약속은 본 협약 내용에 저촉하는 것을 제외하고는 모두 그 효력이 계속되는 것으로 한다.

　　제5조. 일본 정부는 한국 황실의 안녕과 존엄을 유지한다.(……)

　　조약문을 훑어본 이완용은 자신의 의견대로 '통감은 오로지 외교 업무를 관장한다'는 조항이 들어갔지만, 외교권을 반환할 시기는 명시되지 않았음을 지적했다. 그러나 이토는 마치 못 들었다는 듯 딴청을 부렸다. 그러자 이완용도 그대로 입을 다물어버렸다.

이렇게 대한제국은 팔십 퍼센트 이상 멸망했다.


"이번 협상은 원천적 무효입니다. 세계 만방에 무효임을 공표하고 협정에 동의한 다섯 역적을 처단하소서!"

이런 목소리는 11월 21일 박기양의 상소를 시작으로 터지기 시작했다. 그 하루 전에는 『황성신문』에 장지연이 '시일야방성대곡(是日也放聲大哭, 오늘은 목놓아 통곡할 날이로다)'이라는 사설을 올려 을사조약을 통렬하게 비판했다.

그 뒤 몇 개월 동안 조약에 반대하는 상소가 그치지 않고 올라왔는데, 입장에 따라 미묘한 차이가 있었다. "이 조약이 인준되면 삼천리 강토는 다시는 폐하의 영토가 아니며, 이천만 백성은 다시는 폐하의 백성이 아니게 됩니다!" 전 비서원 승 윤두병이나, "천하는 한 사람의 소유물이 아닙니다. 임금이라도 큰일은 독단적으로 할 수 없습니다. 시임 및 원임 대신들과 이품 이상의 고관들, 그리고 지방의 유현(儒賢)들에게 두루 의견을 묻고 결정해야 합니다." 원임 좌의정 조병세, "역적의 괴수를 처단하지 못할망정 의정대신 대리를 시키다니(당시 일본의 주문에 따라 해임된 한규설 대신 외부대신 박제순이 대리를 맡은 것을 지적한 것이다) 세상에 어찌 이런 일이 있습니까?" 의정부참찬 이상설 등은 고종에게 '정신을 똑바로 차리고' 조약 폐기와 관계자 처벌을 하라고 강도 높게 주문했다.

한편 급진개화파의 주역이었던 외부협판 윤치호는 조약의 부당성을 말하면서도 '이는 모두가 변변찮은 인물들로 조정을 채우고, 쓸데없는 궁궐 중건 등에 혈세를 낭비한 폐하의 잘못에서 나온 것'이라며 고종에게 근본적인 책임을 돌렸다. 반면 동도서기적인 개화를 주장해온 장례원경 신기선은 '이왕 이렇게 된 일은 할 수 없고, 이제부터라도 성인의 학문을 진흥하고 유능한 인재 등용에 힘쓰시면 곧 외교권을 찾아올 날이 있을 것'이라고 온건론을 폈다. 그리고 위정척사의 명맥을 잇고 있던 유생들은 가장 극단적인 주장을 했다. 곽종석의 경우 "폐하께서 죽음으로 조약에 반대하시기로 했다는 말을 듣고 기뻐서 덩실덩실 춤을 추었습니다. (⋯⋯) 그러나 아직까지도 이렇다 할 행동을 하지 않으셨고, 일본 정부에 정식으로 항의하시거나 역적들의 목을 베어 저자거리에 매달았다는 말도 듣지 못했습니다. (⋯⋯) 폐하의 한 목숨을 희생하시어 종묘사직을 구할 수 있다면 어찌 다행이 아니겠습니까?"라며 고종에게 '임금의 자리에 앉았다면 앞장서서 일본에게 저항해야 하지 않느냐? 어서 자살이라도 하라!'며 대놓고 강요하고 있었다.

'⋯⋯나더러 죽으라고? 죽는 것은 어렵지 않다. 그래, 정말로 어렵지 않지. 하지만 죽음으로써 되돌릴 수 있는 일이라면 얼마나 좋겠느냐? ⋯⋯그리고 지금 나마저 죽으면, 이 나라는 그야말로 어찌 될 줄 알고 그처럼 쉽게 말하는 것이냐?'

고종은 이런 상소문에 대해 '나라를 위해 애쓰는 마음이 갸륵하지만, 어쩔 수 없는 점이 있다'는 대답만 되풀이하고 있었다. 그러는 동안 정말로 목숨을 버리는 사람들이 나타났다. 11월 30일, 시종무관장 민영환은 궁궐 앞에 엎드려 조약 폐기를 상소했으나 소용이 없고 결국 일본 헌병대에게 밀려 강제 해산되자, 황제, 세계, 국민에게 드리는 글을 남기고

칼로 스스로를 찔렀다. 하루 뒤에는 조병세가 자결했고, 전 의정부 찬정 홍만식, 학부주사 이상철, 상등병 김병학도 자결했다. 몇 개월 뒤인 1906년 2월 2일에는 경연관을 지낸 송병선이 독을 마셨다.

이처럼 순국 사태가 이어지자 대중의 울분은 갈수록 치솟았다. 일본인과 정부 관리들에 대한 욕설이나 폭행은 다반사였고, 특히 박제순, 이완용, 권중현, 이지용, 이근택, 이른바 '을사오적'은 심각한 생명의 위협을 느꼈다. 이지용과 이완용의 집이 불탔고, 이근택과 박제순은 피습당했다. 박제순은 암살을 간신히 면한 다음 하야시 공사에게 달려가 '당신 때문에 내가 졸지에 만고의 역적이 되었다!' 절규하고는 하야시의 눈앞에서 자살하려다 경찰들이 붙잡는 바람에 무사하기도 했다.

이렇게 험악한 분위기 속에서 박제순 등은 연거푸 사직 상소를 올렸고, 조약이 성사되는 데 힘을 보탰던 궁내대신 이재극 역시 제발 사직하게 해달라고 고종에게 애걸했다. 하지만 고종은 들어주지 않았는데, 그동안 한 사람만이 내내 상소를 올리지 않고 침묵하고 있었다. 바로 이완용이었다.

그는 12월 16일에 드디어 침묵을 깨고 다른 '오적'들과 연명으로 상소했는데(하지만 내용은 대체로 그 혼자 쓴 것이었다), 자신의 행동을 적극적으로 변명하고 있었다.

"독립은 그대로, 제국도 그대로, 황실도 그대로입니다. 대체 왜들 그리 야단이란 말입니까? 물론 외교권이 잠시 이웃나라로 넘어갔습니다만, 우리나라가 부강해지면 언제라도 되찾아올 수 있습니다. 또한 이런 일이 이번이 처음도 아닙니다. 전에 의정서와 협정서를 체결할 때도 이미 외교권이 넘어갔다고 볼 수 있거늘, 어째서 그때는 아무 소리 없던 무리가 왜 지금 와서는 나라가 망했다고 난리를 치는 것입니까?"

그는 이어서 조약이 체결되던 밤의 상황을 술회했는데, "참정대신 한규설이 처음에 '폐하께서 잘 협의하여 조약 내용을 수정하라'고 발언했다", "폐하의 '칙서'가 내려진 이상 우리는 조인에 응할 수밖에 없었다"며 역시 자신의 책임을 부정하고 고종과 한규설을 탓했다. 고종은 이맛살을 찌푸리며 강경한 조약 성토 상소에 답했던 것과 비슷한 식의 답변을 내렸다. "그대들의 충정은 이해한다. 상황이 좋지 않으니 경거망동하지 말고 있으라."

이후 1907년 9월이 될 때까지, 『실록』과 『비서감일기(秘書監日記)』의 기록에서 고종이 정치나 외교, 경제 등 중요한 업무를 처리한 내용은 거의 보이지 않는다. 인사행정 결정이 꾸준히 이뤄졌지만 대부분 일본의 결정에 명목적인 승인만 해준 것이었고, 고종이 자신의 뜻대로 내린 결정이란 종묘나 역대 제왕의 능침을 보수하거나 국가적인 예식을 집행하는 등 실질적인 국정과 무관한 업무 관련 결정들, 그리고 학교를 새로 세우고 후원하는 결정 정도에 그쳤다. 을사조약상 통감의 권한은 외교권에 한정되지만, 본래 외교업무와 일반 행정업무는 연결된 부분이 많다는 점을 이용해서 결국 내정까지 대부분 일본의 손아귀에 들어갔던 것이다. 학교를 진흥하는 것은 그다지 중대한 문제가 아니라 여겨 일본이 내버려둔 몇 안 되는 행정영역에 속했는데, 고종은 다음 세대의 주역들에게 독립의 정신과 실력을 심어주기 위해, 그리고 사실상 아관파천 직전처럼 경운궁 안에 발이 묶여 있던 당시 외부와의 연락 통로를 하나라도 더 마련하기 위해 교육 문제에 열심이었다.

하지만 이 시기에 고종이 정말로 심혈을 기울인 일은 보다 은밀한 형태를 띠고 있었다. 바로 국내에서 의병을 몰래 후원하고, 외국으로 밀사를 파견하는 일이었다.

을사조약의 폐기와 일본 및 친일 세력의 척결을 내세우며 일어난 '을사의병'은 1906년 5월 홍주에서 민종식이 일으킨 것을 최초로 보지만, 사실 1905년 11월 22일에 최익현이 고종의 밀조(密詔)를 받으며 처음 시작되었다고 할 수 있다. 일본의 감시 하에 있던 고종은 표면적으로 의병을 부정하고 해산을 촉구하는 입장을 내세웠으나, 최익현이 받은 밀조에서는 이렇게 토로하고 있었다.

아, 원통하구나! 짐이 죄가 커서 하늘이 돕지 않고, 백성은 신음하는구나. 강한 외국이 틈을 노리고 역적이 권세를 잡았구나. 짐의 대에 이르러 사천 년의 문명국가가 금수의 나라로 떨어졌구나. 이제 내가 무슨 낯으로 열성조를 뵙겠는가? 짐의 한 목숨이 무엇이 아깝겠는가? 그러나 종묘사직과 백성을 위하여, 짐의 애끓는 마음을 담아 밀조를 내리노니, 전 참판 최익현은 도체찰사의 신분으로 칠도(七道)를 다니며 짐의 뜻을 수행하라. (……)

군무에 필요한 인장은 스스로 새겨 쓸 것이며, 각 도의 관리들이 명령을 좇지 않거든 그대의 판단으로 파직시키라. 경기도만은 짐이 친히 맡으리니, 짐의 호위군과 함께 사직을 위해 순사(殉死)하리라. 그대는 이 조칙을 비밀로 내리는 뜻을 잘 깨달아 행하라.

일본군에 의해 대마도로 끌려가는 면암 최익현(1906).

　최익현은 준비를 꾸준히 진행하고, 마침내 1906년 6월에 전라도 순창에서 수백 명을 이끌고 궐기했다. 그런데 의병이라고 해서 순전히 나라를 구하려는 일념으로 무기를 잡지는 않았다. 물론 그런 사람도 많았겠지만, 배를 곯기가 일쑤인 당시의 농촌에서 의병들에게는 끼니는 물론이고 일당까지 주어졌기에 목숨을 걸고 일본군과 싸우러 나서는 동기 부여가 되었다. 최익현은 하루 40전이라는 적지 않은 돈을 병정들에게 꼬박꼬박 지급했는데, 그 돈은 사실 황실 금고에서 나온 것이었다. 무기 구입 비용도 마찬가지였다. 최익현 말고도 김도현, 노응규, 정환직, 허위, 이강계, 박기섭, 이인영 등이 고종의 밀조를 받들어 의병을 일으켰으며, 그들은 물론 밀조 없이 자발적으로 거병한 민종식, 신돌석, 안규홍, 원용팔 등에게도 황실 자금이 지원되었다. 이 과정에서 동분서주하며 고종의 밀조와 비자금을 전달한 사람들로는 한규설, 심상훈, 이범진, 이용태, 신기선 등 고종의 각료였던 사람들과 내관 강석호, 비서관 홍재봉, 그리고 의친왕 이강 등이 있었다. 특히 친러파의 핵심이었던 이범진은 러시아로 건너가 연해주 일대에서 의병을 모집했는데, 여기에 호응했던 사람 중에는 안중근도 있었다. 1907년 12월 약 일만 명이 모여 서울로 진격하려던 '십삼도창의군' 역시 고종의 지시와 지원을 받고 움직였던 것으로 보인다.

다만, 이미 동학군의 말로를 본 고종이다. 그런데 동학군에 비교도 안 될 만큼 수도 적고 조직력도 약한 의병이, 동학군 진압 당시보다도 훨씬 강대해진 일본군에 맞설 수 있다고 여겼을까? 그렇지는 않았으리라는 해석이 많다. 실제로 거병하자마자 한 달도 못 가서 허무하게 와해된 최익현 의병을 비롯해서, 의병이 일본군에게 입힌 피해는 그리 크지 않았다. 따라서 고종이 의병을 후원한 진짜 이유는 의병의 힘으로 국권을 되찾는 것이 아니라, 혼란을 틈타 아관파천 때처럼 외국 공사관으로 피신하려는 것이었다는 말이다.

그런 속내도 있었을지 모른다. 아니, 분명 있었으리라. 하지만 그와 함께, 안 되는 줄 알면서도 해볼 때까지 해봐야 한다는 의지가, 그리고 그가 후원한 학교에서 공부하는 학생들처럼, 나라를 위해 일어선 백성들과 그의 가족들도 '일본은 우리의 적이다. 기필코 언젠가는 그 지배에서 벗어나야 한다'는 의식을 가슴 깊이 품기를 바라는 애절한 소망이 있지 않았을까.

고종의 필사적인 노력은 비밀외교에도 아낌없이 쏟아 부어졌다. 을사조약 후 고종이 서구 열강과 국제회의에 비밀리에 특사를 파견한 일은 열다섯 차례나 된다. 그에 속하지는 않지만 을사조약 체결 후 가장 먼저 서구와 접촉한 특사는, 1905년 10월에 파견해서 11월 21일에 미국 대통령 시어도어 루스벨트를 방문한 헐버트였는데, 그에게서 '한국독립청원서'를 받아 든 루스벨트는 잠시 고민했다.

　　얼마 전까지만 해도 그런 고민은 없었을 것이다. 미국은 일본과 가쓰라-태프트 밀약을 맺고 사실상 동맹관계에 있었기 때문이다. 하지만 당시는 미국과 일본의 관계가 최악이었다. 미국은 러일전쟁을 중재해 준 대가로 만주에서 일정한 지분을 차지하기를 바랐고, 처음에는 일본도 이에 동의했다. 그러나 이후 일본 내부의 정치갈등의 결과 미국의 진출을 차단하는 입장으로 바뀌고 말았다. 이에 미국은 분개하여 일본인 이민을 중지하는 등 적대적 조치를 취함으로써 이번에는 일본 쪽의 분개를 불러왔다. 일부 언론에서는 '두 나라가 전쟁을 벌일 가능성이 있다'는 섣부른 기사까지 내보낼 정도였다.

　　따라서 루스벨트는 망설일 수밖에 없었다. 하지만 망설임은 짧았다. 그는 '며칠 전 귀국이 일본과 맺은 조약에 따라 우리는 이 문제를 처리할 입장이 아니다'라고, 을사조약으로 한국의 외교권이 없음을 지적했다. 헐버트의 보고를 받은 고종은 곧바로 전보를 쳐서 '그 조약은 강압적으로 치러졌고 짐은 끝까지 동의하지 않았기에 원천적으로 무효다'라고 밝혔다. 고종은 비밀 전문에서나마 비로소 자신이 조약에 동의하지 않았음을 분명히 한 것이다. 하지만 백악관의 태도는 바뀌지 않았고, 고종은 그다

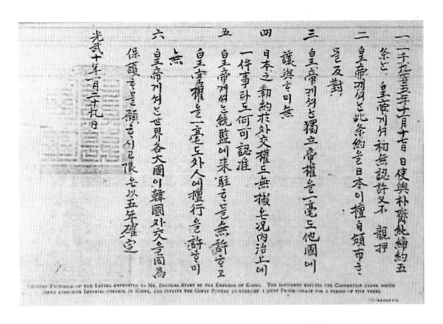

一 千九百五年十一月十七日 日使與朴齊純締約五
條と 皇帝게서 初無認許又不 親押
을 反對

二 皇帝게서는 此条約을 日本이 擅自頒布함
을 反對

三 皇帝게서는 獨立帝權을 一毫도 他國에
讓與함이 無

四 日本之 勒約扸扎交權도 無被と況內治上에
一件事라도 何可認准

五 皇帝게서는 統監에 来駐홈을 無許홈고
皇室權을 一毫도 外人에 擅行을 無許홈

六 皇帝게서는 世界各大國이 韓國外交을 同爲
保護홈을 願호시고 限 以五年確定

光武十年一月二十九日

1906년 1월 29일에 고종이 작성한 을사조약 무효 선언서.

음 달에 다시 특사를 파견했으나 소용이 없었다.

　　생각해보면 칼날 위를 걷는 것과 같았던 당시의 국제관계에서 한국이 그래도 살아남을 일말의 가능성이 있었다면, 미국을 설득해 일본과 맞서게 하는 것뿐이었다. '러시아를 물리친 일본이 한국을 삼키면 만주를 독차지할 것이고, 그러면 그 풍부한 자원을 바탕으로 지금보다 힘을 훨씬 길러 결국 동남아시아와 중국, 그리고 태평양으로 손을 뻗칠 것'이라는 전망을 제시하고(사실 그것이 이후 전개된 역사이기도 했다), 그러기 전에 일본의 한국 침탈을 견제해야 한다고 설득했어야 했다. 하지만 모든 면에서 그것은 거의 불가능한 과제였다. 당시 한국에는 그런 예견을 상대에게 설득할 역량을 가진 외교관도 없었고, 그런 외교관을 뒷받침해줄 최소한의 국력도 없었다. 그리고 당시 일본과의 관계가 일시적으로 불편해져 있었다지만, 시어도어 루스벨트는 미국 역대 대통령 중 가장 친일적인 인물이었다(그것은 특별히 일본과 인연이 있다거나, 극동에 관심이 깊어서가 아니었다. 뚝심이 강하고 화끈한 것을 좋아했던 그는 사무라이들이 목숨을 버리며 주군의 복수를 한다는 일본의 고전『주신구라(忠臣藏)』의 영역판을 읽고 감동받아 그 뒤로 무조건 일본을 좋아하게 되었다고 한다). 그리고 당시 극동에 대한 백악관의 지식과 관심은 한심한 수준이었다. 한국의 중립화를 위해 노력했던 샌즈는 귀국해보니 대통령과 정부 각료들의 극동 문제 이해 수준이 일반 국민과 전혀 다르지 않음을 알고 놀랐다고 한다. 그런 마당에 비록 비밀조약일망정 가쓰라-태프트 밀약을 깨고 일본과 맞설 동기는 루스벨트 행정부에 손톱만큼도 없었다. 미국은 거듭되는 고종의 호소를 묵살하고, 을사조약 후 가장 먼저 한국에서 공사관을 철수시켰다.

1882년 체결된 조미수호조약 제1조 2항 '양국은 제삼국이 상대국을 부당히 압박할 때 상대국이 그 사실을 통고하면 우호관계에 근거한 최선의 조치를 강구한다'는 문구에 희망을 걸었던 고종, 루스벨트의 딸과 최근 짝을 잃고 홀로가 된 황태자(순종)를 결혼시켜 한미관계를 강화할 생각까지 했던 고종은 낙심했지만, 다른 나라에도 열심히 구조 요청을 보냈다. 미국에 '조약은 원천무효'임을 밝히는 전보를 친 사흘 뒤인 11월 24일에 비슷한 내용의 전보를 이번에는 독일에 쳤고, 프랑스와 러시아에도 호소했다. 하지만 결국 미국과 비슷한 반응뿐이었다. 고종은 해외 언론도 이용했다. 중국 상해에 머물고 있던 이용익이 영국 『더 트리뷴』의 스토리 (D. Storey) 기자를 만나 전후 사정을 설명하자, 스토리는 한국에 들어와 비밀리에 고종을 만나고 밀서를 전달받았다. 뒤늦게 이 사실을 안 일본은 스토리를 암살까지 하려 들며 기사를 막으려 했으나, 결국 우여곡절 끝에 1906년 12월 6일 『더 트리뷴』에 고종의 밀서 내용이 게재된다. 고종은 을사조약을 승인하지 않았고 강압 하에 이루어진 조약이므로 조약은 당연 무효라는 것, 그리고 향후 오 년간 열국이 한국을 공동 보호 하에 두기를 바란다는 것이었다. 미국이나 러시아 같은 나라의 단독 개입이 어렵다면 공동 개입이라도 이끌어내려고 안간힘을 쓰던 고종의 고심이 엿보인다. 하지만 역시 결실은 없었고, 일본의 경각심만 높여주었다.

'세력 균형' 체제 수립으로 국권 상실을 막으려는 구상이 사실상 물거품이 된 이상, 국제 이상주의에라도 호소해보자는 고종의 시도는 결국 1907년 6월의 '헤이그 밀사 사건'으로 이어졌다. 네덜란드 헤이그에서 열린 제2회 만국평화회의에 고종의 신임장을 들고 찾아간 이준, 이상설, 이위종은 회의 참석을 시도했으나 의장인 넬리도프(A. I. Nelidoff) 백작은 '한국은 외교권이 없으므로 대표 자격을 인정할 수 없다'며 거부한다(넬리도프는 러시아인이었는데, 당시 러시아는 일본과 화해 국면에 접어들어 있었기 때문에 사실상 이 밀사 파견이 러일전쟁 직후 러시아의 권유에 따른 것이었는데도 그런 태도를 보였던 것이다). 밀사들은 회의장 주변을 맴돌며 영어와 프랑스어, 러시아어 등으로 쓴 팸플릿을 출입하는 각국 대표들에게 나눠주었다. 을사조약의 부당성과 일본의 침략성을 규탄하는 팸플릿을 읽은 대표들 중에 공감을 표시하는 사람이 점점 늘어서,

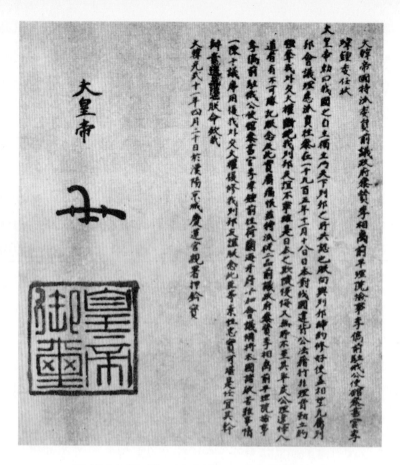

고종의 옥새가 찍힌 헤이그 밀사 위임장(1907). 독립기념관 소장 사진.

끝내 회의에는 참석할 수 없었으나 회의에 이어 개최된 국제기자협회에 참석해 발언할 기회를 얻었다. 이 모임은 형식상 사적 모임이었기에 밀사들의 대표성이 문제가 되지 않았으나, 평화회의에 참석했던 각국 대표들은 대부분 그대로 참석하고 있었기에 한국의 입장을 세계에 알린다는 목적을 달성할 수 있었던 것이다. 이준과 이상설은 이위종의 통역을 통해 한국인의 울분을 여러 나라의 대표들 앞에서 마음껏 터뜨렸고, 마지막에는 이위종 자신이 유창한 프랑스어로 세 시간이나 일장 연설을 하여 박수갈채를 받았다. 이때 이준은 일본 대표의 편을 드는 영국 대표에게 '일본은 언젠가는 세계평화를 위협할 것이며, 당신네 영국을 곤란하게 할 것이다!'라고 소리쳤는데, 이준이야말로 시대를 내다본 혜안의 소유자였달까.

그러나 결국 이준의 혜안도, 이위종의 달변도 소용이 없었다. 구체적인 성과가 없음에 상심한 이준은 화병으로 헤이그 땅에서 숨을 거뒀고, 이상설과 이위종은 해외로 망명했다. 그래서 이 사건을 평가하는 역사학자들은 '뻔히 실효성도 없는 일을 벌여 일제의 침탈을 가중시켰을 뿐'이라고 폄하하기도 한다.

그러나 헤이그 밀사를 준비하는 과정을 지켜본 릴리어스 언더우드는 '이것은 너무 위험한 일입니다. 일본은 폐하를 가만두지 않을 겁니다'라는 자신의 말에 고종이 이렇게 대답했다 적고 있다.

"그러나 지금 할 수 있는 일을 해보지 않을 수는 없는 것이오."

그때 고종은 자신이 끝까지 지고 가야 할 투쟁의 성격을 깨닫고 있었던 것일까. 뭔가 소득을 내다보고 벌이는 일이 아니라, 당장 할 수 있고 할 수밖에 없어서 하는 일. 자신을 지키고 적을 해치는 투쟁이 아니라, 오직 대의를 위해 자신을 버리는 투쟁.

고종이 자신의 행동의 결과를 얼마나 자각하고 있었을지 몰라도, 그 결과가 어떤지는 곧바로 확인할 수 있었다. 1907년 7월 3일, 초대 통감으로 부임해 있던 이토 히로부미는 빠른 걸음으로 함녕전의 문지방을 넘었다. 얼굴이 벌겋게 상기된 채였다.

"폐하! 대체 무슨 짓을 하신 겁니까?" 이토의 고함 소리가 함녕전을 뒤흔들었다.

"……'무슨 짓'이라니? 통감이 무슨 말을 하는지 모르겠소."

이토는 헤이그 밀사의 사진과 신문보도 수십 장을 고종의 눈앞에 와락 집어던졌다.

"폐하, 이렇게 비열한 방법으로 일본의 보호를 벗어나려 들 바에는 차라리 대일본제국에 정식 선전포고를 하십시오!"

"……짐은 모르는 일이오."

"몰라요? 폐하의 수결과 인장이 찍힌 신임장은 뭡니까?"

"……위조했겠지요."

"위조라? 하하, 기가 차는군……. 알았습니다. 그렇게 말씀하시니 곧바로 조치를 취해도 되겠군요."

어전에서 물러난 이토는 곧바로 헤이그에 있는 일본 대표에게 전보를 쳐서, '이준 등 삼 인은 황제나 한국 정부와 무관하며, 제멋대로 특사를 사칭하는 자들이니 절대로 발언할 기회를 주지 마라. 그리고 폐회 후 곧바로 체포하라'고 지시했다.

만국평화회의가 폐회된 후에도 사태는 진정되지 않았다. 이토와 하야시는 이번만은 그냥 못 넘어간다며 으름장을 놓았다. "참을 만큼 참았다. 그동안 몰래 의병을 부추기고 각국에 밀사를 파견한 일을 모를 줄 알았느냐? 황제가 책임을 지든지, 전쟁을 치르든지 하라."

며칠째 어전회의가 열리며 대책이 논의되었으나, 결론이 나지 않았다. 7월 18일 밤, 고종은 쳇바퀴를 돌기만 하는 회의에 넌더리가 나서 자리를 박차고 내전으로 들어가 버렸다. 당시 황제 폐하가 퇴위하게 될지 모른다는 소문이 돌면서 경운궁 밖에는 반대 시위자들이 새까맣게 모여들어 있었다. 그날 밤에는 기어코 일본 헌병대와 무력 충돌까지 벌어져 여러 사람이 다쳤다. 고종은 뒤숭숭한 분위기 속에서 함녕전에 들어앉아 축음기로 음악을 듣고 있었다.

그때 갑자기 문밖에서 웅성거리는 소리가 들려왔다. 이러시면 안 된다는 내관의 목소리는 시끄러운 소리에 묻혀버리고, 이내 방 문이 벌컥 열렸다. 얼음처럼 차가운 표정의 총리대신 이완용, 그리고 악귀처럼 상기된 표정에 눈을 치뜬 농상공부대신 송병준이 성큼성큼 들어왔다.

"이게 무슨 짓들이오!"

"폐하! 지금 결정을 더 미룰 수가 없습니다! 무슨 일이 있어도 오늘은 결정을 내려야만 합니다!"

"……짐더러 어쩌라는 거요?"

이완용이 책을 읽는 듯 메마른 어조로 입을 놀리기 시작했다.

"신들이 백번을 생각하고 생각했사오나, 오늘의 시국을 진정시킬 방도는 하나뿐입니다……. 폐하께서 보위에 오르신 지 이미 사십사 년이 되었습니다……. 동궁 전하의 성년(聖年)도 벌써 사십이 가까웠사옵니다. 감히 말씀드리오니, 황상께서는 동궁께 양위하시옵소서! 그것이 천리를 따르는 일이며, 중의(衆意)를 저버리지 않으시는 일이라 사료되옵니다. 엎드려 비옵니다!"

이렇게 말한 이완용은 정말로 그 자리에 엎드려 이마를 바닥에 댔다. 송병준도 무릎을 꿇었으나, 독 오른 눈빛은 변하지 않았다.

"……그대들은 모두 나라의 두터운 은총을 받은 짐의 신하들이오. 군주는 신하의 말에 귀를 기울여야 하지만, 이것은 상소도 간쟁도 아니고, 협박 아니오? 어찌 이 야심한 시각에 짐의 침전까지 밀고 들어와 이런단 말이오? ……그대들이 말하는 양위 문제는 나도 생각하지 않았던 게 아니오. 하지만 짐의 기력이 아직 쇠하지 않았고, 동궁의 나이가 많다지만 그대들도 잘 알다시피 몸이 약하고 믿음직하지 못한 데가 많소. 이 중차대한 시기에 짐은 물러나고 싶어도 그럴 수가 없음을 모르시오? 양위를 할 때가 되면 짐이 결단할 것이니, 물러가서 처분을 기다리시오!"

고종의 단호한 말에 송병준은 벌떡 일어섰다. '나라의 두터운 은총'이라? 명문가에 태어나 출세 코스를 무난히 밟아온 이완용은 몰라도, 기생첩의 자식으로 태어나 젊어서 동학교도였다가 나이 들어 일진회 회장이 된 송병준은 을사조약 후 친일 내각이 수립되며 농상공부대신 자리를 꿰어찼을 뿐, 특별히 고종이나 나라의 은총을 입어본 기억이 없는 자였다. 지금 그는 잔뜩 흥분하여 고종에게 폭언을 퍼붓고 있었다.

"그렇게도 옥좌를 내놓지 못하시겠습니까? 좋습니다! 그러시다면 이렇게 하시지요! 폐하께서 일본으로 건너가셔서 천황 폐하 앞에 무릎 꿇고 잘못을 비는 겁니다! 알 게 뭡니까? 인자하신 천황이시니, 폐하가 손이 발이 되도록 비는 모습을 보면 측은히 여겨 이번 일을 덮어두실지도 모르지요!"

"아니, 도대체……."

기가 막혀서 차마 말을 잇지 못하는 고종 앞에서 송병준은 별안간

허리에 차고 있던 일본도를 쭉 뽑았다. 서릿발 같은 검광이 번득였다.

"그렇게도 못 하시겠습니까? 그러면 차라리 통감 각하의 말씀대로 일본에 선전포고를 하십시오! 폐하의 고집 때문에 폐하 한 사람만이 아니라 이 나라 만백성이 모두 지옥으로 떨어지면, 그것도 통쾌하지 않겠습니까?"

"⋯⋯!"

"자네, 이게 무슨 짓인가? 그 칼을 당장 치우게!"

이완용은 송병준의 팔을 붙들었다. 그리고 여전히 씨근덕거리는 송병준을 달래는 한편, 고개를 돌려 고종에게 침착한 목소리로 말했다.

"황공합니다, 폐하! 하지만 사태가 실로 급박함을 통찰해주옵소서. 지금 이 사태는 폐하의 책임이 없다는 말씀으로 넘어갈 수 없게 되었습니다. 폐하께서 끝내 양위를 거부하신다면⋯⋯ 차마 소신의 입으로 말씀드리지 못하겠사오나⋯⋯ 어떤 불측한 변고가 닥칠지 모릅니다. 그리고 태자 전하에게 대권이 돌아갈 것입니다. 그러면 폐하의 의병이나 밀사들이 폐하를 지켜주겠습니까? 그렇다고 저 막강한 일본과 전쟁할 수 있겠습니까? ⋯⋯일단 몸을 낮추시고 옥체를 보중하소서. 그리고 기회를 기다리시다 보면 언젠가는 좋은 날이 오지 않겠나이까?"

"⋯⋯."

고종은 고개를 떨어뜨리고 말았다. 그 뒤로도 한동안 송병준의 난폭한 위협과 이완용의 온화한 달래기가 계속되었다. 마침내 고종은 입을 열었다.

"⋯⋯정 그렇다면, 태자에게 대리청정토록 하겠소. 궁내부대신에게 조서를 쓰게 하시오."

"대리청정이옵니까, 폐하……."

"그게 내가 양보할 수 있는 최대한이오. 더 이상 나를 괴롭히지 말고 물러가시오!"

결국 두 사람은 어전에서 나왔고, 곧바로 조서가 꾸며졌다.

"아! 슬프다. 짐, 열성조의 대업을 이어 지켜온 지 이제 사십사 년이 되었다. 여러 차례 큰 난리를 겪으면서 정치가 뜻대로 되지 않았고, 인재 등용이 적절히 되지 못해 소란이 나날이 심해졌다. 조치가 시기에 맞지 않아 근심이 날로 더해졌다. 백성들의 곤궁과 나라의 위기가 이보다 심한 때가 없으니, 나라의 행보가 마치 얇은 얼음을 건너는 듯하다. 다행히 황태자의 덕스러운 기량은 하늘이 준 것이고 훌륭한 명성은 일찍부터 드러났다. 짐에게 문안하고 식사를 살펴보는 중에 정치에 도움을 주는 바가 컸으니, 이제 정치를 크게 개선하는 일에 믿고 의지할 만한 사람이 있게 되었다. 이에 짐은 군국(軍國)의 대사(大事)를 황태자로 하여금 대리하게 하노니, 의식 절차는 궁내부와 장례원(掌禮院)에서 마련하여 거행하도록 하라."

그런데 새벽녘에 이 보고를 받은 이토는 고개를 세차게 흔들었다. "대리청정이라니? 무슨 일을 이따위로 하나?" 그래서, 이미 만들어져서 일부 조보(朝報)에까지 실린 대리청정 조서에 부랴부랴 손질이 가해졌다. "짐이 생각하건대 양위의 법도는 역대로 시행해온 규례였다. 따라서 열성조의 훌륭한 예의를 옳게 계승해야 할 것이다"라는 문구를 대리청정 조서에 가필하여, 즉석에서 '양위 조서'로 탈바꿈시켰다. 이 일은 궁

일제가 대리인을 내세워 열었던 순종 즉위식 장면.
이탈리아 잡지 『라 트리부나 일루스트라타(*La Tribuna Illustrata*)』(1907)에 실린 그림이다.

내부대신의 소관이었다. 당시 궁내부대신은 하루 전날 임용된 박영효였
는데(결국 이 임명이 고종이 실제로 내린 최후의 조서가 되었다), 그는 본
래 친일 개화파의 대표주자였고 한때는 반일로 돌아서 숙청되기도 했으
나 이후 계속 일본에 머물며 일본 정부의 신임을 얻어왔다. 그래서 특별
히 그를 궁내부대신으로 앉혀서 고종 퇴위의 주역을 맡긴 것이었다. 그런

데 이 박영효가 정작 어디로 사라져버렸다. 마지막 순간에 손을 더럽혀서 길이 오명을 쓰기가 두려웠던 것일까? 할 수 없이 이완용이 임시로 궁내부대신 대리를 맡고, 그의 손으로 조서와 기타 절차가 진행되었다.

평소처럼 늦게서야 자리에서 일어난 고종은 하룻밤 사이에 대리청정이 양위로 바뀐 것을 알고 기가 차서 말을 못 했다. 하지만 이미 각국 정부에 알려져 신문에까지 난 일을 이제 와서 뒤집을 수도 없고, 뒤집을 힘도 없었다.

고종은 벽을 짚은 채 자리에 스르르 주저앉아 버렸다. 1863년 겨울날, 아직 열두 살 철부지였던 그에게 내려온 조 대비의 조서. 그 뒤로 마흔네 해. 역대 어떤 임금도 상상조차 못 했던 일을 보고 겪으며 어떻게 지켜온 옥좌였던가. 그 마지막이 설마 이런 식일 줄이야? 가슴이 빠개질 것 같았다. 이토록 허탈할 수 있겠는가. 이토록 한스러울 수가 있겠는가.

번갯불에 콩 볶듯 일이 진행되고, 7월 21일에 황태자가 경운궁 중화전에서 새 황제로 등극했다. 하지만 마땅히 참석해야 할 고종은 보이지 않았다. 최소한의 항의 표시였달까. 새 황제 순종 역시 자리에 나오지 않았다. 가관(可觀). 전임자도 후임자도 없는 즉위식은 각료들과 몇몇 일본인들끼리만 모여 후다닥 치러졌다.

얼마 전 이완용의 변명과는 달리 거기에 이미 독립은 없었다. 제국도 없었다. 황실 또한 없었다.

# 9장_ 고종, 죽기로 결심하다

1911년 9월 8일.

둥기당, 둥기당, 둥둥 둥기당.

경운궁, 아니 이제는 '덕수궁'으로 이름이 바뀐 궁전에서는 오랜만에 풍악 소리가 울리고 있었다.

함녕전 앞뜰에는 테이블보를 씌운 잔칫상이 마련되어, 각종 진미가 차려졌다. 음식이나 음악의 종류는 약 십 년 전과 비슷했다. 그러나 그때보다는 규모 면에서 비교도 안 될 만큼 축소되었다. 불꽃놀이도 없고, 댄스 파티도 없었다. 음악도 축음기에서 흘러나오는 것이었다. 잔칫상 앞에 앉아 있는 사람은 십여 명, 종친들과 '이왕직' 공무원들, 특별히 초청받은 장수 노인들 몇몇이었다. 조선 총독조차 자리에 없었다.

상석에 앉아 있던 고종은 평소처럼 인자한 미소를 띠고 의례적인 축사에 의례적인 답을 하고 있었지만, 쓸쓸함은 감출 수 없었다. 아, 그러고 보니 결정적으로 다른 게 또 있군. 그는 생각했다. 십 년 전 50회 생일은 음력으로 치렀는데, 이번에는 양력이야.

대한제국 시절 여러 가지로 불안한 가운데서도 황실의 존엄함을 보이고자 50회 생일을 거국적으로 치렀던 고종. 이제 그보다 훨씬 축하해야 마땅할 환갑이 되었으나, 그는 조금도 기쁘지 않았다. 그에게 이 자리는 성취감보다 한없는 상실감만 일깨우는 자리였다.

독립도, 제국도, 황실도 사라졌다. 물론 목숨은 아직 붙어 있고 그래서 이런 자리도 치르는 것이겠지만, 자신은 '이태왕(李太王)'이라는 이름으로 이곳 덕수궁에서, 아들은 '이왕(李王)'이라는 이름으로 창덕궁에서 살고 있지만, 이 하늘과 이 땅에서 무한권력을 주장했던 황권은 없다. '왕'이라 하지만 다스리는 한 명의 백성도 없이 이름뿐인 왕, 일본인들이 창경궁을 뜯어고쳐 지은 동물원에 갇혀서 구경거리가 되고 있는 침팬지나 코끼리 같은 삶이 아닌가.

부담스러울 뿐인 잔칫상에서 서둘러 물러난 고종은 함녕전의 내실에 앉아 쉬었다. 그리고 지나온 삶을 돌이켜보았다. 예순 해의 삶, 마흔여섯 해의 통치.

나는 최선을 다했다…….

그럴까? 과연 나는 최선을 다했을까? 아니, 지금이 최선을 다했다는 말로 변명이 되는 상황일까? 창과 문을 꽉꽉 닫아 낮인데도 초저녁처럼 어스름한 함녕전의 방. 고종의 얼굴은 그보다도 더 어두웠다. 가만히 있어도 그의 마음에서 자꾸만 자꾸만 어둠이 피어올라, 그의 늙은 얼굴을 마치 시체처럼 시커멓게 덮어가고 있었다.

그가 사랑했던 사람들, 그를 사랑했거나 의지했던 사람들, 그러나 결국 미련을 남긴 채 생사를 달리해야 했던 사람들이 하나씩 떠올랐다.


대왕대비마마, 신정왕후. 어린 나를 옥좌에 앉히신 장본인. 늘 인자해 보이면서도 엄격함과 냉정함을 숨기고 계셨다. 마지막에는 권력과 꿈을 모두 잃고 유령처럼 쓸쓸히 사시다 가셨지……. 그때는 그분이 그리도 측은했건만.

아버지……. 흥선대원군이라 불리시며, 코흘리개 시절과 아직 어린 임금이던 때 누구보다 든든한 버팀목으로 내 앞에 서 계셨다. 부자관계를 넘어 어린 내가 처음으로 존경했던 분이셨지……. 그러나 내 앞을 막고 계시는 게 너무 지나치다고 여겨 마침내 그 그늘에서 나와 발을 내디딘 순간, 아버지는 누구보다도 무섭고 누구보다도 집요한 적이 되었다……. 끝내 모든 희망을 잃고 운현궁에서 외로이 돌아가실 때 어째서 나를 찾으셨을까? 왜? 어째서? 나는 의심을 거둘 수가 없었고, 그래서 불효자식의 오명을 감수하면서까지 가시는 마지막 길을 지켜드리지 않았다.

어머니……. 나와는 달리 평생 아버지의 그늘에서 사신 분. 그러나 온유함 속에 누구도 범접할 수 없는 의지를 감추셨던 분. 덕분에 아버지와 싸울 때도 몇 번이고 몰래 도움을 받았지. 어머니와 여느 자식처럼 오순도순 살아갈 수 있었으면 얼마나 좋았으랴.

그리고 중전……. 황후……. 명성황후! 그녀가 있었기에 위기로 점철된 나의 반생을 이끌 수가 있었다. 언제나 당차고 우아하고 슬기로웠던 그녀. 비록 그녀 때문에 오해도 받고 그녀에게서 실망도 느꼈지만, 내가 오늘날 처해 있는 꼬락서니를 보이는 게 가장 부끄러운 사람은 그녀이리라. 원수를 갚기는커녕 원수들의 노리개가 되어 있는 이 나를 그녀가 본다면…….

　　지금 생각해도 그녀는 너무도 비참하게 죽었다……. 일국 모후의 죽음으로는 어이가 없을 만큼……. 그리고…… 그녀를 대신했던 엄 상궁, 아니 엄 귀비도 죽었다. 바로 한 달여 전에…… 불쌍하게도…… 아들 은이를 낳고 귀비에 봉해질 때는 그렇게나 좋아하더니, 그 은이를 황태자에 책봉해놓았더니 이토 그놈이 일본으로 데리고 가버릴 줄이야……. 매년 나들이를 시킨다던 약속은 끝내 지켜지지 않았고, 녀석은 결국 어미가 울화병이 도져 죽어갔을 때에야 비로소 이 땅에 발을 디뎠다. 그러나 놈들은 전염될 우려가 있다며 제 어미의 시신조차 대하지 못하게 했다……. 불쌍하게도…… 불쌍하게도……. 녀석은 아마 내가 죽은 다음에야 이 땅에 돌아올 수 있으리라…….

　　긴 세월을 함께 울고 웃고, 국정을 논의하고, 실랑이를 벌이던 신하들도 떠오르는군……. 막 즉위하여 아무것도 모르던 나를 스승님처럼 이끌어주던 정원용, 성장하는 내게 정치를 가르쳐주고 도와주던 믿음직스러운 조두순과 이유원. 개화라는 것을 비로소 내게 일깨워준 박규수……. 이젠 모두 나를 떠났다. 그래도 그들은 천수를 다하고 죽었지……. 개화에 뜻을 둔 내가 처음으로 키워낸 김옥균, 홍영식, 김홍집, 어윤중…… 모두 역적의 오명을 쓰고 개처럼 죽어갔다. 그들과는 반대로 조상 대대로의 전통을 지켜야 한다고 부르짖던 최익현도, 나를 도와 다음 세대를 이끌어가리라 믿었던 민영환도, 깨끗한 정치를 하라고 쓴소리가 잦던 이준도, 나라의 치욕에 원통해하며 한을 품고 죽었다. 나와 나라를 위해 마지막까지 애쓰던 이용익도 죽고, 이범진은 자살했다. 작년에는 안중근도 죽었다. 저 살기등등하던 이토를 죽임으로써 돌덩이처럼 굳어진 내 가슴을 잠시나마 뛰게 해주더니, 먼 이역에서 형장의 이슬로 사라졌다…….

죽지는 않았지만, 여러 해 동안 나를 충실히 돕고, 백방으로 애써준 서양인들도 이제는 모두 곁에 없다. 데니, 앨런, 언더우드, 헐버트, 샌즈, 손탁, 베델……. 아, 베델은 재작년에 죽었군……. 가장 유감스러운 경우는 앨런이다. 내가 가장 믿고 아꼈던 외국인인데……. 막바지에 가서는 무기력한 나에게 실망했다던가, 외교 실패 책임을 회피하기 위해서라던가, 아무튼 만나는 사람마다 내 험담을 하고 다녔다지. 천하에 무능한 한국 임금이라고…….

고종은 한숨을 쉬었다. 그리고 자신의 손을 내려다보았다. 주름살이 굽이굽이 잡히고 군데군데 검버섯이 핀 노인의 손.

'나는 왜…… 살아 있지……?'

무슨 영화를 더 보려고, 무슨 치욕을 더 겪으려고?

'살아남으셔야 합니다. 무슨 일이 있어도 끝까지 살아남으셔야 합니다!'

고종은 십 수 년 전, 명성황후와 영별(永別)하며 그녀가 마지막으로 외치던 말을 떠올렸다.

그래, 신기선이도 상소문에서 그랬었지. 오왕 부차와 월왕 구천을 본받아 와신상담을 하라고, 그러면 언젠가는 광명을 되찾을 수 있을 거라고……. 그런데 지금 내 신세는 부차(夫差)나 구천(句踐)보다는, 나라를 바치고 근근이 명을 이어간 유선(劉禪)이나 손호(孫皓)에 가깝구나.

고종은 다시 깊은 한숨을 쉬었다. 그리고 베개를 베고 잠을 청했다. 이따가 저녁에는 창덕궁에서 다시 잔치를 연다고 했다. 그때까지 잠시 자두자…….

함녕전은 죽음처럼 잠잠했다. 조금 전까지 축음기에서 나오던 풍악과 사람들의 이야기 소리가 거짓말 같았다.

그리고 저녁 무렵, 고종은 침통한 얼굴로 창덕궁으로 향했다. 오랜만의 바깥 나들이였다. 비록 덕수궁에서 창덕궁까지 한 시간도 안 되는 나들이였지만 몇 년 전의 나들이와 다른 점은, 지금은 가마가 아니라 영국제 다임러 리무진 뒷좌석에 앉아 있다는 점이다. 차창 밖으로 가을로 접어드는 서울의 풍경이 보였다. 희거나 거뭇거뭇한 옷을 입은 사람들은 고종의 차가 지나가자 모자를 벗고 고개를 숙이거나, 옛날 식으로 그 자리에 엎드렸다. 특별히 이태왕 전하 행차라고 법석을 떨지는 않아도, 나라 잃은 백성들은 백성 잃은 옛 군주에게 깍듯이 예를 표하고 있었다.

'미련한 백성들……. 이제 와서 저런 예의가 무슨 의미가 있다고…….'

고종은 눈을 감았다. 몇 년 전 자기네 나라로 돌아가며 서양인들이 마지막으로 남긴 말이 떠올랐다. 일본이 지금은 두려운 게 없지만 오래가지 않을 것이다. 괴로워도 참고 기다리다 보면 좋은 날이 반드시 온다……. 그래, 천도는 돌고 도는 것이고 영원한 세도란 없으니, 언젠가는 이 왜정도 무너지겠지. 하지만 그게 언제일까? 십 년? 이십 년? 삼십 년 이상은 보아야 할 것이다. 내 나이가 오늘로 육십. 기다리기만 한다고 내가 광복을 볼 가능성은 거의 없다. 지금 가고 있는 창덕궁의 병약한 녀석도 가망이 없다. 일본에 잡혀가 있는 은이 녀석이라면 볼 수도 있겠지. 하지만 정작 그때가 되면 백성들이 왕조의 복권을 받아들이려나? 이 나라면 혹시 몰라도, 내내 일본에 살며 일본식 교육을 받고 천황의 신하로 지냈던 낯선 자에게 충성을 바치려나? 옛날이라면 모를까, 요즘처럼 '백성이 나라의 주인'이라는 말이 곧잘 쓰이는 시대에…….

'가만……. 방금 전 미련한 백성이라고 생각했지? 그런가? 정말 미련한 백성인가?'

고종은 갑자기 눈을 번쩍 뜨고, 천천히 미끄러져가는 리무진 차창 너머로 자신에게 절하는 사람들을 새삼스레 바라보았다.

그렇구나. 여태 왜 그걸 몰랐을까. 미련한 건 나다. 저들이야말로 진정한 나라의 주인, 아니 '나라 그 자체'인 것을. 군왕이 죽고 왕조가 망해도 저들 백성은 영원히 존재하는 것을. 이 조선왕조가 이루어지기 전, 까마득하게 먼 옛날부터 이 땅에는 백성이 있었다. 때로는 중국인이, 몽고인이 이 땅을 가로챘고 지금도 일본인이 그러고 있으나, 결국 모두 스러지고 이 땅의 백성만 남게 될 것이다. 아아, 왜 몰랐던가. '물은 배를 띄우기도 하고, 가라앉히기도 한다.' 백성이 있다면 희망이 있는 것이고, 백성이 있어야 왕조도 있을 수 있는 것을.

그러면 나는 무엇을 해야 할까?

이 늙어버린 몸뚱이로, 주름진 손으로?

그래, 기다리지 말자. '무슨 일이 있어도 살아남는' 것을 최우선으로 여기기를 포기하자. 진작 포기했어야 했다. 겁에 질린 떡장수 여편네처럼 마지막 떡이 남을 때까지 뺏기고 또 뺏기기를 반복하지 말고, 아직 힘이 있을 때 승부를 걸었어야 했다. 물론 그러면 나도 죽고 많은 사람들이 죽었겠지만, 백성은 그대로 아니겠는가. 최후의 싸움을 장렬하게 마친 군주의 의기를 오래도록 기리지 않았겠는가.

이제라도 싸우자. 살아남기 위해 싸우는 게 아니라, 싸우기 위해 삶을 쓴다. 어차피 얼마 남지 않은 삶이겠지만. 저 '덕수궁'에서 '평안한 수명'을 누리기를 포기하고, 다시 한 번 왜놈들의 손이 닿지 않는 곳으로 탈출을 시도하자. 그래서 마지막 왕의 자격으로 종묘사직의 보존을 위해서가 아니라, 국민의 한 사람으로서 조국 광복을 위해 투쟁하자. 성공할 가망은 별로 없다. 그러나 실패하면 또 어떠랴. 여기서건 어디서건, 덕수궁인들 시베리아 벌판인들, 이 늙어빠진 몸뚱이를 눕히면 또 어떠랴.

고종은 두 주먹을 불끈 쥐었다. 흥분한 그는, 자동차가 어느덧 창덕궁에 접어들고 순종이 그를 맞이하러 비실거리는 걸음으로 다가오고 있음도 몰랐다.

던지는 것이다, 이 손으로. 버리는 것이다, 이 목숨을. 그리고 왕조까지를. 무엇보다도 앞서 지키려 했던 것을 스스로 모두 버린다. 그리하여 이 땅에서 임금의 통치 시대를 마감하고, 진정 백성이 주인 되는 새로운 시대가 열리게 한다. 그것만이 이제껏 죽지 못하고 살아온 이 미련한 사람이 마지막으로 할 수 있는 일, 백성을 위한 최후의 봉사이리라.

창덕궁의 길을 밟으며, 고종은 내색하진 않았지만 환희에 넘쳐 있었다. 여기서 임오년의 성난 군인들이, 갑신년의 혁명가들이, 일본인들이, 아버지가 싸우고 다쳤다. 피가 뿌려지고, 화약 냄새가 가득했었다. 모두 아무 쓸데 없는 하나의 나무토막, 옥좌를 위하여. 그러나 모든 것을 잃어버린 오늘에서야 옥좌는 참된 빛을 얻으리라. 이 내가, 조선 26대 왕, 대한제국의 광무황제인 내가, 비로소 죽기로 결심함으로써!

그 뒤로 약 팔 년 뒤, 1919년 1월 20일.

옛 황제는 기분이 좋아 보였다. 바로 어제까지 일본에 있는 옛 황태자의 혼인 문제를 두고 총독부와 이왕직 근무자들과 옥신각신하며 그들을 있는 대로 곤혹스럽게 했음을 생각하면 의아할 정도로 편해 보였다. 마치 무거운 짐을 벗어버린 것처럼. 이제는 겨우 스무 명 정도로 줄어든 시녀들은 '태왕께서 사실은 일본인 며느리를 맞이하는 걸 기꺼워하셨던 게 아니냐'며 수군거리기도 했지만, 그를 좀더 오래 모셔본 사람들은 헛소리 말라고 쏘아붙였다.

저녁을 가볍게 먹은 고종은 가벼운 옷에 외투만 걸치고 한참을 뜰에 나가 있었다. 주위에서 밤바람이 차니 어서 들어가시라고 몇 번이고 아뢰는데도, 함녕전과 석조전 사이를 천천히 거닐며 무엇인가 골똘히 생각하는 듯했다.

마침내 불이 환히 켜진 함녕전 침소로 돌아온 고종은 아직 퇴궐하지 않고 있던 이왕직 근무자들과 농담도 하고 주사위 놀이도 하며 잠시 홍겨운 시간을 보냈다. 그리고 그들이 모두 물러가자, 혼자서 잠시 책을 읽었다. 얼마 후, 여느 때와 다름없이 식혜 사발을 올린 쟁반을 받쳐 들고 시녀 두 사람이 들어왔다.

자애로운 미소를 띠며 사발을 들어올리던 고종은 뭔가를 눈치챘다. 시녀들의 눈빛이 이상했다. 몸가짐은 평소처럼 조용하고 단정했지만, 눈동자가 흐리고 가만가만 떨리고 있었다. 가슴 깊이 소용돌이치는 불안과 공포를 어쩔 수 없이 내비치고 있는 듯이.

고종의 손이 잠시 멈췄다······.

그러나 곧 다시 움직였다. 결국, 그런가? 그런 걸지도. 그렇다면······, 그럴 수밖에 없겠지.

그는 눈을 감았다. 식혜를 들이마시려 입을 열기 전에, 그의 얼굴에 잠시 알 수 없는 미소가 번졌다.

아무런 거리낌이 없는 몸짓으로, 그는 식혜를 마셨다.

# 에필로그. 1919년 3월 1일

1월 21일 저녁, 곤도 시로스케는 초조한 얼굴로 고종의 빈소 앞을 왔다 갔다 하고 있었다. 새벽과 아침의 혼란은 잦아들고, 이제는 대체로 가라 앉은 분위기가 덕수궁을 지배하고 있었다. 올 만한 사람도 대부분 방문을 마치고 갔다. 혼란을 염려해 아직 일반에는 고종의 승하가 공표되지 않았으나, 내일 아침이면 보도될 것이다.

그러나 곤도와 다른 이왕직 사무관들, 그리고 덕수궁의 시녀들이 초조해한 이유는 장례 절차를 놓고 왕가와 총독부의 주장이 팽팽히 대립하고 있어서였다. 왕가에서는 당연히 전통적 예법에 따라 고종을 장사 지내야 한다고 했다. 그렇지만 총독부에서는 승하하신 이태왕 전하는 합방에 따라 일본 황실의 일원이 된 몸이니, 일본 황실의 예법대로 장례를 치러야 한다고 주장했다. 이제는 통곡을 그친 순종은 평소와는 달리 완강한 모습을 보이며, 이것만은 양보할 수 없다는 입장이었다. 하지만 도쿄에서 온 전보를 받아본 하세가와 요시미치(長谷川好道) 총독과 야마가타 이사부로(山縣伊三郎) 정무총감 등은 천황 폐하의 뜻이 확고하다며 일본

서울 청량리를 지나가는 고종의 장례 행렬(1919). 독립기념관 소장 사진.

식 장례를 치러야만 한다고 고집했다.

"거 참, 가신 분의 영전에서 무안하게 왜 이리 다툼이 길답니까? 예법 따위야 아무렇게나 하면 어때서……. 그리고 이럴 때는 유족들의 의견이 우선되지 않습니까?"

"그렇게 간단한 문제가 아니지. 위에서는 이번 기회에 조선이 대일본제국의 땅임을 다시 한 번 세계만방에 확인시키고 싶을 거야. ……조선식으로 하면 공연히 선인(鮮人)들의 군중심리를 자극할 우려도 있고."

"다른 문제도 있어. 조선식으로 한다면 황제의 예로 치를 건가, 왕의 예로 할 건가, 이게 문제 되지. 태왕은 합방 이전까지 황제라고 칭했으니 황제의 예를 쓸 법하지만, 이제는 왕의 신분인데 황제로 장례 지낸다는 건 좀 이상하잖나? 그렇다고 조선 왕의 예로 한다면 그것도 이상하고 말야. 그러니 오히려 일본 황실의 왕 장례법을 갖다 쓰는 게 논란거리가 적다고."

덕수궁의 한 전각 기둥에 기대어 동료들과 담배를 피우며 잡담을 나누는 곤도 시로스케였다. 날이 밝아서도 한참 계속된 줄다리기는 마침내, 순종과 의친왕 이강 등 상주들은 머리를 풀어헤치고 소복과 굴건을 착용하는 등 전통적인 차림을 하되 전체적인 예식 절차는 일본식을 따르는 것으로 결론이 났다.

그리고 3월 1일.

고종의 시신을 능에 안장하는 노제(路祭)가 예정되어 있던 3월 3일을 이틀 앞둔 날, 서울 시내는 노제에 참석하고자 시골에서 올라온 사람들로 가득했다. 한일병합 이래 가장 많은 인파가 거리에 몰리자 총독부와 일본 경찰은 긴장했다. 더구나 고종의 장례를 놓고 '불온한' 입담이 돌고 있고 그것을 도저히 막을 수가 없자 더욱 초조해지지 않을 수 없었다.

"대행 황제 폐하의 장례를 일본식으로 지낸다누만. 졸곡 때도 순왜놈들 죽었을 때처럼 했디야."

"죽일 왜놈들이 우리 폐하를 두 번 죽이네."

"쉬쉬하지만, 독을 드시게 해서 돌아가시게 했다지? 천벌을 받을 놈들!"

고종의 장례를 일본식으로 치르는 것에 대한 불만에다 고종이 독살되었다는 소문이 겹치며 민심은 급속히 흉흉해졌다. 여기에 1910년 이래 계속된 '무단통치'의 압박으로 쌓이고 쌓인 울분이 더해 저항의식은

상복을 입고 고종의 국장을 거행하는 순종(1919).

비등점까지 끓어올라 있었다. 그리고 3월 1일 오후, 한편으로는 태화관에서 '민족 대표'가 모여 독립선언서를 낭독하고 파고다 공원에서도 학생들이 선언서 낭독과 만세 시위를 벌임으로써 둑이 터졌다.

"대한 독립 만세!"

"대한 독립 만세!"

"왜놈은 물러가라!"

흰 저고리, 검정 치마, 검은색 학생복, 회색 두루마기, 인사동, 안국동, 소공동, 아현동……. 서울의 모든 거리에서 남녀노소의 사람들이 뛰고 달리며 만세를 불렀다. 덕수궁 대한문 앞에서는 총칼로 제지하는 일본 헌병들을 밀어젖히고 대한문을 연 군중들이 궁 안으로 달려가 고종의 빈소에 절을 하고, 다시 나오며 만세를 불렀다. 모두들 울고 있었다. 목이 터져라 외치고 있었다. 그리고 그들의 주먹은 죽음의 순간 고종이 그랬던 것처럼 힘껏 움켜쥐고들 있었다.

"대한 독립 만세!"

그들의 외침은 수년 동안 이어진 폭압적인 이민족 통치의 거부, 수십 년간 이어진 치욕적인 침략의 역사의 거부, 수백 년, 수천 년 이어진, 백성을 정치의 대상일 뿐 주체로 여기지 않는 정치체제에의 거부였다. 이 땅의 참된 주인인 민중이 외침을 통해 스스로의 주인됨을 발견했다. 그리고 주인됨을 모두에게 선언했다. 그리고 그들이 부르는 나라의 이름은 '조선'이 아닌 '대한'이었다. 실로 짧고도 허약하게 존재했던 국가. 그러나 그 국가는 한 불행했던 사람의 손으로 세워지고 지켜졌다. 때로는 명석하고, 때로는 평범하고, 때로는 영광을 맛보고, 때로는 한없이 슬퍼해야 했던 사람. 멸시받고 오해받으며, 배신과 역모와 살해 위협을 몇 번이고 당하고 또다시 몇 번이고 당하며, 계획의 좌절, 일신의 치욕, 믿고 있던 가치의 전복, 사랑하는 사람의 비참한 죽음 앞에서 영혼이 갈기갈기 찢겨나가는 경험을 해야만 했던 사람. 그의 슬픈 삶에, 그의 최후의 결심에, 이 땅의 주인들은 예의를 베풀었던 것이다.

---

남산 왜성대의 총독부 건물 이층에서 한 사람이 창밖을 내다보고 있었다. 멀리 거리에서 외치는 만세 소리는 그곳까지 들려왔다. 노도와 같은 흰 옷의 물결과 그들을 어떻게든 흩어버리려는 헌병들의 제복이 멀리서나마 눈에 들어왔다.

'이것인가. 당신은 이걸 노리고 죽음을 자초했는가.'

무표정하지만 눈과 입가에 싸늘한 냉소를 살짝 띤 채, 이완용은 생각했다.

'그렇군. 어쩐지 그 조심스럽던 사람이 언제부터인가 도무지 경계를 않더라니. 이게 목적이었는가. 스스로 이 거대한 감옥에서 날개를 펴고 날 수 없으니, 민초들의 손에 날개를 쥐어주려고 했던 것인가.'

이완용은 3·1운동의 추진 단체 한 곳에서 무슨 생각을 했는지 얼마 전 자신에게 '운동에 동참해달라'는 비밀 연락을 해왔음을 떠올렸다. '당연히' 그는 거절했다. 하지만 이 중요한 정보를 총독부에 알리지 않고 지금까지 입을 다물고 있었다. 왜 그랬을까? 나는 왜 그랬지? 죽은 왕에 대한 마지막 선물인 셈 쳤던 걸까?

이완용은 고개를 가로저었다. 나도 모르겠다. 하지만 이건 분명해. 내 생각에 그는 마지막까지 환상을 품었다는 것.

'당신이 저 세상에서 저 광경을 내려다보고 있다면 무척 기뻐하겠지? 마침내 평생의 염원이 이뤄졌다고 말이야. 당신은 이제 나라와 백성을 지킬 수 없는 왕이나 황제 대신에 백성이 스스로를 지키는 세상이 온다고 생각하겠지? 그럴지도 모르지. 아마도 꽤 먼 나중의 일이 되겠지만. ……하지만 그런 세상이 오더라도, 그게 당신이나 저 어수룩한 독립운동가들이 꿈꾸는 것과 같은 정의와 도리가 통하는 세상일 줄 아나? 아니야! 물론 그때도 사람들은 민족이니 국민이니 하면서 대의명분을 얘기하겠지. 하지만 그것은 어수룩한 자들을 속이는 사탕발림일 뿐, 진짜는 오직 돈을 버는 게 목적이 될 거야! 수백 년 동안 이 땅의 지배질서는 돈의 힘을 억누르고 멀리해왔지. 그 질서가 스스로의 힘으로든 일본의 힘으로든 무너졌을 때, 오직 돈만이 통하는 세상은 시작된 거야! 앞으로의 세상에서 사람은 누구나 태어날 때부터 부모의 돈에 따라서 등급이 나뉘고, 평생 돈을 버느라 허덕이고, 더 이상 돈을 벌지 못하게 되었을 때, 그때는 쓰레기가 되는 인생을 살게 될 거라고!'

이완용은 문득 짧은 신음을 뱉었다. 옆구리에서 통증이 느껴졌기 때문이다. 1909년 12월 22일에 이재명이라는 자의 칼에 찔린 상처. 그때는 간신히 목숨을 구했지만 아직도 시시때때로 통증이 느껴졌다.

그를 부르는 총독부 관리의 소리가 들렸다. 이완용은 일본말로 대답하고, 창가에서 등을 돌렸다. 3월의 맑은 하늘, 거리의 만세 소리와 호각 소리, 비명 소리가 그 하늘을 무심히 비쳐내는 유리창에 끝없이 부딪치고 있었다.

〈끝〉

1906년 해강 김규진이 촬영한 고종의 초상.
성균관대학교 박물관 소장.

# 주석 .

1)

앨런의 이름은 본래 '알렌'이라고 많이 표기했다. 그가 설립한 세브란스 병원을 비롯한 여러 기관의 공식 기록에도 알렌이라 표기되어 있으며, 백과사전 등에서도 그렇다. 하지만 현행 외래어표기법과 실제에 가까운 발음은 '앨런'이 맞으므로, 여기서는 그렇게 표기하도록 한다.

2)

당시 비교적 흔하게 쓰이던 독약인 비상(砒霜)은 강력한 비소 성분으로 사람을 죽인다. 그런데 이는 피 속 적혈구의 산소 운반을 방해하므로, 산소를 얻지 못하게 된 신체 조직이 세포 수준에서 괴사하게 만든다. 따라서 비상을 마시고 죽을 경우, 뇌나 심장의 활동이 멎어 죽었을 때 신체 세포가 한동안 살아서 부패를 막는 과정 없이 곧바로 세포의 분해가 진행되므로, 정상적인 경우보다 훨씬 빨리 시신이 부패한다.

3)

가령 효종(孝宗)이 '효종'이라는 묘호를 갖게 된 까닭은 당시 학계와 정계에 막대한 영향력을 미치고 있던 송시열의 뜻이 반영된 것이라고 한다. 본보기가 된 남송의 효종은 북벌에 뜻을 두어, 비록 금나라를 멸망시키지는 못했지만 상당한 성과를 거두고 남송의 전성기를 가져온 군주다. 송시열이 효종이라는 묘호를 주장한 이유에는 자신이 북벌론의 주창자로서 임금을 제대로 이끌었음을 과시하려는 뜻이 다분하다.

4)
『갑신일록』에는 김옥균이 거사 당일 허둥대는 동료들을 질책하며 "이런 상황에서 어찌 아녀자같이 행동하느냐!"고 외치는 장면이 있다. 당시 여성을 비하하는 태도가 일반적이기는 했겠지만, 급진개화파이면서도 특별히 여성의 능력을 불신하는 이는 김옥균뿐만이 아니었다.

5)
군란 직후 '부보상들이 서울을 공격하려고 집결 중'이라는 소문이 퍼져, 대원군은 서울의 일반인들에게까지 동원령을 내리고 삼엄한 경계에 들어갔다.

6)
가령 당시 궁내부대신 이경직이 궐내에 있다가 살해당한 것은 분명한데, 기록에 따라 '왕비를 보호하려고 두 팔을 벌리는데 칼에 맞아 죽었다', '항복의 뜻으로 두 손을 들었으나, 일본인들이 칼을 휘둘러 팔을 잘라버리고 난도질을 했다', '미처 한 마디도 못 하고, 총에 맞아 죽었다' 등 그의 마지막 행동을 제각각으로 묘사하고 있다.

7)

그는 나중에 미국으로 돌아갈 무렵 누군가 이완용에 대해 묻자, "이완용이라고? 흥! 그는 한마디로 로봇과 같은 사람이오!"라고 말했다고 한다.

8)

이 시점부터 일자는 양력으로 표기한다. 양력으로의 전환 결정은 그다지 주체적이지 못했으며, 간혹 음력으로 되돌아간 경우도 있었으나 대부분의 기록이 이 시점부터 양력 일자를 기준으로 하므로 이에 따른다.

9)

일본 측의 기록에는 이때 한규설이 인사불성이 된 상태에서 고종의 방으로 가려다 잘못해서 엄비 처소의 방 문을 열었고, 이어서 혼절했다고 한다. 하지만 중명전은 엄비의 처소와는 상당히 거리가 있는 독립 건물이므로 실제로 그랬을 가능성은 의심된다. 다만 『실록』에 따르면, 고종이 조약 체결 후 '한규설은 황제의 지척에서 행동이 온당치 못했으니 참정대신 직위에서 해임한다'고 발표했음을 볼 때 그가 부지불식중 뭔가 '무례한'

행동을 하지 않았을까 하는 추측도 든다. 여기서는 단지 기가 막힌 한규설이 고종에게 가려다가 혼절했다고 묘사했지만, 혹시 엄비가 방 밖에서 엿듣고 있다가 뛰쳐나오는 한규설과 부딪친 것은 아닐까? 아무튼 한규설이 혼절하여 치료를 위해 옮겨져, 조약 체결 당시에는 현장에 없었음은 모든 기록이 일치한다.

# 참고문헌 .

『조선왕조실록(朝鮮王朝實錄)』.

『승정원일기(承政院日記)』(『비서감일기(秘書監日記)』 포함).

『주연집(珠淵集)』.


강범석,『잃어버린 혁명』, 솔, 2006.

강상규,「명성왕후와 대원군의 정치적 관계 연구: 왕실내 정치적 긴장관계의 구조와

　　　과정」,『한국정치학회보』제40집 제2호, 2006.

강재언,『한국근대사』, 한울, 1990.

강종일,『고종의 대미외교』, 일월서각, 2006.

강창일,「일진회의 합방운동과 흑룡회: 일본 우익의 대아시아주의와 관련하여」,

　　　『역사비평』통권 52호, 2000.

김기혁,「강화도조약의 역사적 배경과 국제적 환경」,『국사관논총』제25집, 1991.

김병우,『대원군의 통치정책』, 혜안, 2006.

김성배,『유교적 사유와 근대 국제정치의 상상력』, 창비, 2009.

김성혜,「재위전기(1864~1876) 고종의 강연과 그 실태」,『사학연구』제93호, 2009.

김세은,「1866년 고종의 가례와 대원군의 위상 강화」,『한국사연구』, 136호, 2007.

김승태,『한말 일제강점기 선교사 연구』, 한국기독교역사연구소, 2006.

김연희,『고종시대 근대 통신망 구축 사업: 전신사업을 중심으로』, 서울대학교 박사학위
    논문, 2006.

김영수,「러시아 한국사 교재에 나타난 대한제국」,『사회과교육』제46권 2호, 2007.

김옥균, 조일문 역,『갑신일록』, 건국대학교 출판부, 1977.

김윤희·이욱·홍준화,『조선의 최후: 역사의 태양이 솟는다. 내일을 열어라!』, 다른세상,
    2004.

김종준,「진보회·일진지회의 활동과 향촌사회의 동향」,『한국사론』제48집, 2002.

김항구,「아관파천기의 환궁 논의와 그 성격」,『청남사학』제12집, 2005.

김현숙,「대한제국기 궁내부 고문관 샌즈(W. F. Sands)의 개혁론과 중립화안의 성격」,
    『역사와 담론』제51집, 2008.

김형수,「고종의 친정과 개국정책연구」,『이대사원』제33·34합집, 2001.

노영돈,「을사조약의 법적 효력에 관한 연구」,『한국정치외교사논총』제28집 제1호,
    2006.

민경식,「대한국 국제」,『법학논문집』제31집 제1호, 2007.

박배근,「한국병합관련 '조약' 유무효론의 의의와 한계」,『법학연구』제44권 1호, 2003.

박성수,『남가몽, 조선 최후의 48년』, 왕의서재, 2008.

박은식, 김승일 역,『한국통사』, 범우사, 1999.

박은식, 김도형 역, 『한국독립운동지혈사』, 소명출판사, 2008.

박진철, 「고종연간 민씨세력의 정치적 동향과 과거등용」, 『인문학연구』 32집, 2004.

박현모, 「'왕조'에서 '제국'으로의 전환: '경국대전체제'의 해체와 대한제국 출범의
　　　정치사적 의미 연구」, 『한국정치연구』 제18집 제2호, 2009.

변원림, 『고종과 명성』, 국학자료원, 2002.

서영희, 『대한제국 정치사 연구』, 서울대학교 출판부, 2003.

서진교, 「대한제국기 고종의 황실추숭사업과 황제권 강화의 실상」,
　　　『한국근현대사연구』 19, 2001.

선우훈, 『사외비사: 덕수궁의 비밀, 금항아리 열두 개?』, 세광출판사, 1956.

신동준, 『개화파 열전(김옥균에서 김가진까지)』, 푸른역사, 2009.

신명호, 『조선왕비실록』, 역사의아침, 2007.

신용하, 『독립협회 연구』, 일조각, 2006.

엄찬호, 『고종의 대외정책연구』, 강원대학교 박사학위논문, 2000.

연갑수, 『대원군집권기 부국강병정책 연구』, 서울대학교출판부, 2001.

오영섭, 『고종황제와 한말의병』, 선인문화사, 2007.

오영섭, 『한국근현대사를 수놓은 인물들 I』, 경인문화사, 2007.

오영섭, 「고종과 춘생문사건」, 『향토서울』 제68호, 2006.

오영섭, 「을미사변 이전 이범진의 정치활동」, 『한국독립운동사연구』 제25집, 2005.

유길준, 허경진 역, 『서유견문』, 한양출판사, 1995.

유영익, 『동학농민봉기와 갑오경장』, 일조각, 1998.

윤덕한, 『이완용 평전: 애국과 매국의 두 얼굴』, 중심, 1999.

윤치호, 박정신 역, 『국역 윤치호 일기』, 연세대학교출판부, 2003.

은정태, 「고종친정 이후 정치체제 개혁과 정치세력의 동향」, 『한국사론』 40, 1998.

이각중 편, 『순종실기』, 신민사 편집부, 1925.

이광린, 『개화기의 인물』, 연세대학교 출판부, 1993.

이광린, 『한국개화사 연구』, 일조각, 1999.

이기재, 『명성황후 편지글』, 다운샘, 2007.

이덕일, 『누가 왕을 죽였는가』, 푸른역사, 1999.

이민원, 『명성황후 시해와 아관파천』, 국학자료원, 2002.

이방자, 『지나온 세월』, 여원사, 1969.

이방자, 『세월이여 왕조여』, 정음사, 1985.

이상각, 『이경 고종황제』, 추수밭, 2008.

이상찬, 「『주한일본공사관기록』과 『일본외교문서』의 을사조약 관련기록의 재검토」, 『규장각』 제30집, 2007.

이성환, 「러일전쟁과 대한제국의 중립화 정책에 대한 비판적 검토」,
　　『국제정치연구』 제18집 2호, 2005.

이수기, 「서양인이 바라본 한국의 정치」, 『역사문화연구』 제26집, 2007.

이영숙, 『명성황후시해사건 러시아 비밀문서』, 서림재, 2006.

이용창, 「동학교단의 민회설립운동과 진보회」, 『중앙사론』 제21집 특집호, 2005.

이완범, 「한반도 분할의 국제정치학: 19세기 말~20세기 초 열강간의 논의를
　　중심으로」, 『국제정치논총』 제42집 4호, 2002.

이태진, 『고종시대의 재조명』, 태학사, 2000.

이태진, 『고종황제 역사청문회』, 푸른역사, 2005.

이태진 외, 『백년 후에 만나는 헤이그 특사』, 태학사, 2008.

이현희, 「운양호사건과 조선의 근대화시도」, 『향토서울』 제61호, 2001.

임중웅, 『다시 보는 조선왕조 왕비열전』, 석천미디어, 2002.

임혜련, 「19세기 신정왕후 조씨의 생애와 수렴청정」, 『한국인물사연구』 제10호, 2008.

장명학, 「근대적 공론장의 등장과 정치권력의 변화:《독립신문》사설을 중심으로」,
　　『한국정치연구』 제16집 제2호, 2007.

장영숙, 『고종의 정치사상과 정치개혁론 연구』, 상명대학교 박사학위 논문, 2005.

장희흥, 「대한제국기 내시 강석호의 활동」, 『사학연구』, 제89호, 2008.

정교, 변주승 역, 『대한계년사』, 소명출판사, 2004.

정낙근, 「개화지식인의 대외관의 이론적 기초」, 『한국정치학회보』 27집 1호, 1993.

정재식, 『한국유교와 서구문명의 충돌』, 연세대학교 출판부, 2004.

조민, 「고종의 도당정치: 왕권 유지를 위한 독주」, 『동양정치사상사』 제2권 1호, 2003.

조익순, 『고종황제의 충신 이용익의 재평가』, 해남, 2002.

조재곤, 『한국 근대사회와 보부상』, 혜안, 2001.

주진오, 「독립협회와 대한제국의 경제정책 비교 연구」, 『국사관논총』 제41집, 1993.

지두환, 『고종황제와 친인척』, 역사문화, 2009.

채구철, 「구한말 '한반도 분할'안이 제기된 배경 및 원인: 국내의 파벌적 갈등과
외세의존 성향을 중심으로」, 『사회과교육』 34호, 2001.

최문형, 「아관파천과 노일의 대립」, 『한국학논총』 제34집, 2000.

최순권, 『고종과 순종의 국장사진첩』, 민속원, 2008.

한미라, 「개화기 노론세도 정권의 변화에 관한 연구」, 『한국전통생활문화학회지』
제6권 2호, 2003.

한영우, 『명성황후, 제국을 일으키다』, 효형출판사, 2006.

한영우, 『대한제국은 근대국가인가』, 푸른역사, 2006.

한철호, 「개화기 박영효의 『사화기략』에 나타난 일본 인식」, 『한국학논총』 제44집,

    2008.

한철호, 「갑오개혁의 성격」, 『동양학』 제30집, 2000.

한철호, 「고종 친정 초(1874) 암행어사 파견과 그 활동」, 『사학지』 제31집, 1998.

함규진, 『108가지 결정』, 페이퍼로드, 2008.

허동현, 『일본이 진실로 강하더냐: 근대의 길목에 선 조선의 선택』, 당대, 1999.

현광호, 「대한제국의 중립정책과 중립파의 활동」, 『한국독립운동사연구』 14집, 2000.

현광호, 「1903~1904년 대한제국의 대러시아 대응론과 정책의 추이」, 『동양학』
        제41집, 2007.

혜문, 『조선을 죽이다』, 동국대학교 출판부, 2009.

홍준화, 「아관파천기 대로차관 요청과 러시아의 태도」, 『사총』 60집, 2005.

황현, 임형택 외 역, 『매천야록』, 문학과지성사, 2005.


천순천(陳舜臣), 조양욱 역, 『청일전쟁』, 세경, 2006.

황준헌(黃遵憲), 김승일 역, 『조선책략』, 범우사, 2007.


곤도 시로스케(權藤四郎介), 이언숙 역, 『대한제국 황실비사』, 이마고, 2007.

나카쓰카 아키라(中塚明), 김승일 역, 『근대 한국과 일본』, 범우사, 1995.

쓰노다 후사코(角田房子), 김은숙 역, 『명성황후: 최후의 새벽』, 조선일보사, 1999.

오카모토 다카시(岡本隆司), 강진아 역, 『미완의 기획, 조선의 독립』, 소와당, 2009.

혼마 규스케(本間久介), 최혜주 역, 『조선잡기: 일본인의 조선정탐록』, 김영사, 2008.


Denny, Owen N, 『데니문서』, 국사편찬위원회. 1981.

Gong, Gerrit W, *The Standard of 'Civilization' in International Society*,
　　　　New York: Oxford University Press, 1984.

F. A. 매켄지(F.A. McKenzie), 신복룡 역, 『대한제국의 비극』, 집문당, 1999.

F. A. 매켄지(F.A. McKenzie), 신복룡 역, 『한국의 독립운동』, 집문당, 1999.

묄렌도르프(R. von Moellendorff), 신복룡 역, 『묄렌도르프 자전』, 집문당, 1999.

리하르트 분쉬(R. Wuncsh), 김종대 역, 『고종의 독일인 의사 분쉬』, 학고재, 1999.

이사벨라 비숍(I. B. Bishop), 이인화 역, 『한국과 그 이웃나라들』, 살림, 1994.

W. F. 샌즈(W. F. Sands), 신복룡 역, 『조선비망록』, 집문당, 1999.

더글러스 스토리(D. Storey), 권민주 역, 『고종황제의 밀서』, 글내음, 2004.

H. N. 알렌(H. N. Allen), 신복룡 역, 『조선견문기』, 집문당, 1999.

H. N. 알렌(H. N. Allen), 김원모 역, 『알렌의 일기』, 단국대학교 출판부, 2004.

올리버 애비슨(O. R. Avison), 황영수 역, 『구한말 40여년의 풍경』, 대구대학교 출판부,

2007.

L. H. 언더우드(L. H. Underwood), 신복룡 역, 『상투의 나라』, 집문당. 1999.

카르네프(Kharneev) 외, A. 이르계바예브 역, 『내가 본 조선, 조선인: 러시아 장교 조선 여행기』, 가야넷, 2003.

제임스 팔레(J. Palais), 이훈상 역, 『전통한국의 정치와 정책: 조선왕조 사회의 정치· 경제·이데올로기와 대원군의 개혁』, 신원문화사, 1993.

F. H. 해링턴(F. H. Harrington), 이광린 역, 『개화기의 한미관계』, 일조각, 1973.

H. B. 헐버트(Homer B. Hulbert), 신복룡 역, 『대한제국멸망사』, 집문당, 1999.